2018 年度教育部哲学社会科学研究重大课题攻关项目
"高考综合改革试点完善措施研究"（项目批准号：18JZD052）

厦大教育研究院
学术精品文丛

高考：在教育与社会之间

郑若玲◎著

厦门大学出版社 | 国家一级出版社
XIAMEN UNIVERSITY PRESS | 全国百佳图书出版单位

图书在版编目(CIP)数据

高考:在教育与社会之间/郑若玲著.—厦门:厦门大学出版社,2021.3
(厦大教育研究院学术精品文丛)
ISBN 978-7-5615-8102-5

Ⅰ.①高… Ⅱ.①郑… Ⅲ.①高考—考试制度—研究—中国 Ⅳ.①G632.474

中国版本图书馆 CIP 数据核字(2021)第 043584 号

出 版 人 郑文礼
责任编辑 曾妍妍
出版发行 厦门大学出版社
社　　址 厦门市软件园二期望海路 39 号
邮政编码 361008
总　　机 0592-2181111　0592-2181406(传真)
营销中心 0592-2184458　0592-2181365
网　　址 http://www.xmupress.com
邮　　箱 xmup@xmupress.com
印　　刷 厦门市明亮彩印有限公司

开本 720 mm×1 000 mm 1/16
印张 19.25
插页 1
字数 294 千字
版次 2021 年 3 月第 1 版
印次 2021 年 3 月第 1 次印刷
定价 76.00 元

厦门大学出版社
微信二维码

厦门大学出版社
微博二维码

本书如有印装质量问题请直接寄承印厂调换

总　序

　　为了迎接学校 100 年校庆,教育研究院领导研究决定组织教师编辑出版"厦大教育研究院学术精品文丛",由教授们自愿从个人学术论文中精选部分论文编辑成册出版,同时继续资助年轻教师出版"自强书系"中的个人专著。院里的决定得到了教师们的积极响应,预计"厦大教育研究院学术精品文丛"将出版 10 多本。

　　2016 年,我为研究院出版的"自强书系"写序,认为我们教育研究院之所以能居于全国高等教育研究领域前列,并有一定的国际影响,是因为拥有一批"60 后"和"70 后"的中年教育理论工作者孜孜地从事人才培养和学术研究,并在一些学科领域,处于理论前沿,不断地有所创新、有所开拓。但是,十年、二十年之后,是否后继有人并能青出于蓝,是我们当前不能预为之谋的发展战略问题。今天,我为"厦大教育研究院学术精品文丛"写序,欣喜地发现我们不仅有一批学有所成、享誉高等教育理论界的"60 后"和"70 后"的学者,还有一批"80 后"的青年学者,他们不仅有深厚的理论功底和良好的科研素养,更有强烈的学术上进心,值得赞许,值得期待。

　　春秋代序,岁月峥嵘。说我校教育学科是百年学科,一点也不夸张。厦门大学 1921 年春季创办之初,即设立师范部,以培养师资及教育行政人员。同年秋季,办学规模扩大,改师范部为教育学部,内分教育学说、教育史、教育行政、中等教育、小学教育、乡村教育及心理学等七组。1930 年,按照当时的大学规程,成立教育学院,分教育原理、教育心理、教育行政及教育方法等 4 个学系。解放后,1950 年全国高等学校进行院系调整,研究型综合大学不再培养中小学教师,教育学科于 1954 年调整到福建师范大学,但由于中文、历史、数学等系仍有培养高中教师任务,可以还留下几位教师为这三个系开设教育系课程,并指导教学实习,我当时就是留下的教师之一。

但是，大学面临的是高等学校的领导与管理工作，所培养的是各种学科与专业的专门人才。以中小学教育为研究对象的普通师范教育已不适应，必须开展高等教育的研究。我本人就是在院系调整后萌发这种理念并孜孜以求，直到改革开放之后，科学的春天也迎来高等教育的春天，厦门大学在全国率先成立了高等教育研究室，发展到今天的教育研究院，培养了一千多名硕士生和博士生，他们在全国高教界发挥了重要作用。研究院也从小到大，建立一支数量适中、结构比较合理的专业教师队伍，他们中的一些人成为中国高等教育学科的中坚力量。

这次辑录出版的著作尽管不能完全反映 40 余年来研究院取得的学术成就全貌，无疑代表了教师们的重要学术成就。这是一份献给百年校庆的厚礼！

祝研究院更上层楼，高等教育研究事业兴旺发达！

祝学校百岁生日光耀中华，新百年再创辉煌！

潘懋元

2020 年 11 月

目 录

上编　现状剖析

下编　史外借鉴

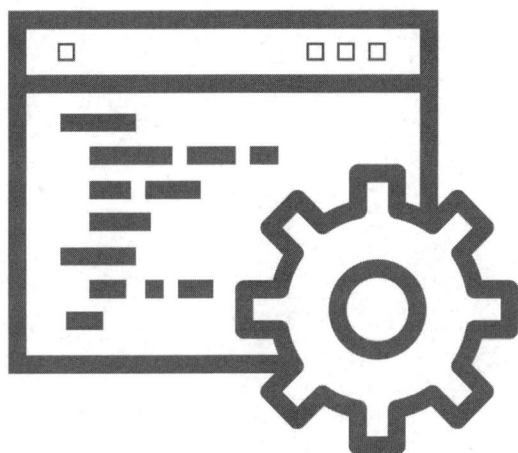

上 编

现状剖析

高考改革必须凸显公平[*]

　　1952年创建的高考制度,是中华人民共和国建立以来教育领域最重要的教育制度之一。高考不仅是高等学校选拔新生的最主要甚至是唯一手段,在相当长时期内还担当了选拔国家后备干部的职责,而且,它是一项有利于促进中华民族团结与统一、维护社会秩序、提高整体国民素质的重要社会制度。50余年的历史说明,高考是一项人们择善而从、倍加珍惜的公平选才制度。因而,1977年恢复高考后,以全国统一的文化考试为根本的高校招生考试制度20余年不动摇,但其改革的脚步并未停歇过。高考制度由于上关国家政策和民族前途,下系民众个人命运,且与高等教育的招生与发展和普通教育的教学与改革都紧密相关,其改革要受到政治、经济、文化、教育、人口、社会等多种因素的交互影响,重要且复杂。各种因素对高考都有制约作用,而公平可能是其中最敏感却又最难以兼顾的要素。

　　公平何以成为高考改革之要素?不妨让我们从考试制度的历史发展和台湾地区大学入学考试制度的改革中求取借鉴,并从大陆高考制度的改革中寻找答案。

　　在中国这个文化早熟型的国家,早在夏商周先秦时期甚至更早的三皇五帝半信史时期便已出现了考试活动,如"尧试舜""舜试禹"等。考试作为一种选优劣汰的制度,则形成于2000多年前的中国汉代。汉代开始实行察举孝廉的人才选拔制度。由于察举制是由地方官以"孝悌""廉正"的标准察访并举荐,没有客观的人才考量标准,致使后来出现权门把持、行贿作假等流弊。到魏晋南北朝时期,在继续沿用察举制的同时,又创立了九品中正制的选士制度。由于同样的原因,九品中正制亦发展到"上品无寒门,下品无势族"的境地,与其创制初衷即所谓取士"盖论人才优劣,非为世族高卑"已是背道而驰。考试的基本原则是公平、公正。尽管察举制和九品中正制的出发点都是为了选贤任能,但由于缺乏考量人才的客观依据,致

---

　　* 原载于《教育研究》2005年第3期,《新华文摘》2005年第17期转载。

使选拔人才的公平性受损。

到了隋朝，创立了举世闻名的科举考试制度。科举与以往的察举推荐或九品中正制等最大的不同便是具有可操作的选拔人才的客观标准，"一切以程文为去留"，分数面前人人平等。科举为人所称道的不仅是其制度上严格奉行"程序公正"原则，而且由于入仕和受教育机会在各地之间并不完全均等，故超越于考试技术上的公平与公正外，科举的解额分配制之建立所体现的区域公平性也不容忽视，尽管它隐藏着统治者更为深远的地缘政治的考虑。故而，科举之设，能使真正的人才出人头地，而无论其出身于草根阶层抑或上层社会。当然，在阶级社会，所有的平等都只能是相对的，科举也一样。但比起世卿世禄或任人唯亲的用人制度，科举不问家世阀阅、凭才取人的做法，显然具有超越等级森严的中国封建时代之现代性特征。

历史告诉我们，在各种选拔人才的途径中，考试作为一种崇高的、具有可信性的正义程序的执行过程，最为公平和有效。对公平竞考的追求，中外古今，概莫能外。无论是察举制或九品中正制的毁灭，还是科举制的建立和长期存在，都因缘于公平二字。这些选官用人制度或教育制度，或因不公而渐亡，或因公平而长存。古老的中国因发明了考试选才办法，并被西方国家借鉴创立了文官考试制度，而被尊为考试的故乡，中国人的"考试基因"亦得以传承至今。此外，人情的困扰，常常使没有采行考试选才的社会时期陷入无序状态。科举废后民国时期所出现的政局混乱、军阀混战并因此向政府绩效索取的高额代价便是很好的证明。

海峡对岸的台湾地区和大陆同文同种，血脉相通，大学入学考试制度也具有基本相同的文化根底，且他们的入学考试制度一直没有中断，发展过程中遭遇了很多与大陆高考类似的问题，故而比之其他国家或地区，台湾的大学入学考试改革对大陆高考改革更具借鉴意义。其改革过程中凸显的公平问题，尤其值得我们参考。

1949 年国民党政府退守台湾后，实行的是各高校自行招考办法。为应对日渐扩大的考试规模所带来的沉重考务负担，以及减少各校单考所带来的人力、财力、物力的浪费，1954 年，台湾开始实行公立大学联招制度。1992 年，大学入学考试中心在对联考制度进行较全面检讨的基础上，提出了"大学多元入学方案"。经过数年的勘磨与讨论，1999 年，又出台了"大学多元入学新方案"，并于 2002 年正式实施。

"大学多元入学方案"改革主要是针对以往联考制度中仅以一次考试定取录的弊端,改用多种途径选拔新生,同时也赋予高校和考生各自选定考试科目的自主权。改革后的入学途径更加多元化,共有"考试分发入学制"和"甄选入学制"两大类五条途径,其中,"考试分发入学制"是以考试为主,采用统一考试学科能力测验及指定科目考试的成绩,并以联合分发的方式来录取学生;"甄选入学制"集综合考试与推荐或自行申请于一体,采取两阶段考试方式,第一阶段是报考学科能力测验,第二阶段则由各校院、系科进行甄审(包括指定项目甄试、甄选、审查、口试与笔试等)。可见,"大学多元入学方案"从总体上看,与联考制度最大的不同就在于加入了招生院系对考生进行甄审的环节,突破了以往录取完全凭笔试成绩的局限性。

然而,作为"多元入学方案"中的亮点和新鲜事物,甄审在实际操作过程中却出现了诸多问题,其中最大的便是甄试及保送中的"暗箱操作"和对"多元能力"的要求所带来的不公平问题。2002年3月17日,多元入学方案实行仅两个月,便发生了奥赛主考官索贿嫖妓的舞弊事件(国际奥赛成绩是台湾高中生保送大学的重要指标之一)。2002年6月5日,台湾《新新闻》周报发表了题为《让我们上街头为联考来请愿!》的文章,不少民众认为,"多元入学"的关说特权之盛,已到了骇人听闻的程度;多元入学是"由一群占尽'联考'利益而出人头地的各种名流"将联考"妖魔化"后所拼凑出的"既不公平又让学生劳累不堪"的方案;而对所谓"多元能力"的要求,则"制造出了一个比联考更大的恶魔,它必须由家长的金钱和社会关系垫底"。同年的民意调查也显示,七成的学生家长赞成以前的联考制度。由此可见,对公平的诉求应成为改革的最重要因素,恐怕是台湾多元入学考试改革带给我们的最为深刻的启示。

大陆高考制度的改革发展,更彰显了公平因素的重要性。1952年,中华人民共和国建立了统一高考制度。由于历史与政治原因,高考制度从一开始即身兼为高校选拔合格新生和选拔后备干部的双重任务。统一高考之建立,除效益和质量的考虑外,更有追求公平之本源因素。统一考试正是从制度上排除了考试之外的人为因素的干扰,有效地保证了考试的公平与健康发展,使全体国民享有平等参与接受高等教育和追求社会地位竞争的机会。而"文革"时期统一高考的废止,使高校招生的公平性受到践踏,公正有序的干部选拔工作亦被帮派林立、任人唯亲、任人唯派的混乱局面所取代,中国社会的发展水平因此严重倒退了若干年。故此,1977年恢复高考,使整个社会"由乱而治",百姓为之欢声雷动奔走相告,成为中国教育乃至中国历史上的一件大事。

高考自恢复至今的20余年里,在以全国统一的文化考试为根本的高校招生考试制度不动摇的同时,也进行了方方面面的改革。回顾这些改革,但凡涉及公平性,无不引起社会上下的深切关注,有些改革甚至因不公平而难以善终。例如,在招生体制方面,20世纪80年代实行的招收委培生和自费生改革,本是一种有助于解决高等教育中长期存在的"产销不对路"矛盾之良策,可发展到后来,因收费和降分挂钩,"权力干预""分不够钱来凑"等不正之风趁机而入,严重破坏了高校招考的公平原则和损毁了高等教育的社会声誉而终遭唾弃。在考试内容方面,近年来加试外语口语和考测实验能力的改革,以及考试命题中出现的城市倾向性,对教育资源占弱势的农村考生群体而言,其公平性也甚为民众所质疑。在保送生制度方面,问题更为严重。实行保送制度的本意是为了弥补高考笔试的不足,创设一种使拔尖人才脱颖而出的环境。然而,人为因素的干扰,很快就将这一良法美意异化为"推劣不推良、送官不送民",致使操作环节严重失范。难怪很多人指责保送生制度是中国教育领域最大的腐败。在录取制度方面,20世纪80年代为扩大高校招生自主权而增加的投档比例的改革,却造成录取季节"条子票子满天飞"的"奇观",使高考这块社会净土招致人情、权力和金钱的严重侵蚀。20世纪末推广的网上录取改革,出发点之一正是为了杜绝各种非成绩因素对录取造成的困扰,维护高考的公平公正原则。此外,各省市录取分数线的失衡,也成为数年"两会"讨论的议题,人们期望通过统一高考分数线来纠正目前存在的各省市间考生高等教育入学机会竞争严重不公平的现状。

2004年11省市实行自主命题,成为高考改革最新的热门话题。2004年1月,教育部要求天津、江苏、浙江、福建等11省市按照全国统一考试大纲实行自主命题,2005年在全国推广。自主命题对于绝大多数省市而言还是新鲜事物。从2004年的实际运作看,自主命题的试点较为平稳,没有出现大的问题。不少省市的调查反映,自主命题有利于实施素质教育、推进高中课程改革,考题难度较以往更小。

但毋庸讳言,自主命题也带来了一些问题。最突出的是考题押中率增高。个别省份的个别科目押中率甚至达到40%!由于自主命题只从本省中挑选命题人员,命题人员和教师互动的概率,较之从全国范围挑选命题人员的全国统一命题肯定更大。因之,自主命题一方面减少了因一省泄题波及全国的风险,另一方面,在抵御高押题率、人情请托和特权干涉等方面,却可能低于全国统一命题。由此也会带来新的公平问题。此外,不少考生认为自主命题的权威性不及全国命题。客观上讲,各省命题在命题水平和管理经验上一时确难企及全国命题,命题质量势必受到影响。而命题质量即试题信度、效度和区分度的高下,又直接关系到考试选优劣汰功能的发挥进而影响到考试的公平性,考试的权威性也会因此大打折扣。因此,要使自主命题在全国顺利推广,各省应在题库建设、命题人员培训、命题管理等方面花大力气,使自主命题在不降低命题质量的前提下,达到促进各地素质教育、规避全国范围泄题风险的目的。

历史经验和现实教训无不昭示着这样一个命题:公平是任何社会永恒的诉求。在日益追求公平、公正与效率的今天,任何一项制度,其生存或发展空间的大小,已越来越取决于其程序的公正程度。考试制度的改革,若改掉公平,就等于革自己的命,这似乎成了考试历史上一个颠扑不灭的真理。对中国这样一个尤重人情关系、社会资源相对紧张的发展中大国而言,民众的公平忧患意识与渴望也较别国更为强烈。"不患寡而患不均"是社会大众的普遍心态,亦是对高考改革的现实心态。在高等教育供需矛盾尚较突出的情况下,确保教育机会公平乃高考改革第一要义。即使在高等教育实现了大众化的今天,乃至迈入普及化的明天,也仍存在优质教育资源的竞争,公平仍是且将一直是高考改革的要素。

高考对社会流动的影响

——以厦门大学为个案[*]

　　社会流动是指在一定的社会分层结构中，人们在各种社会集团内部、各种社会集团之间，以及在各种活动空间之间变动、转移的形式和过程。[①] 作为考察社会动态结构变化以及衡量社会开放和发展的重要指标，社会流动是社会学研究的一个核心概念。一般认为，社会流动有垂直流动和水平流动两种基本类型，其中，垂直流动是指在社会分层体系中个人或群体跨越等级（或阶层）界限的位置移动情况，根据移动的方向，又可进一步分为上向流动和下向流动。由于垂直流动可以给处于较低地位的人提供破坏不平等制度的动力，因而高的社会流动率可以作为一种安全阀，释放较低阶层的不满，起到稳定社会秩序的功能。

　　社会流动受政治、经济、教育、地理、人口乃至战争等多种因素的影响，考试特别是大规模考试也是其中较为重要的因素之一。事实上，在中国这个考试的故乡，考试与社会流动的关系是个古老的话题。对于历史上科举引发的社会流动，历史学和社会学界的研究兴趣一直不减，无论是定性还是定量研究，成果都很多，各种观点的争鸣互动也颇为热烈。[②] 与科举不同的是，高考与社会流动关系的研究领域，却远不及前者热闹。这一问题之所以被忽视，原因之一在于几乎没有人怀疑高考促进社会流动、平民子弟通过高考改变命运的事实。那么，高考究竟在多大程度上影响社会流动？其影响受到何种因素的制约？应如何认识高考在二元结构社会解体和社会稳定中的作用？这些问题甚少被关注。本文拟以厦门大学为个案，通过对中华人民共和国成立前后学生社会阶层变动的实证调查，试图探究高考制度

---

　　* 原载于《教育研究》2007 年第 3 期，人大复印资料《高等教育》2007 年第 6 期、《民主》2007 年第 5 期转载。

　　① 程继隆.社会学大辞典[M].北京：中国人事出版社，1995：290.

　　② 详情请参阅刘海峰.科举学导论[M].武汉：华中师范大学出版社，2005：236-245.

对社会阶层上向流动的影响力,并由此分析它对于社会发展的意义。

一、研究综述与调查概况

由于高考建制时间仅 50 余年,人们对它的研究兴趣多数时候集中于这一制度本身的改革与完善。有关高考与社会流动的关系这一问题,到近些年才出现一些研究成果。一般而言,学界对社会流动问题多通过统计流动率来进行定量研究,得出令人信服的结论。但教育界对这一问题的研究,却以定性方法为主,且多停留于感性的泛泛而谈,缺乏深入的学理层面的思考。

(一)研究综述

笔者视野所及对这一问题有一定理论深度的相关研究成果,主要有两项:一是张宝昆的著作《大规模教育考试的社会控制功能研究》,二是李家林的论文《论考试在社会流动中的作用》。

在《大规模教育考试的社会控制功能研究》一书中,作者首先对科举考试控制社会流动的历史作了简要的定性考察,认为科举除造成并控制了社会阶层向上流动之外,也间接地对其他形式的社会流动(如水平流动和向下流动等)造成影响。作者特别对考试控制社会流动的现状进行了考察,得出我国自 1949 年以来实行的 35 次高考(除去 1950 年、1958 年和 1966—1976 年),促成了 1354.05 万人的向上流动[①]("文革"前 15 年录取了 200.95 万人,1977—1996 年共录取了 1153.1 万人,其中,农村人口约占 50%)。作者据此认为,高考制度(尤其是自 1977 年恢复高考后)充当了促进社会流动并控制这种社会流动的角色,起到了一个社会安全阀的重要作用。[②]

《论考试在社会流动中的作用》一文,也主要从定性的角度论述考试如何促进

[①] 需要指出的是,张宝昆所提及的 35 次高考促成 1300 多万人的向上流动有失准确,因为录取人数中有部分人只是实现了阶层的水平流动而非向上流动(这里涉及阶层的界定问题)。显然,在上大学与向上流动之间并不能简单画等号。

[②] 张宝昆.大规模教育考试的社会控制功能研究[M].昆明:云南大学出版社,1999:100-109.

合理社会流动的形成。作者认为,考试通过其本身的规范效应来规范社会流动行为,从而强化社会流动的有序性;通过考试政策的制定,来协调控制社会流动的流速和流量;通过考试内容或标准、考试结果等来促使社会主客观目标之间维持着一种动态平衡;考试通过其公平性和规范性,对社会成员的社会流动的价值取向起良好的导引作用。当然,这些作用的实现均须基于考试制度科学、合理这一前提。[①]虽然此项研究中的社会流动并非特别指向阶层流动,考试也并非专门指向高考,但对我们研究高考与社会流动的关系还是有一定参考价值。

以上两项研究主要针对的是包括高考在内的大规模考试制度对社会流动的研究,所做的也基本上是定性综合研究,而且没有进行统一高考与非统考办法的对比。从这一角度看,高考对社会流动的影响力之大小,基本上是一个空白的研究领域。尽管与之相关的关于高等教育与社会分层的研究成果颇为丰富,但均未将视角直接落到高考制度的分析上。

（二）调查概况

人们在研究科举对社会阶层流动的影响时,惯常的方法是对比科举与之前各种人才选拔制度下统治阶层的社会成分。同理,高考对社会阶层流动的影响大小,也要通过与未采行高考时期学生阶层分布的对比来体现。鉴于中华人民共和国从1952年建立统一高考制度后,除"文革"十年,其余时间均采行了这一制度,而"文革"的情况又十分特殊,难以进行常态比较,因而我们只能对比中华人民共和国成立前未采行统一考试时期和成立后采行统一高考时期的情况。

具体而言,本文是通过对比统一高考建制前后学生家长职业构成的差异,来分析高考对社会流动的影响。这就要求调查的学校一定要在统一高考建制前成立,且建校时间越长越理想。厦门大学作为一所具有80多年历史的综合性重点大学,无疑是符合这一条件的。厦门大学于1921年建校,其20世纪30—40年代的学生档案也被保留了一部分。但这些纸质文献毕竟保存时间已长达数十年,且经历了数次政治运动的破坏,很多档案要么缺失,要么因虫蛀或发霉而难以认读。尽管如

---

① 李家林.论考试在社会流动中的作用[J].安徽师大学报（哲学社会科学版）,1998(01):125-129,142.

此,笔者还是设法浏览了厦门大学几乎所有中华人民共和国成立前的学生档案,通过查阅学生家庭状况、教育环境调查表、国立厦门大学人事调查表、入学志愿书、清寒学生调查表、学生人事考查表、学生自传等文献,共得到文理各院系学生档案3141份,其中,有家庭出身情况记载的有效样本计2356份。相比之下,中华人民共和国成立后的档案要齐全得多。笔者分别查阅了1950—1952年、1965年、1976—1980年各年的学籍表,得到学生档案共计6465份。中华人民共和国成立前和成立后档案总计8821份,采用Excel进行归类。与1949年后分年或分阶段统计不同的是,中华人民共和国成立前各年由于性质基本相同,且样本较少,被统一归为"中华人民共和国成立前"大类。调查对象系别分布广泛,涉及当时几乎所有系别。

二、统计与分析

在本调查中,家长职业(以父亲为依据来统计,极少数父亲情况不详而母亲职业详者,则以母亲为据)被划为工、农、军、学、政、商、其他七大类,其中,工包括工人、职工和手工业者;农指农民;军包括普通军人和军医;学包括大学教师、教师(中小学)、医生和科技人员;政指干部(包括农村干部);商包括商人、华侨和侨店员,其他包括非农(据其综合信息推断不是农民者)和失业者。

在我们对职业所划分的七大类中,学、政、商界的职业因占有较多的文化、权利或经济资本而享有较高的社会地位,可以认为这些领域的职业处于较高的社会阶层,而工、农界职业的社会地位则较低,无论是从社会威望、经济收入还是文化资本的占有上看,都可以认为是处于较低的社会阶层。当然,某些职业或阶层由于种种原因在中华人民共和国成立前后所享有的政治或经济地位可能略有不同,但总体上看,其社会地位的变化并不大。例如,尽管农民阶层在中华人民共和国成立后享有了与其他阶层同等的政治地位,但其社会资本尤其是文化和经济资本占有上的弱势地位并没有任何改变,仍然是一个处于中国社会阶层结构金字塔底部的弱势群体。即使现在涌现了大量流向城市谋生的农民工,他们充其量也只能成为一个亦农亦非的"边缘群体",和弱势群体无甚大异。工人阶层的情形也大致相同。表

1 是中华人民共和国成立前后厦门大学学生家庭职业阶层异动情况。

表 1　中华人民共和国成立前后厦门大学学生家庭职业分布

		中华人民共和国成立前	1950—1952	1965	1976	1977	1978	1979	1980
学生总数/人		2356	772	559	763	989	1313	1024	1045
工	人数/人	52	87	97	122	151	237	187	187
	百分比/%	2.21	11.27	17.35	15.99	15.27	18.05	18.26	17.89
农	人数/人	319	176	263	199	118	148	173	235
	百分比/%	13.54	22.80	47.05	26.08	11.93	11.27	16.89	22.49
军	人数/人	58	3	6	25	42	38	15	15
	百分比/%	2.46	0.39	1.07	3.28	4.25	2.89	1.46	1.44
学	人数/人	502	146	35	75	251	308	228	242
	百分比/%	21.30	18.91	6.26	9.83	25.38	23.46	22.27	23.16
政	人数/人	418	78	45	276	292	374	324	299
	百分比/%	17.74	10.10	8.05	36.17	29.52	28.48	31.64	28.61
商	人数/人	944	278	76	5	11	15	16	17
	百分比/%	40.07	36.01	13.60	0.66	1.11	1.14	1.56	1.63
其他	人数/人	63	4	37	61	124	193	81	50
	百分比/%	2.67	0.52	6.62	7.99	12.54	14.70	7.91	4.78

　　先看中华人民共和国成立前后的对比。表 1 中显示，在中华人民共和国成立前，学生父亲职业比例列前三位的分别是商界、学界和政界，三者相加为 79.11%，而工、农的比例则分别占 2.21% 和 13.54%，二者相加为 15.75%。说明中华人民共和国成立前高等教育入学机会有近八成为较高社会阶层子女所占有，通过单独招考①实现阶层向上流动的工、农子女所占不到二成。而在中华人民共和国成立后

---

　　①　尽管 1938—1940 年厦门大学曾参加过部分国立大学联合举行的统一招考，但由于规模甚小，在影响面和影响力度上，与 1949 年后的统一高考不可同日而语。

的 1965 年,学生父亲职业分布发生了根本性逆转,商界、学界和政界三者相加的比例降为 27.91%,工、农比例相加则增至64.40%。说明中华人民共和国成立后低社会阶层子女凭借统一高考实现阶层上向流动的比例已大幅增加。1965 年以后各年的比例也都说明了这一点。

如果说,在"文革"即将来临的 1965 年,过于强调阶级成分的政治因素对当年的工、农子女高等教育机会有较大影响,那么相比于中华人民共和国成立前,1977—1980 年与 1965 年相似的比例则说明,在实行统一高考的情况下,政治对于阶层流动并非一个有持久影响力的因素。而教育政策和家庭经济条件对于较低阶层子女实现社会流动却是不容小觑的影响因子。一方面,自中华人民共和国成立伊始,政府便提出教育要"为工农服务",加上高等教育实行免费教育,使工、农子弟有较多机会接受高等教育;另一方面,中华人民共和国成立前实行单独招考,到各校参加考试所需费用对较低阶层家庭来说实在是一笔不小的负担,若参加几所学校的考试,则更不堪重负。而实行统一高考省却了考试旅费,也使较低阶层子女接受高等教育的机会大大增加。

再看中华人民共和国成立后不同年份的对比。在中华人民共和国成立后的各年中,1976 年是个较特殊的年份。统一高考在 1966—1976 年被停废了 11 年(虽然从 1972 年高校开始恢复招生,但实行的是政治色彩浓厚的推荐制),直到 1977 年才恢复统一文化考试,因而,1976 年采行的不是统一高考招生办法,理论上是可以与实行统一高考的其他时期进行对比的。但遗憾的是,由于"文革"对政治背景的过度强调,其所反映的情况不能视为常态。

尽管如此,1976 年的数据仍有其对照意义。表 1 中显示,1976 年父亲职业分布以政界为最高,比例高达 36.17%,这一结果与一般所认为的"文革"中"好大学"(或者说"重点大学")以干部子女居多的看法大体吻合。农界和工界步后,分别为 26.08% 和 15.99%。而学界仅为 9.83%。这样的反常分布很可能与其时强调学生出身的工、农成分比例、权力在推荐制入学办法中起关键作用,以及"文革"中知识分子地位严重下降等因素有关。1977—1980 年各年中,父亲职业中政界的比例下降到 30% 左右,相反地,在 1965 年和 1976 年都出奇低的学界比例(1965 年学界比例低可能与"文革"前夕知识分子地位下降有关),则骤然上升并基本稳定在 22%

以上，仅略低于政界。政界比例下降而学界比例上升并与政界比例基本相当，且与中华人民共和国成立前学、政界持平的情况也基本一致，说明权力因素对统一高考的干扰现象基本上已不复存在。工界和农界的比例则亦有所上升。

此外，由于1965年、1976年特殊的政治背景，我们无法根据其农界的比例而判断统一高考对较低阶层子女社会流动的影响力大小，但却可从政界比例的升降看出统一高考和推荐制二者的公平程度之孰高孰低。而公平性恰恰是影响社会阶层流动的重要因素，考试制度越公平，低阶层子女借此制度实现阶层向上流动的可能性便越大。

三、余论

必须指出的是，中华人民共和国成立前和成立后学生家长职业阶层的异动，并不仅仅受高考制度的影响，它与政治、经济和教育体制都有一定的关联，有时某些关联甚至起决定性作用。例如，高等教育收费与否，就直接影响着较低阶层子女接受高等教育的积极性和可能性，进而影响着学生家长职业阶层的构成。有统计表明，在近几年高等学校录取的新生中，农村生源所占的比例已经由原来的30％多下降到现在的15％左右。[①] 在目前高等教育助学贷款制度尚不完善的情况下，日渐上涨的学费、后勤社会化和日益扩大的教育资源城乡差异不能不说是最主要的原因。再如，中华人民共和国成立前商人阶层大量存在，而中华人民共和国成立后到改革开放前由于实行国营经济，个体经商形式几乎消亡，造成商人阶层在各阶层中所占比例由中华人民共和国成立前的40％锐减为中华人民共和国成立后的不到2％，也影响了家长职业阶层构成的相对稳定性。因此，我们在判断高考对社会流动影响力的大小时，必须根据各种因素进行综合分析，既不要夸大高考在社会流动中的作用，正视它发挥促进社会流动功能所需要的其他教育政策和社会条件支持，也不能因此否定它对社会流动的意义。

---

① 潘多拉.农村生源比例逐年下降 门槛考量下的教育不公[EB/OL].[2007-03-30].http://edu.beelink.com.cn/20050815/1907244.shtml.

　　由于关联因素较多,中华人民共和国成立前后学生家长社会阶层的对比所折射出的高考对社会流动的影响,难以像科举考试对其时社会流动的影响那样清晰,这一研究成果因此也存在很大的局限性。但若单从工、农阶层在中华人民共和国成立前后的对比来看,统一高考比单独招考给较低阶层子女实现向上流动提供了更多机会则毋庸置疑。

　　据许欣欣对 1990 年和 1993 年中国不同地位群体间的代际流动研究,得出国家干部这一我国社会分层体系中地位最高的阶层,同职率①很低,相反,流入率(从其他阶层流入某一阶层的概率)则很高,1990 年和 1993 年分别为 73.8％和 64.3％,说明在接受新成员方面干部阶层的开放程度是相当高的。② 而中华人民共和国曾有相当长一段时期,能够被列入干部编制的一条最主要途径便是取得国家正式的全日制中专以上学历后,被国家人事部门按计划分配到具体工作单位。在统一高考几乎是取得国家正式全日制中专以上学历机会唯一通行证的当代中国,干部阶层有如此高的流入率,以及由此所反映出的相应高的社会阶层流动率,不可否认统一高考对其发挥的作用。此外,笔者也曾对厦门大学 1997—2001 届博士毕业生的家庭出身做过统计,得出有 56.7％的博士来自除教师和干部外的非知识阶层家庭(其中 37％来自农民阶层)。③ 尽管来自农民阶层学生的辈出率④相对而言仍较低,但低阶层子女通过层层竞争性考试(包括高考)得以有机会成为国家栋梁从而实现社会阶层的上向流动,却是不争的事实。

　　现行的高考制度因弊端甚多而招致越来越激烈的社会批判,甚至有人将其形容为"一头让人哭笑不得,又无可奈何的怪物"和"一个荒谬的制度"。⑤ 但正是这

---

　　① 同职率是从子代角度出发考察特定阶层(或群体)成员的社会背景,可以体现某社会群体在吸纳新成员方面所具有的开放程度。

　　② 许欣欣.当代中国社会结构变迁与流动[M].北京:社会科学文献出版社,2000:242.

　　③ 郑若玲.高等教育与社会的关系——侧重分析高等教育与社会分层之互动[J].现代大学教育,2003(02):21-25.

　　④ 辈出率是指某一社会阶层子女在大学生中的比例与该阶层人口在同一社会全体职业人口中所占比例之比。

　　⑤ 许纪霖.高考制度:迫不得已的荒谬?[J].中国新闻周刊,2005(27):65.

种刚性的制度，让社会底层精英有了"公平的立基"，为其向上流动提供了保障，并疏散了其对社会资源分配机制所郁积的不满。必须正视的是，中华人民共和国成立后我国的二元结构局面非但没有改观，而且阶层差异还在不断扩大，各阶层尤其是优势阶层的代际继承性也呈日趋增强的态势。这种阶层流动机制的弱化，反过来将强化阶层间的对立与敌意，甚至造成社会的"断裂"。阶层流动障碍的加强，对社会发展而言无疑是一个十分危险的信号。

在如今的高等教育机会分配中，权力的侵扰虽然已不明显，但金钱的作用却越来越大。对钱权皆无的广大草根家庭子女来说，高考作为一个自致性因素，几乎成为他们获得高等教育机会、实现阶层上向流动一条最公平合理的"独木桥"，而教育机会的公平竞争恰恰是社会和谐发展的重要内容。社会正义论研究权威罗尔斯认为，一种正义的社会制度应该通过各种制度性安排来改善或优待那些处于社会底层的"最不利成员"的处境，缩小他们与其他人之间的差距。[①] 虽然以目前高等教育资源仍非常匮乏的国情，我们在短时期内尚无法刻意增加社会底层的高等教育机会，但至少应保存高考这条使其得以实现正常社会流动的"独木桥"。这实在也是他们的权力，而非优待。

---

① 约翰·罗尔斯.作为公平的正义——正义新论[M].姚大志,译.上海:上海三联书店,2002:447.

强化高等学校主体性地位
——论招生改革的价值转向*

一、问题的提出

中华人民共和国成立以来,高等学校考试招生作为一种"抡才大典"备受瞩目,高考制度在未曾间断的改革中实现了"螺旋式"发展。悉数高考改革之历程,先后对考试科目、考试内容、考试次数、考试方式、计分方式、命题方式、科目设置、志愿填报方式、录取体制、高考时间、加分制度、计划配额、报考资格等项目进行调整。但总体而言,21世纪以前的调整并未将考试制度改革与招生制度改革作出明确区分,多以前者为主、后者为辅,在理论与实践的探讨中,常将二者相混淆。

进入21世纪,《教育规划纲要》《国务院关于深化考试招生制度改革的实施意见》(以下简称《实施意见》)《关于新时代推进普通高中育人方式改革的指导意见》等文件的颁布,提出"探索招生与考试相对分离的办法""改革招生录取机制""逐步改变单纯以考试成绩评价录取学生的倾向""加强高等学校招生工作能力建设"的基本方向。高等学校则在以高等学校为招生行为主体、各级招生考试机构监督服务、国家宏观管理的工作机制中,根据国家相关法律及规章制度,逐步建立了由校长负责的招生工作领导机构,并以制定、公布招生章程为形式,规范、承诺招生行为。考试制度及其专业机构的改革是我国高考改革长期关注的重点,并已取得显著成效,但招生制度及高等学校招生主体性地位是我国高考改革的薄弱项,也是"招生与考试相对分离"的难点所在。招生制度在理论研究与实践工作中,常因我国高等学校有限的招生自主权而较少被关注。对招生及高等学校招生主体性地位开展研究,是探索我国高等学校招生自主权的前提,也是高考综合改革的重要课

---

* 本文与庞颖合作,原载于《教育研究》2019年第12期。

题。高等学校招生及其改革的相关研究可归纳为以下五类。

一是关于高等学校招生的理论探讨。包括招生价值导向问题(建立适合中国国情的招考制度①、维护招生的公平②、与高中教育的衔接③、招生的精准选拔④)，招生主体的相关问题(高等学校在招生中的主体性地位⑤、高等学校招生能力建设⑥、招生与高等学校人才培养和专业建设的关系⑦)，高等学校招生的合法性问题(高等学校招生自主权⑧、加分政策的法律规制⑨)等。

二是关于高等学校招生的实践研究。包括招生配额(高考分省定额的形成与调整⑩、高等教育公平价值导向下的招生配额⑪)，招生依据(高等教育入学渠道与录取依据的单一性⑫、清华大学钱学森班招生测评体系的科学构建⑬)，招生程序(专家组面试质量的影响因素分析⑭、综合素质档案在高等学校招生中的"初筛"⑮)，

---

① 刘海峰.中国高考向何处去？[J].北京大学教育评论,2010(02):2-13,187.
② 郑若玲.高考改革首重公平[N].科学时报,2011-03-23(A01).
③ 郑若玲.高考招生改革应与高中教育有机衔接[J].中国高等教育,2014(07):11-14.
④ 刘志军,王宏伟.高校招生需要"精准选拔"[J].清华大学教育研究,2018(04):94-98.
⑤ 秦春华.让高校成为大学招生录取的主体[J].华东师范大学学报(教育科学版),2018(03):99-114,169-170;季青春.新高考改革中高校主体功能发挥路径研究[J].江苏高教,2019(05):105-109.
⑥ 袁振国,等.高校招生能力建设七人谈[J].华东师范大学学报(教育科学版),2017(01):11-29.
⑦ 王新凤,钟秉林.新高考背景下高校招生与人才培养的成效、困境及应对[J].中国高教研究,2019(05):49-53,57;姜斯宪.优化招生选拔机制培养拔尖创新人才[J].中国高教研究,2018(03):13-16.
⑧ 覃红霞.高校招生自主权的法律阐释[J].江苏高教,2012(06):68-70.
⑨ 管华.我国高考加分政策的宪法规制[J].南京师大学报(社会科学版),2019(03):106-115.
⑩ 刘海峰,李木洲.高考分省定额制的形成与调整[J].教育研究,2014(06):73-80.
⑪ 刘焕然.高校招生配额制与高等教育公平——历史检视与现实省察[J].高等教育研究,2019(02):39-46.
⑫ 郑若玲.破除统考迷思深化招生改革[J].复旦教育论坛,2016(01):11-15.
⑬ 郑泉水."多维测评"招生:破解钱学森之问的最大挑战[J].中国教育学刊,2018(05):36-45.
⑭ 宋朝阳.高校招生工作中专家组面试质量的影响因素分析[J].湖南师范大学教育科学学报,2018(05):83-91.
⑮ 张红霞.综合素质档案在高校招生中的"初筛"构想与风险分析[J].全球教育展望,2017(10):92-101.

招生模式(专业导向的招生变革对学生选择、高中课改、高等学校专业建设的影响①)等。

三是关于招生录取技术改革及其成效的研究。如信息技术对招考公平的促进②,知分报志愿、平行志愿为高等学校带来的机遇与挑战③。

四是对自主选拔录取、综合评价录取、高等学校专项计划等特殊类招生方式的成效与问题的研判。如自主选拔录取在人才选拔方面的积极作用④,综合评价录取实践中的困境与出路⑤。

五是对域外高等学校招生经验的审思与借鉴。如美国精英高等学校录取新生的背景考察、个体化审阅、集体化审阅⑥,牛津大学基于卓越的公平的招生理念⑦,韩国招生审定官制度⑧等。

总体来看,研究对高等学校招生及其改革的探讨呈现出由少至多、由浅至深的变化,具有较强的理论价值与现实意义。但研究多聚焦招生技术、较少关注招生依

① 王存宽,吕慈仙,杨桂珍.从"总分匹配"到"专业导向"——高考志愿模式的转变对高校专业建设的驱动作用分析[J].教育研究,2016(06):81-88.

② 周远清,瞿振元,杨松,等.我国高校招生网上录取改革历程[J].当代中国史研究,2019(04):52-62,157-158.

③ 秦春华.超越卓越的平凡:北大人才选拔制度研究[M].北京:北京大学出版社,2015:10-11;杨德广.评"名校统揽高分者,高分者统统进名校"——对"平行志愿投档"的深层次思考[J].北京大学教育评论,2009(01):179-182.

④ 马莉萍,卜尚聪.重点大学自主招生政策的选拔效果分析[J].北京大学教育评论,2019(02):109-126,190.

⑤ 郑若玲,陈斌.高校招生综合评价录取改革的困境与出路[J].高等教育研究,2014(10):11-15.

⑥ 万圆.美国精英高校申请者"背景考察"的内涵、维度与途径[J].中国高教研究,2018(05):51-57;万圆.个体化审阅与美国名校生源选拔[J].华中师范大学学报(人文社会科学版),2019(01):167-176;万圆.集体化审阅:美国精英高校新生选拔模式的实证研究[J].江苏高教,2019(05):97-104.

⑦ 万圆,肖玮萍,欧颖.基于卓越的公平:牛津大学本科招生的理念与实现路径[J].外国教育研究,2018(01):3-19.

⑧ 凌磊.韩国招生审定官制度战略构想与实践:政策网络理论视角[J].全球教育展望,2018(05):81-93.

据,多聚焦具体问题、较少反思整体规律,多偏重特殊类招生、较少关注普通类招生,多着眼高考综合改革、较少思考发展历程。事实上,招生改革研究应以高考改革全局观①这一方法论为指导,即在认清主要矛盾的前提下,系统、辩证地看待问题,以突出招生改革的中国问题、开辟招生改革的中国道路。本文将招生录取发展作为高等学校招生改革的主要研究论题,以中国高等学校录取依据的变迁为研究起点,探讨"招考相对分离"导向下高等学校招生改革的路径。

二、历史变迁：高等学校招生依据的更迭革新

招生依据或招生所倚重的标准是决定招生样态的核心要素,对选才发挥着关键性作用。总体来说,高等学校招生的决定性因素经历了"政治标准""分数至上"到"多元指标"的变革,呈现出从"国家主义"向"人本主义"的转变。

(一)"政治标准"：凸显国家主义教育观,工具论色彩浓厚

对国家建设和社会发展而言,1949 年至 1976 年是一个关键的历史阶段。百废待兴的社会现实与精英化的高等教育,在客观上推动了政府和社会各行各业对人才的渴望。这也使我国高等教育在发轫之初,便肩负社会重任。在这一特殊的历史时期,高等学校招生录取的依据具有浓厚的工具论色彩,基本逻辑在于"什么标准能够为国家建设选拔有用之才"。

第一,基于政治考量为国家服务,是高等学校招生录取的根本宗旨。高等学校录取新生,以"保证政治质量"②为基本前提,以"为新民主主义事业服务"③、"为人民服务"④为最终目的。显然,国家主义的招生观,是中华人民共和国建立初期顶层设计以国家稳定、社会发展、人民幸福为依归而作出的价值选择。这一决策在特殊的历史时期奠定了我国高等教育有序发展的基调。

---

① 刘海峰.高考改革中的全局观[J].教育研究,2002(02):21-25.
② 蒋超.中国高考史(卷一)[M].北京:中国言实出版社,2008:499.
③ 蒋超.中国高考史(卷一)[M].北京:中国言实出版社,2008:341.
④ 蒋超.中国高考史(卷一)[M].北京:中国言实出版社,2008:427.

第二,相关的前置经验,是高等学校招生录取的重要依据。这一时期一个重要特点是重视相关经验。例如,单独招考的哈尔滨工业大学要求考生能够听懂俄语;大区统考注重"本人对革命所做出的突出贡献"[①];推荐制将"对于工农业生产方面有突出成就的'土专家',全国著名劳动模范"[②]、"有实践工作经验的工人农民"[③]等身份视为高等学校录取的决定性因素。这是在高等教育资源极度匮乏的精英教育阶段,国家源于社会经济建设、产业发展的根本需求而作出的效率优先的价值选择。

第三,考生的身份要素,是高等学校招生录取的重要参考。一方面,是考生的年龄,以 17～25 岁为主,"军队或地方的老干部、革命或解放区工作 3 年以上工龄者"可放宽至 28～35 岁不等[④];另一方面,是考生的身份,单独招考时期"向工农大众倾斜"[⑤],全国统考时期也"明确照顾工农"[⑥],推荐制时期则规定"黑五类学生不应录取"[⑦]。对考生身份的限定,源于国家主义教育观希望选拔出"又红又专"的人才,以便更好地为社会服务。

可见,1977 年以前,我国高等学校的招生录取依据深受特殊的政治、经济、文化等因素影响,考生的政治立场、实践工作经验、阶级成分而非学业成绩占据着绝对主导地位。它的确定与相关群体对中国共产党取得政权和革命胜利的贡献有关,所以中华人民共和国成立后,赋予他们优先接受高等教育的权利,也使其进一步承担起社会主义现代化建设的重任。社会导向的价值选择,是国家的需要,也是人民的需要,更是特殊历史时期的必然选择。

(二)"分数至上":社会公平受重视,全面发展的教育目标被悬置

1977 年恢复高考,尤其是 1978 年的改革开放,使得社会诸多领域都发生了翻天覆地的变化。经济的高速发展与高等教育的大众化,使社会各界对高级专门人

---

① 蒋超.中国高考史(卷一)[M].北京:中国言实出版社,2008:358.
② 蒋超.中国高考史(卷一)[M].北京:中国言实出版社,2008:570.
③ 蒋超.中国高考史(卷二)[M].北京:中国言实出版社,2008:145.
④ 蒋超.中国高考史(卷一)[M].北京:中国言实出版社,2008:305.
⑤ 蒋超.中国高考史(卷一)[M].北京:中国言实出版社,2008:340.
⑥ 蒋超.中国高考史(卷一)[M].北京:中国言实出版社,2008:376.
⑦ 蒋超.中国高考史(卷二)[M].北京:中国言实出版社,2008:137.

才的关注从教育场外走向教育场内。在这一高等教育复苏时期,高等学校招生录取的依据开始重视教育的本质规律,基本逻辑在于"什么标准能够引导考生的全面发展"。但这一先进理念并未得到践行。一方面,全面发展观是我国高等学校招生录取长期坚持的价值取向。自国务院批转教育部《关于一九七八年高等学校招生工作的意见》颁布后,"坚持德智体全面衡量、择优录取"这一基本原则在我国高等学校招生录取中得以坚持 40 余年。在相关政策中,逐步放开报考条件、将考生高中阶段的表现纳入高等学校招生录取依据、增加高等学校招生录取的特殊条件等,在形式上与我国高等学校招生录取所提倡的全面发展观相吻合。如,调整政审标准、[①]放开报名限制,强调高中阶段档案的作用,[②]制定补偿性、奖励性、照顾性加分政策等。另一方面,"分数至上"在实践中成为我国高等学校招生录取的最高准则。"高考分数"成为高等学校录取的决定性因素,并因此对基础教育、高等教育以及考生本人都产生了较大的影响。

第一,"高考指挥棒"功能被异化,引发基础教育的片面追求升学率问题。优质高等教育资源的稀缺性决定了高考的竞争性长期持续,在"千军万马挤过独木桥"的激烈竞争下,"片面追求升学率"成了中小学教育存在的一个最突出的问题。[③]这一现象严重违反了教育规律,高考的科目、内容、形式直接影响中小学的教育理念、课程设置、教育教学内容、评价方式,也侵犯了考生的权益,某些地方行政干部为了"政绩"向学校强派升学率指标,剥夺部分学生参加高考的权利[④]以及部分学生自主选择高等学校与专业的权利。高中教育被"升学率"绑架,在"分数至上"的重压下,高中教育重在"育分"而非"育人"。

第二,"唯分数论"被过分强调、"全面发展"因此旁落,考生的"知能结构"受到影响。从教育发展的过程来看,基础教育中所谓的"基础",是指人格发展的基础、

① 杨学为.高考文献(下)[M].北京:高等教育出版社,2003:106.

② 杨学为.高考文献(下)[M].北京:高等教育出版社,2003:138-139.

③ 郑若玲,宋莉莉,徐恩煊.再论高考的教育功能——侧重"高考指挥棒"的分析[J].全球教育展望,2018(02):105-115.

④ 王策三.保证基础教育健康发展——关于由"应试教育"向素质教育转轨提法的讨论[J].北京师范大学学报(人文社会科学版),2001(05):59-84.

学力发展的基础。[①] 长年的应试教育形成了"把各科成绩的总和作为学习者排名的唯一依据,并把排行的名次视为对学习者真正姿态的把握"的"育分评价",这种评价方式混淆了"应试能力"与"基础学力"的概念。多年来,我国一些中小学沾沾自喜于"应试学力"的成就而忽略了"基础学力"的追求。[②] 换言之,在"唯分数论"的导向下,一方面,考生为了取得高分,不得不进行大量重复练习与记忆,思维与能力被既定的书本知识所禁锢,在相当长的一段时间内,高考的佼佼者被戏谑为"高分低能者",在大学的学习生活以及后续的职业生涯中再难"出彩";另一方面,间接催生了"钱学森之问"中的教育痛点。可见,"唯分数论"对个体发展潜力的甄别力其实是非常有限的。

第三,考试的功能被放大,招生的功能被缩小,大学形成状元招生观。在制度设计上,考试只是评价的一种方式,考试成绩只能作为评价标准之一,高中档案所表征的考生综合能力也应纳入招生录取的考查范围。但在实践操作中,国家对人才的渴求、社会对公平的期待、大学在多元评价上的经验匮乏等,使得考试分数在录取过程中的作用被无限放大,其他标准在评价体系中则沦为"花瓶"。虽然考试标准的单一性无法满足高等教育选才标准的多样化,但迫于时势,录取高分者成为大学"选才"的唯一追求。这给高等教育带来了诸多不良影响,比如,学生专业认同度低、学校学科发展受限、高等教育人才培养质量难以提升等。

从相关举措中可以看出,这一时期高等学校的招生以德智体为依据,放开报考条件,考查过程性因素、兼顾特殊性因素,形式上倾向于对考生全面考核,理论上符合教育基本规律。但受制于历史、文化与社会等因素,考试至公的思想使分数"一元主义"根深蒂固,录取实践中"凭分取人"的地位难以撼动。平等主义盛行,录取环节开创性的尝试被视为腐败滋生的根源,进而导致高等学校招生环节中考试的地位凸显、招生的地位式微,最终的结果是以"分数至上"为实践逻辑,全面发展目标被悬置。

---

① 钟启泉.课程改革:为社会公正和儿童发展而教[J].上海教育科研,2013(03):5-6.
② 钟启泉.走向人性化的课程评价[J].全球教育展望,2010(01):8-14,20.

(三)"多元指标"：个人价值受认可，育人成才为导向

21世纪以来，我国进入了新的发展时期，国家对拔尖创新人才的渴求日益强烈。经济繁荣与高等教育规模的发展，使高等教育质量尤其是人才培养质量成为关注的重点。高等学校自主选拔录取施行、高考综合改革启动，高考育人功能凸显。高等学校招生录取的依据以价值论为基调，基本逻辑在于"什么标准有利于学生成长成才"。

第一，提供多元科目组合，强调专业志愿，高等学校招生给予学生充分的选择权。高等学校在高考综合改革省份的招生"不分文理科""考生总成绩由统一高考的语文、数学、外语3个科目成绩和高中学业水平考试3个科目成绩组成""计入总成绩的高中学业水平考试科目，由考生根据报考高等学校要求和自身特长，在思想政治、历史、地理、物理、化学、生物等科目中自主选择"，志愿填报形式为"院校专业组"志愿或"专业（类）＋学校"志愿。学生在考试科目、志愿填报中的选择性增加，尊重学生的志趣，促进了学生的个性化发展，强化了对学生的生涯教育。

第二，基础教育阶段的成长过程受到重视，高等学校招生关注学生成长的过程性。高等学校在高考综合改革省份的招生将高中学业水平考试、综合素质评价作为招生录取的依据或参考，部分试点省份提供外语等科目的两次考试机会。学业水平考试是对学生学业程度的检测，是学生高中学业情况的客观反映。高中综合素质评价是对学生全面发展情况和个性特长的写实性记录，并以学期为单位录入。两次考试减轻了学生的考试压力，增加了学生表现真实学力的可能。学生在基础教育阶段的成长过程被纳入高等学校招生的考查范围，理论上打破了"终结性评价""一考定终身"的桎梏。

第三，基础教育阶段的素质教育得到认可，高等学校招生注重学生的综合素养。2003年以来，部分高等学校试行自主选拔录取、综合评价录取改革。2008年起，江苏省将高中综合素质评价结果纳入高等学校招生录取体系，基础教育阶段的素质教育逐渐成为高等学校招生录取的参考。《实施意见》颁布迄今，高考综合改革省份基本形成了由品德发展与公民素养、修业课程与学业成绩、身心健康与艺术修养、创新精神与实践能力等组成的高中综合素质评价体系，并结合使用《学生成长记录手册》，充分考虑城乡差异和不同群体学生特点，其结果成为综合评价录取

的考查项目、春季高考院校自主测试环节的参考材料、普通类招考中同排位考生录取或考生专业调剂的重要参考。

这一时期的高等学校招生录取依据以尊重个体选择、重视成长过程、促进全面发展为价值取向,尝试通过高等学校考试招生制度改革,促进学生的成长成才。改革虽有一定的成效,但在实践中仍不乏考生为获得高分而选考较为容易的科目,影响自身的知识结构。高等学校为招收高分生源,减少或不设选考科目;通过"分数面前人人平等"来达成招考公平,较少甚至不使用综合素质评价结果,最终,与改革初衷相背离,影响高考育人功效的发挥。

三、改革动因: 高等教育内外部的辐合作用

招生与考试相比,因涉及诸多利益群体,呈现出更为明显的社会属性。自高考建制起,招生改革即湮没于考试制度改革之中,招生改革"被动多于主动""社会性强于教育性""形式大于内容"成为常态。近年来,高等教育的规模化、内涵式发展,使招生改革更加重视教育规律,具有多元与丰富的改革动因。

(一)政策指引: 考试制度改革带动了招生改革的被动适应

长期以来,我国一直在试验、探索更适宜的高考制度。1977 年高考恢复之后的发展历程中,考试制度改革占据大半席位,招生改革则沦为附庸,随着考试改革的推进而进行适应性调整。纵观历次高考改革项目,文理分科、科目设定、内容变革、次数增减、计分变化、命题方式等皆属于考试制度改革范畴,报考资格、志愿填报方式、投档形式、加分制度等则属于招生改革范畴。不难发现,招生改革长期湮没于考试制度改革中,呈现出被动适应的特点。

第一,招生改革因考试内容的变更得以推进。比如,文理分科、科目设置、科目内容、科目组合的调整,改变了招生的标准。

第二,招生风气因维护考试公平而得以净化。如阳光高考工程的推行、自主选拔录取规模的缩减、综合评价录取推进速度的延缓等在一定程度上保证了招生的形式公平。

第三,招生过程中的投机性因最大限度凸显考试分数的功用而得以减少。比

如，平行志愿投档、知分知线报志愿等，都减少了招生录取中因考生估分失误、志愿"撞车"等非智力因素引发的高分低就甚至落榜现象。

可见，最近 40 年的招生改革停留于形式、程序及技术层面。事实上，考试与招生既是不同的环节，也是彼此独立的概念。高等学校考试招生制度中的考试，对于高等教育而言，属于选拔性考试，实质在于考查、检验、甄别考生的能力；对于基础教育而言，属于终结性考试，旨在测查学生的学习效果。总体来说，考试改革应致力于实现对学生的科学评价。而招生是以一定的标准为依据选拔考生的过程。这种"选拔"长期停留于"在大规模考生中识别出小部分优秀群体"的层面，以"向上流动"为特征。今后的招生改革应走向"考生能力与专业选择、职业发展的匹配"，以"学术型与职业型平行分流"为目标。

在考试制度改革与招生改革之间，导致前者成为后者的推力、后者沦为前者的附庸，还有如下原因。

第一，"一元主义""唯分数论"促进了考试招生一体化的形成，在这种逻辑下，作为中介的考试分数的功能被过分强调。实际上，考试分数只能呈现考生的学业水平、发挥有限的甄别功能，在选择适宜之才、挖掘考生的创新能力和批判性思维以及考查其综合素养上却存在功能性漏洞。

第二，理论上，考试由专业机构组织、招生由高等学校承担，但实践上，二者长期为计划体制所困。在高等学校尚未拥有真正意义上的招生自主权之前，自然无法推动自下而上的、代表高等学校意志的招生改革。考试改革成为招生改革的推动力，使招生既无法发挥本身应有的效能，也无法在改革中体现自身的意志。

（二）规律驱动：教育内外部关系规律强化了招生的教育属性

高考既是一项重要的教育制度，又是一个重大的民生议题，它一头连着教育，一头连着社会。[①] 作为高考有机组成部分的招生亦如此。最近 40 年的招生改革，是在教育内外部关系规律的共同作用下实现的。教育内外部关系作为动力因素，与招生改革相互作用、相辅相成。教育外部关系规律强调的是教育与社会之政治、

---

① 刘海峰.高考改革的回顾与展望[J].教育研究，2007(11)：19-24.

经济、文化等的关系,①这是一种柔性关系,理论上对招生的影响是波动的、潜在的:社会的政治需要,关系到高等学校招生根本宗旨的调整方向,也决定了招生对招生公平与社会稳定的坚守,还体现出对高级专门人才候选者的底线要求;社会的经济发展、产业结构,决定了生产部门对人力资源的需求,关系到高等学校招生的类型、结构,推动了招生目标、专业计划定额、考查形式的改革;社会的文化选择、认同与传承,决定了社会核心价值观与主流文化,推动了招生标准的更迭。教育内部关系规律则包括教育要求与教育对象的身心发展以及个性特征的关系、人的全面发展各个组成部分的关系等,②这是一种刚性的关系,理论上对招生的影响是稳定的、直接的,这一规律要求一切教育活动应以塑造"和谐而全面发展的人"为目标,推动着招生标准从单一走向多元、从片面走向全面、从应试走向发展。

不过,教育外部关系与教育内部关系作为动力因素,对招生改革的影响力并非完全相同。社会稳定、政治需要、经济发展、文化传承等与教育之间形成的教育外部关系,是40年招生改革的主要动力,使招生的社会属性长期突出。而个体发展与教育之间形成的教育内部关系,则是招生改革的次要动力,近年来才受重视,招生的教育属性也因此渐进凸显。造成这一现象的原因有二:

其一,从国家发展的角度来说,效率优先是国家战略的价值选择。中华人民共和国建设初期,国家主义教育观盛行,围绕国家这一中心,将教育视为国家的主权、事业、工具,要求一切教育活动符合国家的需要与利益。③ 高等学校招生要为国家服务,即为国家发展寻募可造之才、促进社会分层、维护社会稳定,教育外部关系因此成为招生改革的主要动因。在经济大繁荣时期,人本主义教育观越来越得到认同,认为教育的本质和人的本质是一致的,教育在于理解人的生命意义、提升人的生命价值、实现人的完善圆满。④ 高等学校招生要为人的发展服务,就要引导人在基础教育阶段形成合理的知能结构、在高等教育阶段作出妥当的专业选择,教育内

① 潘懋元,王伟廉.高等教育学[M].福州:福建教育出版社,2013:31.

② 潘懋元,刘丽建,魏晓艳.潘懋元高等教育论述精要[M].福州:福建教育出版社,2015:21.

③ 孙培青.中国教育史[M].上海:华东师范大学出版社,1997:655.

④ 陈乃林.人本教育观论要[J].江苏高教,2005(01):1-6.

部关系因此成为招生改革必须考虑的内容。

其二，从招生主体的角度来讲，国家主导高等学校招生的事实长期不变，高等学校招生主体性地位渐进凸显。1952 年统一高考建制伊始，高等学校招生的报名条件、录取依据等皆由国家相关部门制定，以防止因高等学校招生经验不足而带来的"乱拉""乱招""资源浪费"等问题。国家在推动招生改革时着重考虑教育外部关系，以平衡社会多方利益。20 世纪 80 年代以来，保送生、自主选拔录取等招生制度的革新，使高等学校获得了一定的招生自主权，也招收到了更为优质的生源，这促使招生改革开始考虑教育内部关系，以促进人的健康成长。

(三)实践探索：招生的规模扩张与多样化加强了招生与人才培养的联系

学生入学数量直接影响着高等教育的规模扩张，同时，后者也会对学生入学和选拔产生反作用，成为高等学校招生改革的直接动力。在这一逻辑下，首先，招生改革最明显的特征表现为"量"的增加。1999 年，高等学校扩招政策落地，随之而来的是招生数量的急剧增长、适龄人口入学率的大幅攀升。虽然近 10 年来增长率持续走低，但规模仍不断扩大。其次，招生改革体现出"质"的飞跃。党的十八大以来，高等教育在外延式发展之后，实现了内涵式发展的战略转向，国家、社会对高等学校人才培养质量的期待，促使高等学校招生作出相应的调整。比如，高等学校录取依据突破了对"高考单一总分""一考定终身"的依赖，在高考综合改革中变为"基于统一高考和高中学业水平考试成绩、参考综合素质评价"；招生渠道拓宽，出现了自主选拔录取、综合评价录取等"特殊类"招生；招生理念逐渐从"拔尖"走向"适宜"，开始实施学术型与职业型分类的考试招生。最后，在招生的规模扩张和多样化进程中，对招生公平、招生自主权等问题进行了探索性改革。

第一，社会对高等教育的期望与高等教育的大众化、普及化发展，决定了高等学校招生标准因阶段而异。精英化阶段，高等学校主要培养的是政府与学术专业中的佼佼者，实行的是基于特定考试成绩与"英才成就"的高选拔性招生，注重考生的学科能力与专业素养。在大众化阶段，高等学校主要培养的是技术和经济组织的领导或管理阶层，实行的是在传统学术标准之外还引入其他标准的中选拔性招生，考生的综合素养开始受到重视。比如，高等学校招生综合评价录取中，对考生道德素质、科学素质、心理素质、审美素质、人文素质、创新能力、社交能力、语言能

力、公民素养、个性特长等进行综合考查。① 在普及化阶段,高等教育对所有希望
入学或有资格入学的人开放,以提高人们对迅速变化的社会的适应能力,采取的是
基于考生意愿的低选拔性招生。② 高等教育规模的扩张,推动了招生技术的改革;
招生选拔性的下移,则推动了招生标准的多元化以及招生类型的分化。

第二,适龄人口入学率的增加,使高等学校招生与社会的相关性逐渐攀升,决
定了高等学校招生标准应更加兼顾多元与公平。高等教育越接近招收全部适龄人
口,就越能紧密地反映人口中亚群体的分布状况。③ 换言之,高等学校招生的公平
问题会随着招生规模的扩张愈发凸显。补偿性计划、学术以外其他标准的引入,是
对不同社会阶层生源的照顾,既推动了招生公平,也增加了高等教育生源的异质
性、优化了人才培养结构。

第三,我国高等教育普及化阶段的特殊性,决定了高等学校招生的方式与标准
必须与国情相适应。这种特殊性既源于世界人口大国的基本国情,也源于高等教
育外延式发展的局限性。一方面,高等教育系统越庞大,与政府的关系就越重
要,④政府要适当规制大学的招生标准,督促大学为社会负责;另一方面,大学在普
及化阶段的分类发展,也希望在招生中彰显院校特色,将招生标准与学科建设、专
业人才培养相结合。这两方面构成了一对矛盾,成为招生改革的难题。这种因高
等教育规模扩张引发的招生改革的动力,触及招生的本质,直接影响到招生改革过
程中大学与高等教育的地位,但目前仍作为一种价值导向停留在理论探讨的层面。

---

① 郑若玲,陈斌.高校招生综合评价录取改革的困境与出路[J].高等教育研究,2014(10):
11-15.

② 陈洪捷,施晓光,蒋凯.国外高等教育学基本文献讲读[M].北京:北京大学出版社,
2014:108-112.

③ 陈洪捷,施晓光,蒋凯.国外高等教育学基本文献讲读[M].北京:北京大学出版社,
2014:107.

④ 陈洪捷,施晓光,蒋凯.国外高等教育学基本文献讲读[M].北京:北京大学出版社,
2014:106.

四、发展转向：强化高等学校在招生环节的地位

"招生与考试相对分离"的政策导向,指向的是高等学校入学考试与高等学校招生录取的分离,是对专业机构与学校不同责任主体、考试与招生不同职能的分离。但基于我国特定的文化基础、高等学校招生的工作机制,应尤其重视"相对分离"的意蕴。现阶段,重视招生在高级专门人才选拔中的作用、教育规律在高等学校招生中的意义、高等学校招生与高等教育内涵式发展的联系,是走向适于中国国情的"招生与考试相对分离"的突破口。同时,将招生改革视为高等教育改革的重要组成部分。

(一)底部发力：澄清招生之地位，以优化高等学校招生的工作机制为基点

如前所述,高考改革长期处于"强"考试、"弱"招生的状态。人们常将目光锁定于考试制度改革,致力于提升考试的公平与效率,忽视了招生的重要作用。这种偏差有特定的历史根源,在"学而优则仕"的古代社会,依托科举选官甄拔出擅于治国理政的人才,由于选拔目标相对明确、单一,统一考试有较高的识别度。而在多元化发展的现代社会,希望凭借高考"独木桥"遴选出三百六十行的佼佼者,由于选拔目标相对综合、多元,统一考试的甄别度有所下降。然而,统一考试作为自古以来的传统,已成为中国考试文化的象征,并与"至公"理念紧密相关。事实上,考试是手段、招生是目的,前者本应服务于后者。以统考成绩作为招生的基本但非唯一依据,适时、适度进行招生改革,可使其更具灵活性、可行性与有效性。

招生改革的重要前提是加强自下而上的自主权,这是与自上而下的考试制度改革相对的：考试的命题权在政府,考试改革的驱动力是顶层设计；招生的自主权在高等学校,招生改革的逻辑起点应为草根力量。现阶段,高等学校内部的招生权力多集中于招生工作领导小组、招生办公室,迫于"唯分数论"的教育评价导向、机关处室的行政属性,高等学校招生的行政性、程序性多于学术性、科学性,从而带来了高等学校招生与人才培养之间的裂痕、引发了高等学校权力与院系意志的矛盾。因此,应强化高等学校招生委员会的作用,将招生管理统一于现代大学制度建设、

大学治理的进程中。高等学校招生委员会、招生办公室、院系应合理分工,以加强招生的科学性。高等学校招生委员会应包括主管校领导、学科专家、专业教师、相关部门负责人等,以保证在行政权力与学术权力平衡的前提下,破除"唯分数论"的桎梏,建构科学的教育评价体系、制定招生章程、确定选考科目、商定综合素质评价结果的使用办法、决定特殊类招考的录取依据、监督招生过程等。招生办公室受高等学校招生委员会领导,是高等学校招生决策的执行部门、高等学校招生活动的服务部门。院系则应成为高等学校招生委员会的智库,加强高等学校招生与人才培养、专业建设、学科发展之间的联系。三者的配合,是高等学校招生科学化的关键。

(二)内在作用:尊重教育规律,以增强招生的匹配度为原则

教育驱动、文化驱动逐渐代替政治驱动,成为我国高考改革的主要力量。[①] 教育动因在考试招生中发挥的作用,可用教育内外部关系规律解释。在招生改革的历史上,与教育外部关系规律相比,教育内部关系规律在招生中发挥的作用甚微。而教育内部关系规律所决定的教育与教育对象的关系,即招生与招生对象的关系,恰恰是改革中应首要考虑的因素、应作出的回归,这是招生改革的本质所在。招生应以考生的素养为起点、以对考生的全面考查为要求、以促进考生的适切性发展为目的。

招生环节作为基础教育与高等教育的衔接,本是教育系统的重要组成部分,具有教育属性,理应发挥育人功能。在国家发展的特殊时期,社会对高级专门人才的渴望,使教育、高考、招生背负了太多职能之外的责任,更多地发挥着社会功能。在经济基础基本稳定的大繁荣时期,教育、高考、招生应反思如何回归本真,在发挥内在的教育功能的前提下,实现其外在作用。外在作用占主导的招生制度,以考生能力的纵向分布为据,强调的是"拔尖",是让少数精英群体获得优质教育资源和更高层次的发展机会,从而实现个体的社会价值。而内在作用占主导的招生制度,则应以考生的多元素质为据,追求的是"匹配",是让广大考生的特长、兴趣与其专业选择相适应,获得适切性的可持续发展。

---

① 边新灿.新一轮高考改革的多视域考察:兼论浙江高考招生制度改革[M].北京:北京大学出版社,2017:4-6.

一方面，"匹配"与"拔尖"相比，横向受众更多，回应了教育外部关系对新时期拔尖创新型人才的需求。招生环节是高等教育的起点，是高等教育质量的基础性保障。国家的大发展从质的层面提升了人才的要求，招生理应依托考生素质进行横向专业分流，通过"精确性"的提升，为拔尖创新型人才的培养把好入口关。

另一方面，"匹配"与"拔尖"相比，纵向时段更长，回应了教育内部关系规律对人才培养的要求。招生过程更像是一个"衔接点"，前面承接基础教育，后面延续到专业教育与职业发展，尤其是在"按专业报考"的高考综合改革中，职业选择前置、招生衔接作用凸显，招生的义务不仅在于"选才"，更在于"育人"，以保障人才培养的连续性。

（三）主体效用：发挥高等学校招生功用，以促进高等教育内涵式发展为目标

新一轮高考改革对我国高等教育和基础教育的影响是革命性的，甚至将带来我国高等学校的重新洗牌。[①] 长期以来，"自上而下"的考录模式，使高等学校过度依赖考试招生机构；"统考统招"的思维惯习，使高等学校忽略了自身的办学特色；"大规模重复性训练"的高考应试，使基础教育与高等教育的人才培养产生裂痕；强调省级招生单位作用、关注基础教育的高考改革，忽略了高等学校的主体性地位。在以往的高考改革中，学者、专家对基础教育的关注远远高于高等教育，甚至可以说，高等学校在其生源选拔和录取中长期缺位。高等教育普及化对选拔适宜适性人才的要求、高等教育国际化对吸引世界一流生源的期待、高考综合改革对大中学衔接培养人才的要求，凸显了高等学校在考试招生过程中的应有之义。考试的"大一统"模式因源于中国文化固然难以突破，但招生的多元诉求立足于千校千面易于实现。与统一考试由政府主持所不同的是，高等学校在招生上具有完全的主体责任，这决定了高等学校功用发挥的可能性与必要性。然而现阶段，高等学校招生人员多以相关政策为依据，其工作停留于学校宣讲、招生宣传、系统操作等事务层面。与其说上级部门放权有限，毋宁说高等学校招生力建设薄弱。当前高等学校招生

---

① 边新灿.新一轮高考改革的多视域考察:兼论浙江高考招生制度改革[M].北京:北京大学出版社,2017:273.

人员专职少、兼职多,招生形式统一有余、特色鲜见,招生过程科学性缺失、程序性盛行等,也难以实现高等学校招生的自主性。而低选拔性招生、生源异质性凸显的实情,又对高等学校招生能力的要求与日俱增。

首先,高等学校招生因直接关乎优质且适切生源的选拔,应被视为高等教育的重要组成部分。因为高等教育全球化的浪潮,使我们再也不可能在一个封闭的环境中没有任何悬念地等待最优秀的学生蜂拥而至,原初的招生模式难以满足世界一流大学的现实需求。[①] 其次,要形成科学的招生理念,应将高等学校招生与大学群体精神的养成融为一体。招生标准应凸显学校的文化性格,"千校一面"的"复制品"难以满足普及化时代社会对高等教育的期待。再次,应将高等学校招生力的建设纳入高等教育的发展轨道,与专业建设、人才培养甚至是学科发展相关联。从"学校招生"到"专业招生"的政策性转变,要求招生标准应与专业要求、产业发展相适应,提升学生的认同感。最后,考试招生改革应重视高等学校的招生实践,以高等学校的现实需要、改革中产生的问题为逻辑起点。如重视解决平行志愿、知分知线报志愿、"专业+学校"志愿与非名校、非热门专业招生的冲突,大类招生、多元录取方式与高等学校传统人才培养模式的矛盾,选考科目组合与高等学校专业人才培养的不适应,高中综合素质评价结果在高等学校统一招生中难以使用等,为高等学校遴选优质生源服务。

高等学校招生环节与入学考试环节皆为高考的有机组成部分。长期以来,"唯分数"的考试评价,使高考改革僵化甚至止步不前。"多元"的招生录取作为一种新的思路,可为高考改革带来生机,但由于政策的缺失与实践的阻力而受冷落。随着社会分工的细化、高考改革的多元综合、人才培养的一致连贯等,都对招生改革提出了客观要求。招生与考试的联系,决定了要通过招生改革,对单一的评价体系进行纠偏,将考试分数视为招生录取的关键而非唯一要素;而招生与考试的区别,决定了要独立审视招生改革,在国家主义价值观向人本主义教育价值观转变、高等教育内涵式发展的背景下,另辟蹊径、助推高考综合改革。

---

① 秦春华.超越卓越的平凡:北大人才选拔制度研究[M].北京:北京大学出版社,2015:4.

高考改革的困境与突破[*]

在中国教育领域，如果说有什么改革能引发全民关注乃至社会震荡，那一定非高考莫属。常谓的"高考"或"统一高考"，包括统一考试与统一招生两方面。统一高考制度建立于 1952 年，1966 年因"文革"被废止达 11 年，1977 年恢复统一高考。统一高考恢复迄今 40 年，不断根据社会发展与教育需求进行革新，不仅对教育发挥了重要的导向功能，而且对社会产生了重大影响。高考改革因此举步维艰，且不时迷失方向、陷于困境、走入误区，只能在原有基础上修修补补，一些"顽症"始终未能根治，难以实现根本性突破。本文拟在回顾高考 40 年发展的基础上，归纳改革成就，分析改革面临的主要困境、寻找陷入困境的根源，并反思高考改革走出困境、寻求突破的方向。

一、40 年高考改革成就

1977 年，在邓小平等人的英明决断下，恢复了中断 11 年的统一高考制度。统一高考是经历了"文革"的教育劫难后人们择善而从、倍加珍惜的一项人才选拔制度。40 年来，顺应教育与社会出现的新问题、发生的新变化，高考制度不断进行改革。进入 21 世纪后，高考更是驶入了改革的快车道，进行了分省命题、自主招生、"阳光高考"平台建设、平行志愿、高职单考单招、高考加分、异地高考、针对农村和偏远地区学生的招生"专项计划"等诸方面的重要改革，而且都取得了相当程度的进展。目前，高考改革已到了攻坚阶段。40 年高考改革在科学性与多样化两方面取得了明显的成就，这二者之间并非泾渭分明，而常常是水乳交融的。

---

[*] 原载于《厦门大学学报（哲学社会科学版）》2017 年第 3 期，《新华文摘》2017 年第 17 期、人大复印资料《中小学教育》2017 年第 12 期转载。

(一)高考改革的科学性日益受到重视

科学性是高考制度的根本所在。如果没有科学性,高考制度无论多么公平都是低效乃至无效的。中华人民共和国建立后至"文革"爆发的 17 年,高校招生制度深受政治影响而跌宕起伏地剧变。1977 年恢复高考后的 10 余年里,社会各行各业的发展均处于由乱而治的秩序复原过程中,教育界对于高考这项被喻为"个人命运与社会发展转折点"的选才制度分外珍惜、鲜有变动。20 世纪 80 年代中期以前,高考采用的是陈旧的考试办法,命题与施测主要靠经验与人工,缺乏测量技术的研发与应用,因而存在诸多问题,如考试内容重知识记忆轻能力考核,命题队伍建设缺乏科学性与稳定性,评分手段落后、误差大,考务管理效率低下、难以适应考试规模扩大所带来的巨大工作量,等等。

为了提高高考的科学性,1985 年,我国从美国引进了标准化考试。考试是一种测量,但凡测量必有误差,而误差大小可以进行人为控制,标准化考试就是一种按科学方法进行误差控制的测量,包括统一内容、统一指导语、统一时限、统一评分、确立常模、收集信度和效度资料等方面,标准化建设涉及试题编制、考试实施、阅卷评分、分数组合与解释各环节。以 1993 年为界,我国高考的标准化改革大致分为两个阶段:第一阶段主要是制定考试大纲、编制试题与制定论述题评分细则、建设试题库、进行分卷考试和机器阅卷等;第二阶段主要是建立标准分数制度。[①]尽管标准分数制度由于题库建设和观念认可等原因历经反复,如今在高考统考计分上基本被弃用,但这一分数制度中"常模"所体现的科学性已被大家认可,如今又以新的面目出现在新高考改革的计分方式中。正是在标准化考试改革的带动下,高考在编制试题、建设题库、提高施测技术含量、建立科学分数制度等方面都取得了令人鼓舞的成效。

除了传统的考试方式无法适应社会发展的需要,高考制度的僵化与呆板也逐渐为人所诟病,考试死记硬背、考生高分低能成为时人批评高考制度常用的"靶子",考核内容与命题立意的改革被提上日程。很长一段时间,我国高考命题主要注重知识的识记,以学生掌握知识的多少为考核目标。20 世纪 90 年代后,高考命

---

① 刘海峰,等.中国考试发展史[M].武汉:华中师范大学出版社,2002:350-351.

题立意开始关注能力，先是进行了单一学科能力测试的探索，此后，单一学科能力测试又变为社会发展日益强调的跨学科综合能力测试，旨在模糊学科边界、增强跨学科综合能力和学科间的知识相互渗透能力，引导学生全面掌握基础知识与基本技能、着重培养综合分析与解决问题能力。

高考的科学性还体现在选拔标准的综合性上。长期以来，高考录取奉行的是"唯分是取"原则，"高考分数"几乎成为唯一依据，从人才选拔的信度和效度来看，单一评价手段既不科学也欠合理。从考核效果看，高考分数只是考生单一性笔试的结果呈现，受考试时间和题量所限，高考的考核范围比较狭窄、考核功能相对单一，更遑论高考命题本身还存在信度和效度以及文化和地域倾向等公平性与科学性问题。仅靠单一、平面的高考分数，显然无法立体呈现考生的学业基础、综合素质、学术潜质以及个性品质等。因此，选拔标准的革新对高考的科学性具有重要影响。近年来进行的选拔标准改革的积极探索，说明高考的科学性越来越受到重视。虽然在统一高考的常规录取中，统考分数仍是最重要的指标，但在自主招生以及当下浙江、上海试行的新高考方案中，录取选拔标准的综合性已逐渐得到体现，学业水平考试和综合素质评价被纳入招生选拔体系中。

（二）高考改革的多样化特征逐渐显现

中国是考试的故乡，具有悠久的统考历史与深厚的统考传统。此外，中国还是一个考试大国，就高考而言，每年有近千万的庞大的考生群体。统一高考在公平、效率与可比性方面，有着其他考试形式所无法比肩的优势。这也正是统一高考历经风雨仍得以长期实行的根本原因。然而，高考的"大一统"局面，越来越不适应高等教育与社会发展的变化，而且给教育也造成不少负面影响，例如：智育长期"一枝独秀"培养出"精致的利己主义者"乃至危害社会的"害才"；学业负担过重、学习偏科损害了学生身心健康，造成知能结构片面乃至畸形发展；招生过程中出现的种种恶性竞争手段，悖逆于教育的成"人"目的、严重减损了教育的积极作用；等等。造成这些负面现象的原因，主要是统一高考在人才选拔中长期占据"霸主"地位，几乎是进入大学的"唯一"途径。可喜的是，高考"一统江湖"的霸主地位，近年来开始被撼动，高考改革的多样化特征逐渐显现。高校考试招生已不仅仅局限于"大一统"的统考方式，除了20世纪80年代的保送生制度，近年来还先后试行了高校自主招生、高职单考单招、外语一年多考等具有重要意义的尝试。

高校自主招生是落实《高等教育法》中扩大高校办学自主权的重要改革。2003年,教育部启动高校自主招生试验,按照报考条件、招生办法、录取结果"三公开"原则,在统一高考之前由各校自行进行自主考核,但通过自主招生招录的学生不得超过当年度招生总额的5%。通过自主考核的考生在其后的高考录取中可以享受几十分的降分优惠或优先选择专业的机会,这些优惠政策对于身处"提高一分,干掉千人"的高考残酷竞争的考生而言,重要性与吸引力之强不言而喻。自主招生试行以来,先后进行过复旦交大"面试直录"、北大"中学校长实名推荐制""自主招生结盟联考"等探索。2014年12月发布的《教育部关于进一步完善和规范高校自主招生试点工作的意见》(教学〔2014〕18号),对自主招生的考试时间、审核形式、考试内容等各方面做了进一步规范。2015年起,自主招生考核安排在全国统一高考后进行。自主招生自2003年试行至今已有10余年,经过各方努力,已由最初几年备受质疑变为如今达成共识,说明自主招生是从"大一统"高考中"成功突围"且颇有成效的制度创新。自主招生的意义不仅在于为试点高校选拔优秀生源,更在于有力推动了《国家中长期教育改革和发展规划纲要(2010—2020年)》所倡导的高校考试招生多样化改革探索,有效践行了教育改革所力推的素质教育与德智体全面发展教育目标。

高职单考单招是为了解决"一张考卷从北大清华考到高职高专"的统考弊端,更好地适应高等教育分层分类发展需要而进行的重要改革。1999年大扩招以来,我国高等教育招生规模迅速扩大、高等教育入学机会大幅上升。在部分教育发达省市,高考录取率接近甚至超过90%,高等教育"全入时代"指日可待。高等教育资源的充裕供给,给长期处于高等教育系统底端的高职教育带来前所未有的竞争压力与生源危机。与"栽下梧桐树,自有凤凰来"的重点高校相比,生源一直是高职院校的"软肋"。长期以来,高职院校与普通本科院校采取统一考试、分批录取的招考制度,高职院校处于录取批次末端,加之"重学轻术"传统观念作祟,职业教育一直被视为"末流教育",只是作为普通高校"杏门无路入"后的"备胎",高职院校招生也因此一直处于备受歧视、"门庭冷落"的艰难境地。如何突围生源困境成为高职院校生死攸关的核心问题。在这种境况下进行高职院校单考单招改革,无疑是高职教育发展的重要转折点，也可为当下现代教育制度体系中的应用技术型本科院校分类考试改革探索积累有益经验。

早在 20 世纪 80 年代中期，我国个别省市就启动了高职院校分类考试招生试点，走上了自主招生的探索之路。2007 年，教育部选取若干国家示范性高职院校试行单独招考。与此同时，各省、市、自治区也选取了一些省市级示范性优质高职院校以及少数办学质量和社会认可度较高的民办高职院校，积极探索高职院校自主招生创新模式。2014 年国务院印发《关于深化考试招生制度改革的实施意见》，明确要求"加快推进高职院校分类考试"。2017 年 2 月教育部印发《关于做好 2017 年普通高校招生工作的通知》（教学〔2017〕1 号），再次强调"推进分类招考成为高职院校招生主渠道"，要求各地探索和建立符合高等职业教育特点与发展规律的人才评价选拔模式。如今，深化高职单考单招改革不仅已成共识，而且蓬勃展开。2017 年我国各省份除西藏自治区外均采行了高职自主招生。高职院校进行自主招生改革探索，不仅可以有效缓解眼前的生源危机，从长远来看，还有利于突破传统人才观念、遵循科学办学规律。唯其如此，高职教育方能在普通教育"大军压境"下闯出一条生存与发展新路。①

外语一年多考是针对长期以来高考"一考定终身"弊病而进行的尝试。由于高考背负着太多责任、寄寓了太多希望，每年却只举行一次，"寒窗十载锥刺股，背城借一决雌雄"，学生进考场犹如上战场，既有"千军万马挤过独木桥"之残酷，亦有"风萧萧兮易水寒"之悲壮，高考因此成为许多考生精神世界"难以承受之重"。为减轻学生的考试压力，教育部于 2014 年启动高考综合改革试点，外语科目提供两次考试机会。在北京、上海、广东、江苏等十几个省区市公布的高考综合改革试点方案中，外语一年多次考试是多数省份改革的重点。不过，目前的外语一年多考仅限于听力、口语等内容，原则上学生从高一起就能参加听力考试，总计可考 5 次，笔试仍是一年一次。

---

① 郑若玲,朱贺玲.探微与创新：高职院校自主招生模式解析[J].复旦教育论坛,2013(01):63-67.

二、高考改革的困境

尽管 40 年高考改革在科学性与多样化方面取得了明显成就、实现了跨越式发展,但由于高考背负了许多本不该承担的社会责任,加之历史传统与社会观念的影响,改革的包袱十分沉重,一些关键问题始终未能得到解决,致使改革常常陷入困境。高考改革的困境主要体现在两方面:一是社会功能凌驾于教育功能之上,二是高校招生自主权未能得到充分尊重。这两方面的困境使得高考改革常常带有"病急乱投医"的盲目性,高考的本质功能未能得到很好的发挥,从而影响到高校招生的质量和人才培养的效果,并对普通教育产生诸多不良影响。

(一)社会功能凌驾于教育功能之上

与古代科举是帝制社会的核心、具有重要的社会功能相类似,高考在当今中国也具有重大的社会影响,在履行为高校选拔合格新生的本质职能的同时,还发挥着教育、文化、政治和经济等社会功能。而且,高考的社会功能常常凌驾于教育功能之上,由此带来诸多问题,并使高考改革举步维艰。

从教育上看,高考绝对是牵制和引导中小学教育的一根强势"指挥棒",不仅使基础教育盲目围绕高考转,而且造成"片面追求升学率"的严重弊病,扭曲了全面发展的教育目标。从文化上看,虽说社会文化对高考内容的选择、变化与组织等产生影响,但另一方面,高考也会因其特殊平台的身份以及社会关注度高的特点,反过来影响社会文化,其考试内容中所选择的"文化",有时会成为社会关注的热点,甚至成为文化引领的信号,产生"风向标"作用,从而促进文化的继承、传播与更新。[①] 得益于"以考促学",高考提升社会整体文化水平也作用巨大。从政治上看,高考制度开放了人们获取社会资源的渠道,促使社会结构重新"洗牌",影响着社会阶层变迁,促进了社会流动,从而疏散了社会底层对资源分配机制所郁积的不满,具有稳定社会秩序的政治功能。[②] 此外,高考创造了巨大商机,推动了不可小觑的"考试

---

① 黄真金.语文高考与中学语文教育之关系研究[D].厦门:厦门大学,2017:34.
② 郑若玲.高考对社会流动的影响——以厦门大学为个案[J].教育研究,2007(03):46-50.

经济",具有直接或间接的经济功能。正是这些社会功能,使得高考这种教育系统的升学考试,变成了广受注目与重视的社会活动,并产生重大社会影响。

高考社会功能凌驾于教育功能之上,最显著的表现就是高考维护社会公平的功能被无限放大,成为一切高考改革的出发点与评判改革成败的准绳。高考公平事关高等教育入学机会的公平性,而高等教育入学机会又攸关考生个人命运乃至家族利益。不仅如此,高考的公平性还是一个政治性议题,几乎每年全国"两会"上关于高考的提案或建议,都与公平有关。40年来每一项高考改革,无一不在公平与科学之间徘徊取舍、在矛盾或两难之中百转千回。维护公平可谓是高考存在的最原始也最重要的根基。被公平紧紧捆绑的高考制度,当改革面对公平与科学、效率、个性、特色等诸多矛盾抉择时,往往首选公平,甚至为了公平而舍弃其他,一些颇有价值的教育改革探索,也因此困难重重甚至难以为继。

以综合评价改革为例。近年来探索的综合评价,一改以往"智育至上"的片面做法,主张对学生各方面进行全面、综合的评量,是一项科学的人才评价制度,也契合高校招收综合素质全面的生源之需求。早在2008年1月教育部下发的《关于普通高中新课程省份深化高校招生考试改革的指导意见》中,便明确提出建立完善高中生综合评价制度,并将其逐步纳入高校招生选拔评价体系中。在《国家中长期教育改革和发展规划纲要(2010—2020年)》《关于全面提高高等教育质量的若干意见》《国务院关于深化考试招生制度改革的实施意见》等近年来出台的重要纲领性文件中,高校招生的"综合评价、多元录取"也一再被强调。

理想的综合评价要素应包括高中成绩、高中综合素质、高考成绩、学业水平考试成绩等各方面。从国际视野来看,世界主要国家高校普遍意识到以单一手段选拔学生易于偏颇、造成学生恶性竞争与片面发展,因此,在招生时都尽可能对学生进行全方位、多角度的综合评价,尤其是高中成绩和综合素质评价等要素,普遍受到世界主要国家高校招生人员的青睐。例如,美国大学录取新生没有绝对的刚性标准,而是实行综合评价,评价依据包括高中学业成绩、"美国高考"(SAT、ACT)分数、高中最后两年主要课程任课教师推荐信、课外活动、才艺证明、小作文等诸多材料,目的就是为了从德智体美各方面对学生进行全面考察。其中,高中成绩是美国大学招生考量指标中最重要的一项,有的州甚至制定相关法规来保障高中成绩在大学录取决定中的地位,如得克萨斯州规定,中学排名在前 10％的学生将自动被该州任何一所州立大学录取,如果未被录取,大学必须拿出令人信服的理由,否则被拒学生可以诉告;[1]艾奥瓦州也有类似的立法规定。[2] 英国高校招生颇为倚重的 A-level 考试以及早期的学业记录 GCSE 成绩,可视为与其他学术型资格证书或职业型资格证书以及高校单独组织的专业入学考试相对应的中学学业表现;英国高校招生对学生的综合评价内容包括个人陈述、推荐信、A-level 预测成绩、学业记录、入学考试成绩、写作质量、面试表现等多个因素,[3]正是借助这种招生综合评价,英国精英大学如牛津大学等得以选拔出具备优异学业成就和成功潜力的高质量生源。[4] 深受我国科举考试文化影响的近邻韩国,对于大学入学考试有着与我国民众非常相似的社会心理,近年来也大力推动大学招生的综合评价改革,韩国文教部规定大学可对学生记录本成绩、大学修学能力考试、大学单独考试、面试、论述考试等成绩进行自由选择与组合来选拔新生,其中,学生生活记录本成绩即学生的中学各方面表现,覆盖学生在校学习生活的全部活动记录,包括个人情况、学籍情况、出勤情况、身体发育情况、获奖情况、资格证书情况、特别活动情况、服务活动情况、义务劳动情况等,[5]生活记录本所反映的正是学生的综合素质,而且韩国政府明令要求各大学不能只看重学业成绩,要重点考查学生的特长以及各种活动记录。[6]

① Jerry Needham.North East Class Ranks Draw Anger[N].San Antonio Express-News,2006-11-14.

② Des Moines Register.End the 50％ Admissions Rule? [DB/OL].[2006-11-27].http://desmoinesregister.com/apps/pbcs.dll/section? category＝OPINION.

③ Anna Mountford Zimdars.Meritocracy and the University:Selective Admission in England and the USA [M].London:Bloomsbury Academic,2016:148-151.

④ University of Oxford.Writing Your Personal Statement[EB/OL].[2016-09-02].http://www.ox.ac.uk/admissions/undergraduate/applying-to-oxford/ucas-application/writing-your-personal-statement.

⑤ 韩国教育部.高等教育法[EB/OL].[2017-04-09].http://www.law.go.kr/lsInfoP.do?lsiSeq＝177642＆efYd＝20160623＃0000.

⑥ 安正熙,白成雅.我国招生审定官制度实施的社会学分析[J].教育科学研究,2009(03):1-30.

相较而言，综合评价要素中的高考成绩和学业水平考试，由于是一次性笔试，在很大程度上受到考试命题质量、考试环境、学生考场状态等多种因素影响，只能部分反映学生的文化基础和考试能力，在人才评量的信度尤其是效度方面远不及高中成绩和综合素质评价。科举考试的评价效度和美国高中成绩的有效性等方面研究均可支持这一论断。科举考试由于命题长期局限于儒家经典，要想拉开考生距离、保持区分度，只能钻牛角尖出偏难险怪题，加之出于"至公"的考量，科举高度重视标准化与严密化建设，如标准化的考试场地（贡院）、严密的考试规制、试题及作答的高度标准化（八股文）、糊名、誊录、双重定等第法以及凌厉的反作弊惩处等，使得科举在具有较高信度的同时，效度却越来越低。到了清末，科举最终选拔出的"八股制艺高手"与设立文官制度的"选贤与能"初衷已相去甚远，甚至可谓"风马牛不相及"了。[①] 美国学者通过对高中成绩和"美国高考"分数分别与大学学业成绩及毕业率的相关性研究对比，发现高中成绩是一个比"美国高考"分数更可靠也更公平的大学学业及毕业率的预测指标。[②] 因此，"美国高考"作为大学招生"黄金罗盘"的存在根基受到越来越多的动摇，到2014年，已有1/3的四年制本科高校开始实行部分乃至完全的"可免试入学"（Test-optional）改革。[③]

可见，高中成绩和高中综合素质因反映的是学生在高中阶段学业和素质及能力发展的全程状貌，相较于一次性考试具有更大的稳定性，依据高中成绩和综合素质评价对学生进行的考查会更加全面，是更为理想的人才评量指标，不仅可以为高校招收优质且适切的生源提供重要参考，而且可以有效预测学生在大学阶段的学业表现乃至毕业后的职场表现。然而，高校招生综合评价落实到我国高考改革的现实中，却总是遭遇重重障碍。尽管教育部发出高校招生试行综合评价的倡议已近10年，但由于担心人情因素干扰影响招生公平，高中成绩与综合素质评价迄今

---

① 孙开键，陈为峰.以信度与效度论科举之演变[J].复旦教育论坛，2009(06)：36-41.

② B Walker.Overcoming the Effects of Social Structure on College-going Behavior and Academic Performance：Texas and the Top 10% Solution[R].Aiustion：University of the Texas，2009.

③ J A Soares.For Tests That Are Predictively Powerful and Without Social Prejudice[J].Research & Practice in Assessment，2012(07).

042

难以在高校招生选拔评价体系中占据一席之地,更遑论发挥重要评量作用了。

(二)高校招生自主权未能得到充分尊重

高水平大学试行的自主招生改革,原本是一项旨在提升高校招生自主权、引导学生全面发展或鼓励专长发展的颇有意义的改革,也符合高等教育发展规律。高校作为一种培养高级专门人才的特殊机构享有办学自主权,既是高等教育发展的内在要求,也是一种世界性的历史传统。在欧美主要国家,由于高等教育具有大学自治、学术自治的传统,高校可以自主决定包括招生在内的各项事务,享有充分的办学自主权。美国在这方面堪称世界典范,招生的标准、规模及运作完全由各校招生委员会自主决定,政府或其他外界法人不得干预与控制。例如,美国 20 世纪 60年代出台了旨在保证有色族裔和女性在入学、就业方面优先机会的《平权法案》,但从 70 年代开始,便不断遭到质疑,并且先后出现数起白人学生诉讼大学在招生时因执行《平权法案》而对自己有"逆向歧视"的法律事件。尽管不少人认为"上帝面前人人平等",甚至部分非洲裔知名人士也认为大学招生不应基于肤色,但白人学生的诉讼几乎都以败诉告终,[①]最主要的原因便是大学招生自主权必须受到优先尊重。只要大学招收有色族裔是基于校园群体多样化的考量、没有构成违宪歧视,

---

① 美国最高法院处理的大学招生与《平权法案》有关的诉讼案例包括:1978 年加州大学董事会诉贝基案(Regents of the University of California v.Bakke,1978),裁决结果为历史罕见的双重裁决,即加州大学设立的少数族裔录取定额制违宪,但加州大学有权基于多样化的追求将种族作为考虑因素之一;2003 年格鲁特诉布林格案(Grutter v.Bollinger,2003)和格拉茨诉布林格案(Gratz v.Bollinger,2003),其中前者为诉密歇根大学(University of Michigan)本科生院,后者为诉密歇根大学法学院,裁决结果为密歇根大学本科生院的少数族裔自动加分政策违宪,但法学院考虑种族因素、不给予具体权重的做法得到了最高法院支持;费舍尔诉得州大学奥斯汀分校案(Fisher v.University of Texas at Austin),因该案经历 2013 年和 2016 年两次裁决,称为费舍尔Ⅰ案(Fisher Ⅰ,2013)和费舍尔Ⅱ案(Fisher Ⅱ,2016),其中第一次的裁决结果为对得州大学奥斯汀分校种族敏感政策的合宪性进行严格审查,第二次的裁决结果为得州大学奥斯汀分校招生对种族因素的使用符合宪法要求。详情请参阅:Education Commission of the States. Affirmative Action〔R/OL〕.〔2017-04-10〕. https://tbhsprince. files. wordpress. com/2009/10/affirmative-action.pdf.; Khara Coleman.SCOTUS upholds affirmative action program at University of Texas at Austin〔EB/OL〕.〔2017-04-10〕. https://www. isba. org/committees/minorities/newsletter/2017/01/scotusupholdsaffirmativeactionprogr.

法院就不得干预大学的招生录取结果。① 在英国，高校招生实行考试、招生和录取三职分离制度，并由政府严格监管。其中，录取选拔完全是大学的自主行为，是大学基于学术判断的责任，大学有权自主设置录取标准、评价方式和实施过程，但其录取政策的制定与实践须遵从政府设定的政策和法律要求。② 就连一贯注重统考的韩国，文教部规定可供各大学选择的录取标准也多达六种，大学在文教部的监督下和法律限定的范围内能够独立行使招生录取权利、自主确定录取方案。③

我国高校自主招生虽然试行了 10 余年，但始终头戴高考分数这一"紧箍"，并非真正意义上的"自主"，而且自主招生人数的比例一直被严控。21 世纪以前，高考最为人诟病之处是"一考定终身"，人们希望在高考之外能够另辟蹊径使优秀学生脱颖而出的蹊径，所以自主招生试点的推出犹如清风吹来，让人耳目一新。但试行自主招生改革后，不少人又认为自主招生相比于高考，存在更大的人为操作空间，能在自主招生中胜出、获得分数优惠资格的考生，往往来自文化或经济资本较丰富的优势阶层，据此认为自主招生会加剧社会阶层固化、阻滞社会阶层流动。围于公平公正质疑的困扰，自主招生始终摆脱不了"唯分是取"观念之桎梏，"自主性"自然难以有效施展。④ 即使是目前少得可怜的一点自主权，也常常难以得到保障。2015 年，自主招生政策出现较大的调整，改革的步伐因公平性与科学性备受争议

① 比如路易斯·鲍威尔（Lewis Powell）法官在贝基案判决书中，用以下对大学选择其自身教育策略之在宪法意义上受到保护的权利的宽泛陈述，来开始他对于灵活但是具有种族意识的招生计划的辩护：学术自由，尽管不是一项专门被列举的宪法权利，但长期以来已经被看作宪法第一修正案的专门关注点。一个大学就教育作出自己判断的自由包括对其学生的选拔自由。法兰克福特（Felix Frankfurter）法官概括为构成学术自由的"四项根本自由"："它是一种风气，大学的四项自由在那个风气中得到流行，根据学理理由去决定谁来教、教什么、如何教以及谁来学的自由。"引自罗纳德·德沃金.原则问题[M].张国清，译.南京：江苏人民出版社，2008：393.

② 比如英国大学招生需遵守《2010 年伦敦平等法案》（*Equality Act* 2010），对来自不同种族的申请者平等对待、没有歧视。同时，英国政府在 2004 年建立公平入学办公室（Office For Fair Access，简称 OFFA），与所有收取学费超过 6000 英镑的高校签署《入学机会协议》（Access Agreement），监管高校关于扩大高教参与的实践。

③ 金美兰，尹光熙，李浩烨.大学新生选拔现状及改善方案研究[M].首尔：韩国教育开发院，2009：16-20.

④ 郑若玲.破除统考迷思 深化招生改革[J].复旦教育论坛，2016(01)：11-15.

明显呈收紧态势,高校自主招生权始终未能得到充分尊重。

三、高考改革的突破

作为一项具有重大社会与教育影响的大规模考试制度,高考存在诸多两难,改革涉及方方面面,可谓责任重大、千头万绪,高考改革可以说是中国教育领域最大的难题,而且因为不同群体的利益诉求分歧太大,从公共政策学的角度看,这一难题极有可能是一道"无解题"。2010 年 11 月,"国家教育咨询委员会"成立,负责对国家教育重大改革发展政策进行调研、论证和评估。2012 年 7 月,"国家教育考试指导委员会"成立,职责是研究制定考试改革方案、指导考试改革试点。这两个国家级专门机构的成立,意味着包括高考改革在内的重要教育制度改革从此有了顶层设计,以往"头痛医头脚痛医脚""病急乱投医"的盲目现象有望得到大力改观。在国家教育考试指导委员会的推动下,近几年对高考制度中存在的诸多突出问题进行了密集调研,改革正渐次展开,在考试形式、考试命题、考试次数、高中学业水平考试、招生录取、综合评价、高考加分、普通本科与高等职业教育分类考试、自主招生等诸多方面取得了一定的进展。但笔者认为,这些改革并未触及高考制度的根本问题,要想发挥高考制度更大的功效,必须追根溯源,对一些根本性问题予以矫正。高考制度需在以下两方面加大改革力度、予以重点突破。

(一)减轻高考社会责任,回归高考教育功能

高考改革之所以一进三退、举步维艰,根源在于它背负了太多的社会责任,有些责任甚至不该由它来承担。近年来出现的许多教育公平问题,表面上看是高考所致,背后其实是教育体制本身乃至社会体制的问题。高等教育入学机会的区域不公、高考移民、异地高考、高考减招事件等,根源都在于高等教育资源分布不均衡、社会资源分配机制不合理。例如,广受大众非议、几乎年年成为全国"两会"热门话题的高考分省定额录取制度及其所带来的省域(区市)间高等教育入学机会不均衡问题,其成因便在于非均衡的大学分布、分摊共建式办学模式以及经济水平决

定的基础教育差距,①当然也还有"历史欠账"的原因。异地高考问题也同样如此。异地高考作为一项受多种因素影响且关涉教育、人口流动、户籍制度、城市发展等各方面改革与利益重新分配的重大问题,绝不是简单强推考试政策便能解决的,而需要相当长时期来逐步解决。均衡教育与社会资源布局、加大扶持弱势地区各级教育、改变优质高等教育资源高度集中的局面、加大高校自主招生改革力度等,才是解决异地高考问题的治本之策。即便如此,也无法实现绝对的公平。② 高考与其说是这些问题的"罪魁祸首",毋宁说是诸多教育或社会问题的"替罪羊"。高考改革中出现的诸如考试公平与区域公平的矛盾、公平选才与扩大自主的矛盾、考出特色与经济高效的矛盾、保持难度与减轻负担的矛盾等,归根结底就是理想与现实的矛盾、公平与效率的矛盾及其背后所体现的不同利益主体之间的矛盾在高考改革中的映射。③ 这些两难或矛盾的背后,都或明或暗,或轻或重地存在着教育矛盾与社会矛盾,而这些矛盾绝不是单纯改革高考所能消弭的。

由于长期被捆绑在维护社会公平的"巨型战车"上,高考的社会功能一直处于被放大的状态,而其本原的教育功能反倒显得黯淡,未能充分发挥积极作用。高考的教育功能主要体现在引导全面发展的素质教育和选拔健康适性的优秀人才两方面。以往我们在谈到高考的教育功能时,绝大多数都是负面消极的元素,如片面应试、摧残身心、阻碍素质教育、造成学生知能结构畸形和"高分低能"、破坏师生与亲子之情、扼杀天性与童趣等。在很多人的眼里,高考已经"坏"透了,恨不得将高考这一"万恶的指挥棒"除之而后快。其实,"高考指挥棒"现象不独存在于我国,其他地方甚至一些发达国家如美国、日本等也同样存在。只要优质高等教育依旧是社会激烈竞争的稀缺资源,只要社会还需要用客观公正的考试方式来选拔人才,考试引导教学的现象就必然会发生,"考试指挥棒"就是一种避免不了的客观存在。换言之,"考试指挥棒"是教育与社会竞争的一种常态。事实上,高考也有许多正面功能,如:"以考促学"有利于提升社会文化水平;科学命题可以解决学生知能结果残

① 刘海峰,李木洲.高考分省定额制的形成与调整[J].教育研究,2014(06):73-80.
② 郑若玲,郭振伟.异地高考政策的公平诉求与困境:以上海市为例[J].全球教育展望,2016(10):67-77.
③ 刘海峰.高考改革论[M].杭州:浙江教育出版社,2013:227-233.

缺不合理问题;考试内容可以体现国家意识、实施政治教化;公平公正的考试制度可以凝聚民心、稳定社会;科学合理的选才制度可以为高校甄拔合格新生、保障高等教育质量;等等。我们要做的,显然不是把高考"一棍子打死",更不是将其"请进坟墓"[①],而应卸下捆绑在高考身上的众多教育与社会包袱,高考改革应该以恢复和强化教育功能为根本原则,并兼顾社会功能,提升招考的科学性,以科学推进公平,使高考改革能轻装上阵、锐意进取。唯有如此,考试招生才能出色发挥选拔英才、服务教育的本质功效。

(二)遵循高等教育发展规律,践行高校招生自主权

长期以来,我国实行高度集权的政治体制和严格控制的计划经济,包括招生自主权在内的高校办学自主权都被牢牢掌控在政府手里,严重扼杀了高校办学的积极性与活力,办学质量难以得到有效提升。尽管1998年颁布的《高等教育法》早已将扩大办学自主权提上日程,但由于没有相应的制度保障,"扩大办学自主权"常常只能"写在纸上、挂在嘴边",却无法"落在实处"。

2003年,教育部谨慎推出高校自主招生改革试点。虽然在10余年的探索过程中出现了不少问题,但教育主管部门和招生高校在考核方式、报考条件、录取标准、公示范围、政策倾斜、考试时间等方面不断探索与调整,自主招生明显散发出更为浓厚的公平气息与科学色彩。例如:自主招生审核材料与方式日渐丰富多样,对学生的评价越来越综合、灵活、生动、立体;设立各种专门针对农村学生或贫困地区学生的招生倾斜与教育援助,旨在改善因教育资源、社会资本、文化资本等差异造成的不同群体竞争起点的不公平状况;招生信息公示种类与对象范围逐年扩大,透明度逐年提高,各界舆论监督得以充分发挥作用;大学与中学互动更加频密、教育衔接更为紧凑。相应地,高校自主招生的能力与水平也不断提高。但笔者认为,自主招生的改革力度还不够大,今后应强化遵循高等教育发展规律意识,在以下方面大力践行高校自主招生权。

一是对于高水平大学,在充分尊重其改革意愿的情况下,可以鼓励它们将高考分数由录取的"硬条件"调整为"软标准",像欧美一流大学那样,根据高考分数、高

---

① 舒云.高考殇[J].北京文学,2005(10).

中学业水平考试、高中成绩和综合素质评价、高校自主笔试或面试表现、考生获奖材料或才艺证明、参加的社会活动及表现等各方面情况进行多元评价与综合录取。对于特殊才能突出的考生，甚至可以抛开高考分数进行个案审核。唯有如此，才能真正践行《国家中长期教育改革和发展规划纲要（2010—2020年）》提出的"建立有利于优秀人才选拔的多元录取机制"，并将中小学教育有效引导到素质教育与全面发展的轨道上。与此同时，增强招生机制的透明度，让自主招生"沐浴"在阳光下、成长在自由中，如此，方能发挥其科学选才与引导教育的最大功效。

二是强化高校招生多样化意识，为"奇才怪才"等特殊人才开辟绿色通道。多样化是欧美高等教育发达国家招生与办学深为倚重的重要理念，也被实践证明是符合高等教育办学规律的科学理念。高等教育与普通教育有很大的不同。普通教育主要是给学生打基础，为国家培养合格公民，同时也为进一步深造做好准备。但高等教育旨在培养专业化人才，即各行各业所需要的"专门人才"，所以高等教育对象既需要德智体全面发展的"全才"，也需要在某方面有突出专长的"奇才怪才"，后者甚至更有可能成为某行业的"专家"。正如物种单一性对于生态系统的活力有致命的伤害一样，生源群体的单一性对高等教育的活力也有很大的损害。所以，学生个体差异与特长倾向既是一种需要予以充分尊重的教育客观规律，更是教育多样化的有效"催化剂"，高校在招收新生时，应本着多样化原则，广泛招收多样化学生，以培养多样化专门人才。

目前有资格进行自主招生的高校，基本上都是名列前茅的高水平大学，它们缺的不是总体成绩优秀的学生，而是某方面或某领域的"偏才""怪才"或其他各种特殊人才。事实上，自主招生改革的本原动机是在传统的"唯分是取"制度外另辟蹊径，采用多元的标准、多维的视角，将那些各有所长的"奇才""怪才"乃至"偏才"纳入选择视野。但出于公平的压力，目前高校自主招生主要还是倚重可量化的单一标准来评价学生，招收到的几乎都是"全才"，而且主要是从单一、量化的测试中胜出、符合传统智力标准的"考试高手"。因此，自主招生与以往统一高考选拔有高度的趋同性，变成一种在功能与内容上与统一高考选拔高度雷同的"小高考"，这显然偏离了自主招生的改革目标。目前大学对生源多样化的意义普遍认识不够，对特殊人才的价值也普遍缺乏自觉意识，今后应开阔眼界、拓展思维、加强研究，为特殊人才进入高水平大学开辟科学、合理、可行的绿色通道。

　　高考制度在 60 多年的历程中饱经风雨,尤其在过去的 40 年,高考见证了前所未有的社会巨变,并努力与时俱进尝试了许多颇有意义的改革。随着社会竞争的加剧和竞争起点的上移,高考制度在可以预见的将来还会继续改革,而且涉入"深水区"后,改革难度将进一步加大。但无论高考如何变化,一些基本的理念与原则都必须一以贯之地体现与遵循,比如坚守公平公正、秉持科学创新、促进个性发展、强化育人功能、提升教育质量、服务社会需求。与此同时,加强高考改革的理论与实践研究、清晰教育问题与社会问题的边界,尊重教育自身的发展规律、凸显高考制度的教育功能。高考作为一项社会影响巨大的教育制度,改革困境永远是它逃不过的"宿命",从困境中"突围"正是它的生命力所在。高考改革,永远在路上。

自主招生改革何去何从[*]

2009 年 11 月，北京大学公布了自主招生中"中学校长实名推荐制"环节的改革方案后，社会各界围绕高校自主招生改革的讨论骤然升温，这一改革无疑已成为近半年来教育界最热门的话题之一。自 2001 年试点以来，我国高校自主招生改革已进行了十年。随着教育主管部门逐年放权，自主招生改革的空间逐步扩大，思路逐渐开阔，措施不断推陈出新，令人欣喜。与此同时，也出现不少问题，改革的实践渐渐偏离初衷，令人担忧。伴随着改革与问题的出现，民众对这一话题可谓聚讼纷纭，争论不休，"自主招生"甚至成为 2006 年度我国教育八大关键词之一。[①] 但这些讨论多关注于自主招生改革的"实然状态"，鲜有对改革"应然状态"的学理分析。自主招生因何而起？有何成效？应走向何方？这些问题亟待理性的反思。深入探讨自主招生的本质，检视十年改革的得失成败，既是一项刻不容缓的理论研究，也是一个事关改革方向之大体的实践课题。

一、梳理与检讨

2001 年，教育部在东南大学等江苏省 3 所高校试行了"自主招生录取"改革。试点的思路是将高校的考核与高考相结合，由试点学校制订并公布自主选拔录取方案，符合条件的应届高中毕业生提出申请并提供相关材料，通过试点学校的审查和其他相关测评、考核，合格者便成为候选人；入选考生仍须参加全国统考，如果成绩达到生源所在省（自治区、直辖市）确定的与试点学校同批次录取控制分数线，省

---

[*] 原载于《华中师范大学学报》2010 年第 4 期，《新华文摘》2010 年第 22 期、《高等学校文科学术文摘》2010 年第 5 期学术卡片转载。

[①] 2006 年我国教育八大关键词[EB/OL].[2006-12-27].http://news.shangdu.com/category/10001/2006/12/27/2006-12-27_513351_10001.shtml.

级招办即向考生选报的试点学校投档;投档后由试点学校对先期考核通过并且符合统考成绩要求的考生进行综合评价和自主录取。2003 年,在借鉴前两年试点经验的基础上,教育部选取了北京大学、清华大学、中国人民大学等 22 所国家重点大学,各拿出 5％的招生名额,按照报考条件、招生办法、录取结果"三公开"原则,进行"自主选拔录取"改革试点(即通常所说的"自主招生",以下皆以"自主招生"来代称)。

十年来,自主招生改革在数量、规模、条件、力度、模式、范围等方面发生了很大变化:在试点高校的数量上,从 2001 年的 3 所增至 2002 年的 6 所,2003 年的 22 所,2004 年的 28 所,2005 年的 42 所,2006 年的 53 所,2007 年的 59 所,2008 年的 68 所,2009 年的 76 所,2010 年的 80 所;在自主招生的规模上,突破了最初只能占本年度招生计划总数 5％的限制,考生人数多、质量好的高校可增至 10％甚至更多,通过自主招生考试跨入大学门槛的考生在过去 6 年间翻了六番;在限制条件上,由最初的指定地区、指定中学推荐改为个人自荐与中学推荐相结合,一般采取"学校推荐为主,个人自荐为辅",不仅重点中学的学生可以报名,一般中学的学生如认为自己实力较强也可自荐;在降分幅度上,对获得自主招生资格尤其是在某方面有特殊才能的考生,由原先最多可降 30 分变成不受此限,甚至还可优先选专业;在招生模式上,在原来"自主＋高考"模式的基础上又增加了复旦、上海交大真正自主的"去高考"模式;在试点范围上,由最初的重点大学扩大到一般本科和高职院校。基于上述变化,自主招生改革的教育与社会影响逐渐显现与扩大。

1952 年我国建立统一高考制度后,除"文革"这一特殊时期外,高校招生几乎是以高考分数作为录取的唯一依据。由于录取制度刚性,标准单一,高校基本上没有招生自主权,中学教学也因此陷入"片追"与应试教育的泥潭不能自拔。扩大高校招生自主权,推进素质教育,探索一种以统一考试为主、多元考试评价、多样选拔录取相结合的高校招生制度,成为教育改革的迫切需要。自主招生改革在这一背景下应运而生,是对传统的以高考分数为唯一录取依据(保送生和特长生招生除外)的高校招生录取体制的有力挑战,对于健全创新人才的选拔机制有重要意义。

客观地说,自主招生试点在选拔优秀人才、鼓励自主办学、更新教育思想、推动教学改革、引导素质教育、推进招生改革等方面确实发挥了一定的作用。例如:最先尝试自主招生的东南大学在改革中选拔了不少有特长或综合素质较高的学生，并认为"只有不断加大自主招生力度，才有可能让更多有培养潜能的学生走进大学校门"，①北京大学2007年对首届自主招生毕业生的调查也显示，自主招生录取的学生在学业成绩、文体活动和社会工作等方面都表现出较高的才能与水平，在总体上优于全校平均水平；②自主招生扩大了高校办学自主权，有利于挖掘高校办学潜力、提高办学效益；多元评价、多样选拔的思想逐渐为人们所接纳；中学教师的教育观念和教学方式都发生了变化，更加鼓励学生参加各类竞赛、注意调动学生的主体性和主动性、关注课本外知识、有意识地培养学生的创新性和求异思维、重视互动式和启发式教学等，③有利于推动教学改革和推进素质教育；以往中学与大学之间的疏离关系，如今变成了本该有的密切互动，不仅使大学对潜在生源的了解渠道更加畅通，而且使中学教学更有针对性；为防范人为因素干扰而建立的舆论监督机制，丰富了"阳光高考"的招生内涵；自主招生高校由最初的重点院校扩展到如今的地方普通院校和高职院校，为我国多层多样招生体系的构建奠定了基础；等等。

但毋庸讳言，改革也出现不少问题，在公平、诚信、自主考试的科学性、成本与效益、应试倾向等方面都受到不少质疑。其中，质疑最多的是自主招生的公平性，例如认为：随着高校招生自主权的扩大，各种腐败现象如金钱侵扰、权力介入等，在"自主"的环境中找到了生存的空间，尤其是自主招生中的推荐成分，让人对曾经深受其害的高校招生制度忧心忡忡，担心自主招生会重蹈歪路，那些经历过"文革"等特殊政治时期的普通百姓，更是对学术以外因素介入带来的腐败与伤痛心有余悸；自主招生名额投放的地域与学校差异，造成地域、城乡和学校之间机会的不公平；自主招生选拔更多的话语权掌握在城市，"以'琴棋书画'为代表的艺术能力考察、以实验为代表的动手能力考察、以口试为代表的表达能力考察等"，④加上要求考

① 周大平.高校自主招生如何突破[J].瞭望新闻周刊,2004(17):56-57.
② 刘明利.高校自主选拔录取新生的探索与思考[J].中国高等教育,2007(12):40-42.
③ 高等学校自主招生对江浙沪高中教育影响调研组.高等学校自主招生的问题与对策[J].上海教育科研,2009(06):4-8.
④ 刘进,王静.政策过程分析:自主招生公平问题的内在机理探讨[J].上海教育科研,2009(06):11-14.

生到高校参加测试,使贫寒家庭子弟由于物质准备上的不足而处于竞争劣势,甚至可能剥夺他们参与自主招生的机会,在平民百姓眼里,自主招生所看重的"技艺"与"能力",是要"用钱堆出来的",而贫困或农村家庭的孩子,琴弦没摸过,怎么去考级?模型没见过,怎么去动手?"能言善辩"也是靠见识与信息"熏陶"出来的,在资料缺乏、信息闭塞的农村落后地区,孩子们怎么去见多识广、如何能谈吐不凡?凡此种种,让人忧心忡忡。

2009年11月,《中国青年报》对2117名公众所做的关于自主招生的在线调查显示,66.7%的人认为"钱权交易不可避免",56.78%的人认为"自主招生过程不够透明",48.8%的人认为"对教育资源缺乏地区学生更不公平",74.4%的人认为要提高招生录取过程的透明度,69.7%的人认为自主招生首先要保证公平公正、提高公信力。① 几乎在同时,新浪网就"中学校长实名推荐制"也对13000多名网友进行了调查,七成的网友认为"实名推荐制对多数人不公平",也有人担忧农村和西部贫困地区的孩子"会永远被排除在这一选拔渠道之外",更有网友直言"信校长不如信考分"。② 以上这些调查对象还只局限于能享受到网络资源的民众③,若将调查向以农民为主体的"沉默的大多数"铺开,质疑自主招生公平性的人数比例会更高。

诚信也是自主招生改革不得不正视的另一个主要问题。与保送生制度曾出现的问题一样,在自主招生中,有些中学为提高升学率,采取"荐良不荐优"的做法,或者对材料"注水",把一些成绩不理想的学生推荐到自主招生的选拔中;高分考生"不辞而别""另攀高枝"④等现象时有所见,有的考生只是将自主招生作为"保险绳",使得相当多高校不得不面对学生"跑单"的尴尬⑤,因中学和考生诚信不佳而

① 王聪聪.民众关注自主招生66.7%的人担忧权钱交易不可避免[N].中国青年报,2009-11-24.
② 谢洋.校长实名推荐七成网友反对[N].中国青年报,2009-11-12.
③ 最近的统计显示,全国农民上网的比例只有0.2%,且主要集中在东部地区。而中国13亿人口中8亿多是农民,从统计学意义上分析,网络民意的代表性值得怀疑。详见:汪晓东.多少农民是网民[EB/OL].[2010-02-23].http://culture.people.com.cn/GB/11003992.html.
④ 宗俊峰,王燕.关于自主招生政策的思考[J].北京教育(高教版),2005(04):40-42.
⑤ 罗金远.高校自主招生不是考生的"保险绳"[J].中国高等教育,2007(06):45.

带来生源的质量与流失问题，令许多高校十分头疼。

此外，高校自主进行考试的公平性与科学性、成本与效益等也颇受质疑。自主招考在抵御人情请托和特权干涉方面的能力要低于全国统一考试，由此可能带来公平的问题。而且，自主命题的科学性与权威性不及全国命题，命题质量（包括试题的信度、效度和区分度等）势必受到影响，而命题质量的高下，又关系到考试优胜劣汰功能的发挥，从而间接影响考试的公平性，考试的权威性也因此被大打折扣。① 例如，针对 2006 年复旦自主招生面试所出的"神仙题"（指无固定答案、不用任何准备的"自圆其说"题）评分的主观性太强，以及一位不知山东省会为何地，反而以"我一直偏好理科，对这些文科知识平时没有怎么关注"为由理直气壮"狡辩"的考生却通过了面试的典型事例等，不少人对自主考试的科学性提出质疑。也有人认为，自主招生旨在测评考生的素质及创新能力，但实际测试中却出现诸如"说出全国政协常委委员的名字"之类的知识性考题，测不出考生的创新能力，因为"任何有标准答案的试题本质上都不是创新型的"②。

从成本与效益上看，自主招生的耗费远高于统一考试，"学校方面，准备考场、专家命题、监考和专家面试、单独招生宣传、招生网络建设等都是大笔花销，而时间则更显宝贵，从招生宣讲到多轮考核，历时近一个月，时间花费巨大；就考生来讲，路费、考试费等费用大大增加了其参选负担，尤其是边远地区、落后地区、农村地区的考生"。③ 因此，针对高校花费不菲来自行组织笔试或面试的高成本行为，有人认为既无必要，也不适合在一般院校推行，这一方式虽然可能将笔试线内 15％ 的学生选拔出来，但"这 15％ 所花的代价要远远高于 85％ 所花的代价"④，投入的成本与产生的效益显然不相匹配，尤其是当自主招生改革大面积铺开时。

如今，自主招生的应试倾向初现端倪，进一步引发了人们对它的忧虑。随着教育部取消自主招生的比例限制，越来越多的考生和家长把自主招生视为跻身名校

① 郑若玲.高考改革必须凸显公平[J].教育研究,2005(03):36-37.
② 浦家齐.解读高校自主招生[J].教育与考试,2007(04):27-29.
③ 刘进,王静.公平与效率:高校自主招生的五大争论[J].江苏高教,2009(05):99-101.
④ 金忠明,葛大汇,唐安国."破冰之旅"能走多远——漫话高校自主招生改革[J].上海教育科研,2007(03):27-30.

的捷径,不惜为此耗费大量时间、精力与金钱。尽管高校一再强调自主招生考试"没有大纲、无须专门备考",但丝毫不影响各种辅导班的门庭若市与红红火火。这些辅导班收费昂贵,有的班3小时培训课程开价1800元,令人瞠目结舌;师资水平鱼龙混杂,有的甚至打着"高校命题教授亲自上课"的旗号来吸引"愿意上钩者";辅导材料五花八门、形形色色,各种"秘笈""宝典""真题""指南"大行其道,购者甚众。部分示范性高中也不甘落后,开设自主招生的针对性辅导班。家长对辅导培训热情高昂、出手大方,学生却疲于奔命、不堪重负。[①] 愈演愈烈的自主招生应试倾向,使高校招收"不经过训练的原生态学生"的美好愿望成空中楼阁,可望却不可及。

二、"应然"与"实然"

高校自主招生实践中出现的上述公平、诚信、科学性、应试倾向等问题,可以通过制度建设、舆论监督、技术改进等加以治理。笔者认为,自主招生改革研究的当务之急,乃是分析自主招生的本质,了解其"应然",并分析改革的"实然",找出"实然"与"应然"之间的差距。之所以迫切需要对二者进行观照分析,乃因其事关自主招生改革的方向与成效之大体。

追根溯源,自主招生改革缘起于我国扩大高校办学自主权问题。1979年12月6日复旦大学校长苏步青、同济大学校长李国豪等在《人民日报》上呼吁"给高等学校一点自主权",高校办学自主权问题开始受到高教研究界的关注。1998年8月29日《中华人民共和国高等教育法》(以下简称《高教法》)颁布后,这一问题逐渐成为高教研究界的热点。《高教法》中涉及高校办学自主权问题的条款有:"总则"第十一条规定"高等学校应当面向社会,依法自主办学,实行民主管理";第四章第三十条规定"高等学校自批准设立之日起取得法人资格";第四章第三十二条规定"高等学校根据社会需求、办学条件和国家核定的办学规模,制定招生方案,自主调节系科招生比例"。据此法律,高等学校作为具有法人资格的组织机构,享有包括招生、专业设置与调整、教学管理、科学研究和社会服务、境外交流与合作、内部组

---

① 雷嘉.自主招生辅导班兜售招考指南[N].北京青年报,2008-12-18.

织机构设置与人员配备、财产管理与使用等七方面在内的办学自主权。

　　然而，中华人民共和国成立后有相当长时期实行的是高度集权的政治体制，包括高校办学在内的诸多权力都集中在政府手中。即使有过短暂的放权，也因为"一放就乱"很快即被中央政府回收，致使高校在几十年的办学中始终难以走出"一统就死，一放就乱"的怪圈。20世纪90年代初，伴随着我国社会主义计划经济体制的瓦解和市场经济体制的建立，政府相应进行了"简政放权"的改革，"高校办学自主权"的提出便与这一社会转型时期管理体制的改革密切相关。此后，"扩大高校办学自主权"问题越来越频繁地进入高等教育改革与研究的视野，《高教法》的颁布，更使其"有法可依"，高校依法自主办学的积极性也随之高涨。

　　作为"办学自主权"主要内容之一的"招生自主权"，在实践中即体现为"自主招生"。自主招生从本质上讲，是高校作为相对独立的法人行使法律所赋予、以往却被政府所掌控的"公共权力"的一种行为。高校作为教育机构公法人，在招生活动中应当具有一定的"招生自由裁量权"，即"高校在法律与规章制度授权和许可的范围内，基于合理选拔人才的目的，自由斟酌选择自己认为正确、恰当的行为的权力"[①]。"招生自由裁量权"的行使，要求高校在具有"权利能力"的同时，也要为自身的行政行为独立承担法律责任。

　　历史或国外的经验均表明，高校作为办学的独立法人，具备自主制定招生计划与方案以及自主操作招生考录诸环节的能力，完全胜任且理应成为招生行为的主体。换言之，自主招生是高校办学中一种"天赋权利"——即使在社会、学生、家长等各方对高校招生的参与程度越来越深广的当下。因此，扩大高校招生自主权的改革，并不是破旧立新的"换权"，乃是返璞归真的"还权"，是由以往政府越俎代庖地办学向如今高校自主办学的理性回归。从理论上说，高校自主招生的"应然"状态为：高校有权自主制定招生计划、招生名额、招生方案，自主确定招生原则、招生标准、招生方式，自主操作考试及录取各环节，并自主应对来自外部的干扰或质疑。当然，受制于我国的国情，自主招生改革不能背离高考改革的总体目标，而应与后

------

　　① 尹晓敏.规范高校招生自主权行使的若干问题的法律思考[J].黑龙江高教研究，2004
（11）：74-76.

者优势互补,相辅而行。

在以往实行"高校负责,招办监督"的统一高考录取体制下,高校不仅无权自行施考,而且招生权也基本上被"一刀切"的高考分数线所架空。"不能自行施考"因此成为许多人非议高校没有招生自主权的主要凭据。实际上,高校的自主招生与自行施考是两个既有联系又有区别的概念,"高校自主招生不能简化为由各校自行举办招生考试"[①]。自主招生与统一高考之间也并不是非此即彼、你存我亡的对立关系,完全可以取长补短,相得益彰。自主招生可以采行统考模式,并不意味着一定要自行组织入学考试;采用统一高考成绩作为招录的主要依据,也并不等于高校没有招生自主权。正如在享有高度招生自主权的美国高校,便多采用统考成绩作为招录新生的主要依据,并不需要另行组织入学考试。笔者认为,在中国的教育传统与高考体制下,"能否自行施考"并不是一个衡量高校有否自主招生权的"黄金标准";是否采行以及如何采行统考成绩、能否自主制定招生计划与方案等,才是一个比较符合我国教育现实与国情的衡量高校招生自主程度的"实用标准"。

1977 年恢复高考以来,我国进行了一系列扩大高校招生自主权的改革试验:1983 年,将录取投档比例由 100% 增至 120%,对在这一比例范围内的考生录取与否由招生学校提出意见、报招办审批,遗留问题由招办负责处理;1987 年,当时的国家教委颁发了《关于扩大普通高等学校录取新生工作权限的规定》,开始实行"学校负责,招办监督"的录取体制,调阅考生档案的数量以及录取与否均由学校决定,遗留问题由学校负责处理,由招办进行监督;1988 年,国家教委颁发了《普通高等学校招收保送生的暂行规定》,符合保送条件的优秀学生经高等学校考核同意,不必参加统一高考而可直接进入大学学习,意味着高校有了一定程度的招收优秀学生的自主权;1993 年,上海工业大学等 7 所高校进行了"面向社会,自主招生,择优录取"的改革试点,不参加全国和全市的统一招考,次年,试点高校数量扩大到 17所;2001 年至今,教育部在部分重点大学、地方大学和高职高专试行了自主招生改革。

从改革的实践看,自主招生的"实然"状态与"应然"状态之间有相当大的出入

---

① 张亚群.高校自主招生不等于自行考试[J].教育研究,2005(03):34-36.

和差距。由于文化与体制上的原因以及历史惯性的作用,高校招生自主权提升的速度非常缓慢,与高校在面对适应社会需求和符合办学规律的双重压力下所需要的自主办学空间极不相称。增加录取投档比例和实行"学校负责,招办监督"等录取体制的改革,也只是给高校在高考分数线的"地盘"上"腾出"一小块极为有限的自主空间,这种"戴着镣铐跳舞"的高校招生体制改革,并未真正触及自主招生的本质。上海工业大学等试行的自主招生,虽然颇具自主色彩,但只局限于上海市部分高校。而2001年试行至今的自主招生,则是非常有限的"自主",除复旦大学和上海交通大学将自主选拔与高考脱节(高考成绩仅作参考)、以本校组织的笔试和面试及中学成绩作为录取的主要依据外,其余高校的选拔标准仍未打破由高考分数"定乾坤"的桎梏,与真正意义上的自主招生相去甚远。

　　不仅如此,自主招生由于基本上成为学业成绩优秀学生进入名校的捷径,逐渐偏离了自主招生的改革初衷,迷失了方向。自主招生制度设计的出发点是扩大高校招生自主权,使其有渠道选拔到优质而适合的生源。"优质而适合的生源"包括两种:一种是全面发展的优秀生或曰"全才",一种是才能突出的特长生或曰"偏才""怪才",亦即那些拥有较高的、为传统智力理论所忽视的非主流智能如空间、人际、存在等智能的学生。根据美国心理学家霍华德·加德纳(Howard Gardner)所提出的多元智能理论,每个人都至少拥有包括音乐、身体－动觉、逻辑－数学、语言、空间、人际、自我认知、自然观察、存在等九种最基本的智能,只是各项智能在每个人身上的表现与发挥的程度有所不同,他认为各种智能都是绝对平等的,"九种智能应有相同的地位"①。而传统的智力理论却认为智力以语言能力和数理——逻辑能力为核心,基本上将其他智能排除在外,并且仅以可量化的单一标准来评价所有学生。在受笔试局限和分数线制约的传统高考录取体制下,高校能招收到的几乎都是"全才",而且主要是从单一、量化的测试中胜出、符合传统智力标准的"考试高手"。自主招生改革的主要动机之一,正是为高校在传统体制之外另辟蹊径,采用多元的标准、多维的视角,将那些长期被高考分数线这只"拦路虎"拒于门外、各有所长的"偏才""怪才"们纳入高校招生的选择视野。高等教育不同于普通教育,

─────────

　　① 霍华德·加德纳.多元智能[M].北京:新华出版社,1999:38.

其任务是培养各级各类高级专门人才,因此,它既需要"全才"式的"优质的生源",也需要霍华德·加德纳理论中提及的具有不同资质与智能的"合适的生源",以满足其高度专业化的要求。

但从改革的结果看,自主招生与以往统一高考选拔有高度的趋同性,几乎成了"网罗全才"的代名词,正如半年来一直被热议的北大"中学校长实名推荐制",榜上有名者几乎都是无可争议的"全才",在某方面有天赋或特长的"偏才""怪才"却鲜有上榜者。改革目标的偏离,使高校的招生自主权没有多大的行使空间,改革成效也因此受到制约;方向的迷失,则可能使自主招生下一步的改革陷入盲目、盲动或盲从的困境。

我国高校招生制度改革需要遵循的一个重要理念是"统一考试,多元评价"。以多元化的标准选拔多样化的人才,是高校招生制度改革的大势所趋。如果自主招生不能顺应甚至阻逆于这一趋势,而变成一种与统一高考在功能与内容上高度雷同的"小高考",改革的意义便难以凸显。如此一来,耗费大量人力物力、增加学生学业负担、减少弱势群体竞争机会的自主招生,便很可能变成一块只有改革象征意义的"鸡肋"。因此,在我们致力于自主招生改革的当下,亟须清醒的头脑、清晰的认识和清楚的思路,检视改革成败,走出改革误区,及时调整前行的方向。

三、借鉴与建议

高校作为一种开展高等教育的特殊机构而享有办学自主权,既是一种世界性的历史传统,也是高等教育发展的内在要求。在有着"大学自治"传统的欧美主要发达国家,高校有权决定和管理自己的事务,不受政府或其他外界法人的干预与控制,在招生上享有高度的自主权,有不少做法与经验值得我国自主招生改革所借鉴。以美国和英国为例。

美国高校自主办学在招生上体现为:招生的标准、规模及运作完全由各校招生委员会自主决定,联邦与州政府不得干预。美国高校的录取评价指标多元,包括中学成绩、标准化考试(即美国的"统一高考"如 SAT、ACT 等,由民间考试机构实施)分数、课外活动、才艺与能力、个性品质等。各校运用何种录取指标、各指标设定何种标准,均由高校自主决定。例如,一些录取率低、入学竞争激烈的名牌大学,虽然非常重视申请者的学术成就(包括中学成绩和标准化考试分数),但也会充分考虑其课外表现、才艺等其他方面,希望通过多元的指标,录取到或全面发展或特长突出的最适合的学生;一些录取率较高、入学竞争程度较低的公、私立大学,则主要倚重学术成就来招收学生。即使是广为采用的标准化考试这一指标,也没有像我国高考一样划设最低分数线。

美国高校在招生政策的制定与执行上也享有高度自主权,因此有较强的抗干扰能力,并得以保持较高的一贯性,避免"随波逐流"或"墙草随风倒"。例如,2006年11月7日,美国密歇根州中期选举对废除《平权法案》(Affirmative Action)的提案进行表决,结果以58%比42%获得通过。该法案规定在就业和入学方面不仅要消除种族和肤色歧视,而且应给黑人等少数族裔和女性以优先的考虑或机会。法案的废除,意味着少数族裔和女性的入学和就业优待不再受法律保护。尽管如此,一向在该法案上执行力度较大的密西根大学的校长玛丽·科尔曼(Mary Sue Coleman),在投票结果公布的第二天即发表正式声明,宣称无论投票结果如何,在基于法律许可的前提下,密西根大学将一如既往地捍卫这一法案的精神,以实现校园群体来源的多样化。[①]

此外,美国数千所高校由于办学的资质、声誉、条件以及生源多寡各有不同,其招生方式也"因校制宜",常用的有"提前招生""常规招生"和"滚动招生"三种,这三种招生在时间安排、录取标准、竞争程度上各不相同。高校可以根据自己的情况选择适合的招生方式,从而实现招生效率的最大化。例如,生源充足、竞争力较强的学校多采行"提前招生"和"常规招生",以便在规定的时间内尽早完成招生任务;生源不足、竞争力较弱的学校则多采行"滚动招生",以便在最大的时间跨度内网罗尽可能多的生源。[②]

而在英国,虽然政府充当了高等教育办学主体的角色,绝大部分高校为公立性

---

① Suzanne Sataline,John Hechinger.Michigan Turns Back College Affirmative Action[N]. Wall Street Journal,2006-11-09.

② 郑若玲.美国大学招考制度的启示[N].光明日报,2007-05-09(11).

质,真正意义上的私立大学只有白金汉大学一所,但采取的却是完全的自主招生。英国高校的录取评价模式为"证书成绩+综合考评",其中,"证书成绩"指"普通教育证书高级水平考试(GCE A-levels)"或同等证书的成绩,"综合考评"内容包括反映学生义务教育阶段学业表现的"中等教育普通证书(GCSE)"成绩、平时学业成绩、教师评语、校长推荐意见和个人陈述等。尽管对证书考试成绩有最低要求,但高校根据各自的办学水平与定位,采取各不相同的入学条件与录取考评方式,例如,选拔型高校(如牛津、剑桥等)与1992年后才获得大学地位的招生型高校(如多科性技术大学),便在招生选拔的标准与过程上各有所异。

英国高校招考制度的突出特点是考试、招生和录取三职分离,并由政府严格监管。其中,与中国统一高考类似的证书考试由全国6个综合考试认证机构具体实施;招生服务由实行公司化运作的非营利性机构——全国高等院校招生服务处(UCAS)向各高校提供,以便协助后者顺利、高效地录取新生;录取选拔则完全是大学的自主行为。为保障高校招生录取的公正与透明,政府还依法设立了独立的公共机构——公平入学办公室,对高校招生录取全过程进行严格监督,旨在促进高等教育公平入学制度的建立。[①]

尽管美、英两国高校(实行开放入学的学校除外)在自主招生的具体做法上略有差异,但其共同特点是"统一"与"多样"相结合:两国的"统考"均由民间考试机构负责实施,招生则由高校根据各自的情况与要求,采用不同的标准或条件。前者可以保证新生达到接受高等教育所需文化水平的基准,后者可以保障高校招生自主权的充分落实。尽管美国对"统考"分数没有像英国对证书考试成绩那样有一个最低要求,相反,1996年甚至出现过哈佛拒收165个SAT满分"状元"的个别现象,[②]但就新生SAT或ACT等统考的平均成绩而言,名牌大学比一般大学要高出许多。这说明即使没有对分数线的刚性规定,统考成绩仍是美国名牌大学招录新生非常倚重的指标(这一指标也是高校在排行榜上位置的重要影响因子)。高校自主招生"统一"与"多样"的结合,使美、英高等教育在规整与个性的优势互补中获得充

---

① 王立科.英国高校自主招生的实践及其启示[J].高等工程教育研究,2009(01):133-137.

② 黄全愈.哈佛拒收高考状元[J].中华家教,2004(08):43-44.

分的活力,有助于实现办学效益的最大化与办学品质的最优化。两国高等教育之所以傲立群雄,与其招生上享有高度的自主权密不可分。两国的做法可以为我国高校自主招生改革提供有益的启思与参考。

然而,"橘逾淮而北为枳"。"任何国家招生制度的形成与运作,与本国的历史、文化、经济、政治和教育等因素关联甚密,别国可以受其启发甚至借鉴,生搬硬套却绝不可行。"[1]我国高校自主招生改革在借鉴欧美国家的做法时切忌简单照搬,以免南辕北辙,弄巧成拙。基于对我国政治、经济、文化、教育等方面国情的认识,以及对自主招生十年改革的检视,并受美、英高校招生制度的启发,笔者对高校自主招生下一步的改革思路与操作提出以下建议。

在思路上,首先必须明确的是,自主招生改革要与高考改革的目标保持一致。前者既是后者的"先遣部队",也是其重要组成部分,二者的目标都是"逐步建立起以全国普通高校招生统一能力测试为主,与多元化考试评价和多样化选拔录取相结合,政府宏观指导、调控,专业机构命题和组织考试,高校自主招生、自我约束,社会有效监督的高校招生考试制度"[2],以便能公平、科学、高效地选拔出高等教育合格、合适的生源。"统考为主,能力测试,多元评价,分类招生"的目标,是综合考虑我国国情、高校办学传统与发展需求、考试规律等因素,学习和借鉴国际先进的教育评价理念与实践经验后理性选择的结果,可以成为自主招生改革的"标准参照"。因此,自主招生改革应放置到高考改革的大框架内,而不是"另立山门"。

具体而言,在遵循我国中央集权政治体制的基本前提下,受"重人情、看关系、讲面子"传统文化的影响,受"穷国办大教育"的现实国情与考试发展规律的制约,特别是考虑到统一高考具有较高的规模效应、科学性与公平性,自主招生仍需以统一高考成绩为基准,但统考的性质宜由以往的选拔性考试转变为水平性考试,注重增加能力测试的分量。笔者认为,像复旦大学和上海交大那样仅仅依据本校单独组织笔试和面试进行招录的做法并不可取,既费财费力费时,又难以保证科学性与公平性。从某种角度看,高校自行施考也是现在的自主招生陷入应试"怪圈"、走形

---

① 郑若玲.我们能从美国高校招生制度借鉴什么[J].东南学术,2007(03):156-160.

② 刘海峰.高考改革的思路、原则与政策建议[J].教育研究,2009,30(07):3-7.

变样的主要"推手"。① 注重能力测试的统一高考成绩,完全可以为高校招考新生提供有效的学能水平参考。当然,各校应有权调节高考分数基准,以便为有专长的特殊人才留出一定的浮动空间。在此基础上,紧密围绕扩大高校招生自主权做文章,统考成绩采用的程度与方式、对其他各育及素质或能力的考核要求、各指标之间的权重等,均应由高校自主决定。至于在统考之外各校是否另行单考或进行校际联考,也应让高校自主或协商决定,如现阶段清华大学等"五校联考"、北京大学等"三校联考"、部分高职高专院校联考或学校自行组织其他各种形式的测试等,只要考测的内容与统一高考没有较多的重合,则应给予其自主试验的权力与空间。

此外,鉴于我国高校数量众多,层次类型各异,质量参差不齐,现阶段自主招生改革应本着循序渐进的原则,改革进程的制定宜"稳定多数、放开两头",即高水平重点大学和示范性高职高专可以加大改革力度与步伐,大多数一般院校则仍需稳步行进。这一进程也吻合于教育部所提出的"高端多元,中端稳定,末端放开"②高考改革思路,即:处于高端的名牌院校,招生方式应日趋多元;处于末端的高职高专和民办高校,要逐渐放开对其招生方式的管制;处于中间位置的多数高校,招生模式仍应以统一高考为主、多元招生为辅。

在操作上,自主招生应兼顾全面发展的优秀生与才能突出的特长生,尤其应向后者倾斜。自主招生的大门向何种生源敞开,不仅关系到大学最终能招收到何种人才,而且对中学教学具有强大的导向作用。在现行的自主招生方案中,一般要求报考对象要么学业成绩优秀、综合素质较高,要么在某些学科领域有特殊才能与突出表现。然而,最终招收到的学生基本上集中于前一种类型。之所以如此,是因为自主招生在观念与操作上,都力求以公平为依归,难以突破"标准刚性"的窠臼。相比于"天赋"或"特长"等柔性化的评判标准,学业成绩显然是一个更有说服力、更"保险"也更少引起歧义的刚性标准。这样的结果,使自主招生改革的成效被大打折扣。目前有资格进行自主招生的高校,基本上都是名列前茅的高水平大学,这类大学缺的不是总体成绩优秀的学生,而是某方面或某领域的"偏才""怪才"或其他

---

① 郑若玲.要防止自主招生变成另一种应试[N].中国教育报,2010-02-24(06).
② 刘海峰,等.高校招生考试制度改革研究[M].北京:经济科学出版社,2009:360.

各种特殊人才等。那些成绩优秀的"全才"，即使没有自主招生来降低分数的门槛，基本上也能顺利迈进高等学府，徘徊于大学高墙外的，常常是那些无法跨越传统分数线障碍的"偏才""怪才"们，他们纵然有值得培养的资质或智能，也只能空发"知有杏园无路入"之慨叹。

更令人担忧的是，实行自主招生的高校普遍孜孜以求于整齐划一的优秀"全才"，非但不利反而可能有害于高等教育的健康发展，正如物种的单一性对于生态系统的活力有致命的伤害一样，生源群体的单一性对高等教育的活力也有很大的损害。英国生态保护专家约翰·马金诺（John MacKinnon）曾就生物多样性的价值举了一个生动的例子：假如一个书架上放着 1000 本同样的书，每本定价 20 元，其"硬价值"就是 2 万元；如果每本书都不一样，虽然总价值仍然是 2 万元，但其"软价值"远大于前者。① 多样化的生源群体对于高等教育系统的价值，便犹如这些定价相同、内容各异的书籍汇总后产生的"软价值"。美、英两国高等教育水平之所以领先于世界，一个很重要的原因便是其招生始终信奉并践行着多样化理念，无论何种层次或类型的高校，都非常注重新生群体来源在性别、阶层、种族、语言、民族、地域、才能等方面的多样化。这也正是前文提到的密西根大学坚守已无法律效力的《平权法案》核心理念的原因之所在。可以说，我国高校自主招生改革的公平诉求，在某种程度上是以牺牲高等教育"多样化"及其活力为代价的。既然我们致力于自主招生的改革，就应有突破传统观念的勇气，让自主招生主要成为"偏才""怪才"等特殊人才进入高校的"绿色通道"。鉴于目前鲜有敢于推荐偏才、怪才的有胆识的中学，自主招生高校不能守株待兔，而应主动出击，积极寻访特殊人才，经由专家组鉴定、认可并公示后，大胆收录。此举不仅可以使高校更充分地发挥自主招生权，而且可以使中学培养各类人才的环境更加宽松，在贯彻全面发展教育目标的同时，也充分尊重特殊人才的个性化发展。

当然，自主招生绝不意味着高校可以天马行空、随心所欲。"自主"不等于"自由"，高校在行使自主权的同时，须臾不能放松自律，否则很容易操作失控，事与愿

---

① 新语丝网站.多样性的价值［EB/OL］.［2010-01-24］.http://xys.s3.amazonaws.com/xys/ebooks/others/science/misc/duoyangxing.txt.

违。与此同时,外部力量也应积极介入到改革的进程中。教育主管部门在职能上应由以往的"包办者"变身为"监管者",密切关注改革的动态与问题,适时适度予以监管和引导;民间力量尤其是社会媒体也须积极参与,发挥有效的监督与舆论作用;与改革紧密相关的中学,则应确保所提供的反映学生各方面素质的评价材料公正客观、真实有效。而外部力量有效参与的前提,是自主招生政策、过程及结果的透明化。只有在以更加科学的统一高考成绩作为录取基准、舆论监督体系更加完善与透明、多样化与公平性相互兼顾的前提下,我国真正意义上的自主招生才具有可行性,其选材功效也才能达到最大化,并最终带动所有高校步入自主招生之列。

高考公平的忧思与求索[*]

　　中华人民共和国成立以来最重要的教育制度非高考莫属。而在高考改革话题的"关键词"中，人们最先想到也最为关注的，则莫过于"公平"一词。公平是人类文明史上争论不休的永恒话题，也是民众评价高考合理与否最重要的指标。公平之所以成为高考改革"第一词"，是因为它直接关系到高等教育的入学机会，而高等教育入学机会与考生个人乃至家族利益攸关。在 1977 年恢复高考以前，由于社会整体文化程度不高，高等教育毛入学率尚低，处于精英阶段的高等教育让许多人可望不可即，高等教育意识尚未普及，高考的社会影响也较为有限。恢复高考以后，随着"尊重知识、尊重人才"方针政策的形成，"知识改变命运"的观念逐渐深入人心。尤其在当今中国，社会竞争异常激烈，竞争重心日益上移，高等教育成为许多人参与社会竞争的起点，民众接受高等教育的意愿日渐强烈，对高考这块高等教育的"敲门砖"也就格外关切。

　　近年来，学界对高考改革与入学机会公平问题的研究成果逐渐增多，但与其重要性相比，已有的研究仍显不足。尤其是高考改革的一些新举措，在克服传统弊端的同时，又带来了新的不公平。有必要认真分析高考改革各环节的公平问题，探讨公平对于高考改革乃至社会发展的重要意义，从而强化改革者的公平意识，并将这一问题提升到建设和谐社会的高度。本文拟从高考的形式、内容与录取三个环节，基于国际与现实两个视角，理性反思高考改革①的公平问题，尤其是通过梳理我国目前高考制度中存在的不公平现象，指出高考制度的公平建设仍任重道远，且永无止境。

---

　　* 原载于《北京大学教育评论》2010 年第 2 期，《中国社会科学文摘》2010 年第 8 期、人大复印资料《中小学教育》2010 年第 10 期转载。

　　① 为求简明，国外的高校招生考试制度改革也以"高考改革"一词来统称。

一、国际的启思

公平理念无国界,高考改革的公平性也是一个世界性的课题。无论是拥有高等教育先进经验的欧美国家,还是文化和教育观念与我国更接近的亚洲近邻,无论是具有高校自主招生传统的国家,还是以统一招考为主的国家,无论是实行中央集权的国家,还是实行地方分权的国家,无论是资本主义国家,还是社会主义国家,也无论是发达国家,还是发展中国家,近年来进行的高考改革及其争议无一不与公平有关。以美国、法国、印度和我国台湾地区为例。

美国是世界高等教育强国,在三百多年的办学过程中,形成了成熟、独特且高度个性化的高校招生制度,但这一制度并非完美无缺,相反,有些问题十分突出,族裔间入学机会不公平便是其中之一。入学机会公平问题一直是美国高校招生改革的热点,也是美国政府面临的最头痛的教育和社会难题。2006 年,美国高等教育乃至政治领域进行了两项与此相关的重要改革,并引发了广泛讨论与激烈争议。

改革之一是取消提前招生。2006 年 9 月 12 日,哈佛大学宣布从 2007 年起取消提前招生计划①,此后的两周,普林斯顿大学和弗吉尼亚大学也相继做出同样的决定,迅速在全美掀起一场关于提前招生的争论热潮。提前招生的门槛虽高,但录取率通常比常规招生的高出数倍。然而这一计划无法让学生对多所大学的奖(助)学金结果进行比较,因此,申请者多为那些请得起家教或升学顾问、就读于教学条件优越和有丰富升学指导经验的中学的优势阶层子女,而那些需要对多所大学的奖(助)学金进行比较和选择的家境一般或贫寒的学生,通常不愿也不敢申请这一计划。哈佛大学宣称进行这项改革最主要的动机便是追求公平。因为提前招生使得低收入家庭和少数族裔子女在这些著名大学的入学竞争中明显处于弱势地位,

---

① 提前招生是美国高校数种招生计划之一,包括"提前决定"(early decision)和"提前行动"(early action)两种类型,学生如果申请了某校"提前决定"计划且被录取,便有义务进入该校。"提前行动"计划则允许学生对该计划与自己获得其他大学的录取结果进行比较后做出选择。

而对那些本来就处于优势地位的学生则更有利。① 除了奖(助)学金的原因外,这一改革还被认为有利于缩小大学之间的差距,使各阶层子女入学机会更加平等。②

改革之二是废除《平权法案》。针对根深蒂固的种族不平等,1961年,肯尼迪政府颁布了著名的《平权法案》(*Affirmative Action*),规定在入学和就业方面不仅要消除种族和肤色歧视,而且应给少数族裔和女性以优先的考虑或机会。2006年11月7日,密歇根州对废除《平权法案》提案进行表决,结果以58%的多数获得通过。法案的废除,意味着少数族裔和女性的入学和就业优待不再受法律保护。支持者认为真正的入学公平是对个体的评价应基于能力而非肤色或其他,反对者则认为法案的废除使弱势群体的权益受到伤害。密西根不是第一个"吃螃蟹"的州,加州在1996年、华盛顿州在1998年即已废除这一法案。但此后,在非常看重学业成绩和考试分数的加州大学系统(特别是在伯克利和洛杉矶两所分校),非洲裔、西班牙裔和美洲土著等少数族裔学生的比例大为下降,白人、亚裔学生的比例则大幅上升,引起民众对招生公平的质疑。密歇根州的表决,则引发了美国社会对是否要重新启用《平权法案》新一轮的激烈争论。③

此外,美国在标准化统考的内容改革上,也非常注意避免经济、种族或性别等因素影响学生的分数,尽可能消除命题导致的不公平。有"美国高考"之称的学术性向测验(SAT)在改革中便常常自我追问:命题是否对女性或少数族裔不利?答题的正确率是否有明显的阶层或族裔差异?有个很典型的例子可以说明:SAT中曾有一个语言类推理题,要求考生找到一个与"跑步者"和"马拉松"之间有类似关系的选项,正确答案是"划船者"和"划船比赛"。由于"划船"是一项在富人中流行的运动,来自富裕白人家庭学生的答对率要远高于来自低收入非洲裔家庭的学生,

① Alan Finder, Karen W Arenson. Harvard Ends Early Admission[N]. The New York Times,2006-09-12.

② EDITORIAL:End Early Admissions:Colleges Should Give Kids and Parents a Break[N].The Philadelphia Inquirer,2006-09-20.

③ Ralph C.Carmona.Beyond 209[N].San Francisco Chronicle,2006-10-26.

此题或与之类似的题目因此被指责带有"内置偏见"①。

　　法国教育制度具有高度中央集权制的特点,与我国国情有一定程度的相似性。法国实行与英国类似的"证书制"高校招生制度。学生只有获得高中毕业会考证书才具备申请高等院校的资格。和中国的高考一样,法国高中毕业会考也是一种典型的国家考试。2005 年,法国教育部公布了新的《教育指导法》,其中一项涉及会考制度的改革方案提出:将颁发文凭的标准改为对期末考试、平时考试、实习考试和鉴定等成绩的综合计算,以避免"一考定终身"的不合理现象。这一科学合理的改革计划,却引发了广大师生的强烈抗议,最后发展成为一场罢工、罢课、游行、示威的学潮,强烈震荡着法国的政局,改革计划也因此搁浅。人们担心将各种成绩载入高中毕业文凭,会使高中毕业会考证书失去国家统一文凭原有的价值,认为改革强化了社会对个人前途选择的决定权和不平等。由于平时成绩主要掌控在任课教师手中,增加平时成绩在会考成绩中的分量,将造成任课教师直接支配学生前途的权力过大,有可能损害到高中毕业成绩的公正性。此外,各中学教育质量和声誉的好坏,也极易造成"同样的中学毕业文凭而价值不同"的结果,这对较差学校中学习优良的学生有失公平,特别是对因经济拮据而读不起好的私立学校的学生来说,更是不公平。②

　　作为"自由、平等、博爱"思想发源地之法国的民众,素来追求观念上的绝对平等,认为无论什么人、何种家庭社会地位,都要经过平等的竞争来取得学习机会。也有人认为,法国人之间最大的不平等在高等教育机会的差别而非经济上。③ 尽管证书考试制度有种种不合理,但它毕竟是"维系公平竞争最伟大的平衡装置",考试制度调整着法国公民的生活和工作,失去资格证书将会一事无成,④这正是关乎入学机会公平的高中毕业会考制度的改革建议会引发一场影响政局的学潮原因之

---

　　① 　Richard Herrnstein,Charles Murray. The Bell Curve:Class Structure and the Future of America[M].New York:The Free Press,1994:281.

　　② 　杨玲.法国近期的中等教育改革与学潮[J].世界教育信息,2005(10):18-20.

　　③ 　瞿葆奎.法国教育改革[M].北京:人民教育出版社,1994:305.

　　④ 　于钦波,杨晓.中外大学入学考试制度比较与中国高考制度改革[M].成都:四川教育出版社,2000:110-111.

所在。

印度作为我国的亚洲近邻和人口众多的发展中国家，近年来高等教育规模急剧扩张，高校招考制度也存在许多与我国类似的问题，如应试教育、学业负担过重、高校自主权不足等，同样也有人质疑高考存在的必要性甚至建议取消它。"和中国一样，高考对印度的广大年轻人来说，也是人生中的一件大事；特别是对于大部分平民子弟而言，上大学深造绝对是扭转自己乃至整个家庭命运的良好契机。"①由于"僧多粥少"，印度的高考竞争异常激烈。从独立之日起，印度便为扩大入学机会和追求高考公平而不懈努力着。印度高考制度的公平性建设主要表现在两方面：

其一，倚重统考成绩。印度虽然没有专门的全国性大学入学统考，高校招生主要依据学生的高中毕业考试和大学自主招考两项成绩（前者是报考大学的基础或必要条件，而后者并非所有大学都举办），但高中毕业考试是由印度中央中等教育委员会统一组织和命题的全国性统考，相当于我国的高考。其二，录取实行"保留政策"（Reservation Policy）。由于长期实行种姓制度给印度社会带来了阶级和性别上严重的不平等，为保证弱势群体的高等教育机会，高校录取实行保留政策，规定政府管理的高校为表列种姓和表列部落等宪法认定的弱势群体保留一定比例的名额，原则上，其就学比例不低于人口比例。现在，甚至要求自筹经费的私立高校也要执行这一政策。②该政策旨在支持种姓制度下长期受到不公正对待的弱势族群。印度大学拨款委员会（UGC）还启动了一些专门计划，以帮助弱势学生在竞争激烈的高考中取得好成绩。当然，保留政策也遭到许多高等种姓人群的反对，尤其是 2006 年政府宣布将"落后阶级"的保留配额总体比例提高到 49.5％后，处在印度高等教育系统顶部的 nTs、AllMs、nMs 其他高等院校的部分学生上街举行示威集会，抗议政府坚持实施保留政策③，认为它是一种"逆向歧视"。而且，这一政策在一定程度上影响了大学的办学效率，通过保留制进入大学的弱势族群往往难以达到学校的学术要求，淘汰率极高，从而制约了学校整体质量的提高，与印度建设

---

① 鲁子问.印度高考招生制度分析及其启示[J].教育测量与评价,2009(05):56-58.

② 宋鸿雁,阎亚林.印度高等教育公平问题的研究——以表列种姓、表列部落和女性为例[J].理工高教研究,2008(03):66-69.

③ 施晓光.印度教育"保留政策"问题探析[J].比较教育研究,2008(10):46-50.

世界一流大学的时代背景不协调。尽管如此,印度政府在阻力和压力面前还是继续坚持这一政策。关注弱势群体、追求教育公平仍是印度高考改革不变的主题。

台湾地区和祖国大陆一衣带水、血脉相连,台湾与祖国大陆的高考制度有更强的相似度。同属于"亚洲儒家文化圈"的海峡两岸,可谓同文同种,高考制度也有着基本相同的文化根底。20 世纪 50 年代初,两岸在政治隔绝的情况下不约而同走上高校招生的统考之路。由于台湾的高考一直没有中断过,在发展过程中先一步遭遇了许多大陆高考正在遇到的问题,在考试形式和录取制度的改革上尤多启发与借鉴。

其一是"统一考试"变"多元入学"的影响与争议。1954 年,台湾建立了大学联考制度,1999 年,在对联考弊端进行全面检讨的基础上提出了"大学多元入学新方案",2002 年正式实施。[①] 之所以进行"多元入学"的改革,主要是想纠正以往联考"一考定终身""升学主义盛行""考试主宰教学"等流弊。而"新方案"中的"甄选"一途,确实在打破"一考定终身"弊端、强调选才标准多元化的同时,也给了高校相当大的招生自主权,并使考生有展示自己才能的机会。然而,甄选的公平性却备受质疑。和以往联考"以分取人、一试定江山"相比,"甄选只要通过简单的基本学力测验再参加面试,很可能产生关说、走后门、开假证明等情事……为了要让学生符合推荐条件,老师不得不替学生制造表现机会,最常见的做法是让学生轮流担任干部,让每个学生都有干部记录或是开服务时数证明"[②]。更有人认为,"'多元入学'的关说特权之盛,已到了骇人听闻的程度"[③]。此外,由于才艺是大学甄试考核的重点之一,而民众普遍公认"才艺是钱堆出来的","多元入学"因此被讽为"多钱入学"。2002 年 5 月台湾 TVBS 的民调显示,六成的家长对多元入学方案的公平性持质疑态度,七成的家长赞成恢复以往的联考制度。[④]

针对多元入学弊病的针砭,追根究底还是缘于人们心中那份永远无法割舍的

---

① "新方案"详情请参阅:郑若玲.台湾地区的高考制度改革[J].新闻周刊,2004(23):26-27.

② 周祝瑛.台湾教育怎么办?[M].台北:台湾心理出版社,2008:153.

③ 南方朔.让我们上街头为联考来请愿![N].新新闻周报,2002-06-05.

④ 谢蓉倩.民调七成家长赞成恢复联考[N].文教报,2002-05-22.

"公平情结"。"超过七成的民众赞成恢复联考,怀念的不是伴随而来的压力,而是行之多年、制度化、明确又较能取信大众的选才方式,能够减轻家长的经济负担、缩短学生的痛苦期,更让社会中下阶层有公平的立基,借由联考改变原有的弱势。"①台湾清华大学前校长沈君山也认为:"联考制度几十年来一直受人诟病,但因为它公平简单,凭'真'本领打天下的特点,非常吻合中国考试取仕的传统。……公平在中国人的心目中有无可取代的价值地位。"②目前,大陆高考改革正逐步走向多样化与多元化,在保送生制度、自主招生等实施中,也遇到了诸多公平与诚信问题,很有必要以"见贤思齐,见不贤而内自省"的理性态度,认真研究台湾高考改革中遇到的公平问题。

其二是对特种生加分优待政策的争议与改革。台湾实施联考制度后,对边疆生(含蒙藏生、新疆生、少数族裔生)、山地生、派外工作人员子女、退伍军人、侨生、港澳生、大陆来台生、运动绩优生等八类特种生给予录取加分优待。加分优待是在考量历史背景、政治、教育资源分配以及个人异能等因素后,基于社会正义理念下的政策产物,是一种"兼顾公平和合理的社会正义补偿措施"③。20世纪80年代中期,加分优待政策开始广受批评,原因有三:一是时移势易,有些特种生的加分意义已不复存在;二是对少数人的加分可能损害多数人的利益;三是降低录取标准会影响大学水准。鉴于此,从1993年起,陆续取消了对运动绩优生、边疆生、港澳生、大陆来台生的加分优待。④ 如果说,台湾特种生加分优待起初主要是基于政治的考量,那么,加分类型的删减则意味着优待目的已逐渐由政治考量向社会正义回归。

此外,为实现"照顾弱势、区域平衡"的理想,台湾教育主管部门2007年制订了"大学繁星计划",以近三年未曾有学生进入接受教育主管部门"迈向顶尖大学计划"补助的12所"明星大学"的高中学校为对象,给予这些高中一两个名额,择其优

---

① 台湾国民党.回顾绿色执政两年系列之五:变调的多元入学[EB/OL].[2005-05-20].http://www.kmt.org.tw/Content/HTML/Statement/Policy/20020520_13_3788.html.

② 沈君山.台湾的高等教育与改革[J].上海高教研究,1997(05):16-20.

③ 王彝.论大学联考特种生加分优待[J].教育资料文摘,1994(11):65-75.

④ 管美蓉.考试与社会——以台湾地区大学联考为例(1954—2001)[J].考试研究,2008(03):18-28.

秀学生推荐进入"明星大学",以弥补城乡或地域差距。第二年,"明星大学"又增至 25 所,名额增为 1200 人,并进一步降低了学能测试成绩的门槛。同年,"高职繁星计划"也开始实施。"繁星计划"的目的在于增加偏远地区弱势学生接受优质高等教育的机会,立意无疑是良善的。但也有人对这一计划表示担忧:偏远学校的教学质量、升学状况及弱势家庭子女的教育,会因此而改善吗? 学校选择的"优秀学生"是否真具有弱势背景? 学校在运用"繁星"名额时,是否会在校内产生恶性竞争,甚或成为特权的运用?①

限于篇幅,我们只考察了以上较有代表性的国家和地区基于公平的高考改革及其争议。这些改革与争议其实包含了一定的普适价值或理念。从世界范围看,虽然各国国情、文化、制度、社会发展等千差万别,在高校招考制度的公平性建设方面却呈现以下共性:

在考试形式上,重视统考的作用。统考在高校录取中的作用,不仅为我国这种有悠久统考历史、考试竞争激烈的国家所看重,也越来越被具有高校单独招生传统的国度所青睐。在美国、英国、法国、俄罗斯、澳大利亚、日本、韩国、印度、新加坡以及我国香港、台湾等许多国家和地区,由政府或民间专业机构主持的统考的成绩,都是影响大学录取结果的重要乃至唯一因素,只是所占权重有所不同。"从 20 世纪世界各国高校招生的宏观情况来看,从分散走向统一是一个大趋势,其间存在一定的规律性。"②重视统考的原因,不外乎公平与效率的考虑——尽管过分倚重统考常常引发人们对"一考定终身"弊端的指责。例如,日本现在基本上进入了"大学全入"时代,大学入学提倡多元能力而不是单纯的学科学力竞争,社会各界也清醒地意识到过于强调考试有很大的副作用,但"日本社会依然存在大学入学选拔根据学力考试成绩顺序录取最公平的观念"③。因为他们认为,竞争原点越少越好,同一路线、同一标准的竞争才公平,而分数正是"唯一的公平尺度"。尤值一提的是,

① 薛承泰.台湾教育改革"繁星计划"引发的思考[EB/OL].[2007-10-24].http://www. chinataiwan.org/sy/hxsp/200710/t20071024_473134.htm.
② 刘海峰.高考改革的统独之争[J].教育发展研究,2006(11A):47-50.
③ 胡国勇.竞争选拔与质量维持——大众化背景下日本大学入学考试的变革与现状[J].复旦教育论坛,2007(01):68-73.

一贯实行高校单独招考的俄罗斯,也借鉴了中国的统考制度,于 2001 年出台了《关于试行国家统一考试的决定》,2008 年在全国范围内实施统考,改革的主要动机便是提高招生公平、惩治招生腐败。当然,大学入学标准采取"统一"与"多样"相结合,已成为越来越多国家高考的发展方向,以求取公平选才与科学选才之间的最大值。

在考试内容上,重视命题技术的改进与质量的提升。考试技术直接关系到考试的质量,而质量的高下,又关系到考试优胜劣汰功能的发挥,从而间接影响到考试的公平性。随着考试在招生中的广泛使用,许多国家越来越重视改进考试技术、提高命题质量。例如,美国的两大民间考试机构 ETS 和 ACT 对考试技术的研究投入力度都很大,其"高考"命题的质量也因此得以长期保持世界领先的水准;印度的中央考试机构为提高高考效用,也曾专门邀请美国评价专家指导高考技术改进,并派出多人到美国进修教育评价理论与技术。此外,考试测量越来越朝向能力、多元、个性的方向发展,并更多地关注"以生为本"、发挥和利用考试的评价功能,而不是"以学生为敌"来"考倒"他们。

在招生录取上,重视对弱势地区或群体的帮扶。台湾的"繁星计划""特种生加分",印度的"保留政策",美国的《平权法案》、专门针对弱势群体的"佩尔奖学金(PG)"和"联邦补助教育机会奖学金(FSEOG)""少数族裔本科生招生项目(UM-RP)",英国的"公平入学办公室"(Office for Fair Admission)、韩国的"新村运动"等,都是针对弱势地区或群体的招生倾斜措施,日本、德国、英国、澳大利亚、法国、新加坡等,还专门为参加高考的残障考生提供相应的便利条件。这些帮扶措施旨在缩小地区、城乡、阶层或族群差距、维护教育公平。

二、现实的落差

与其他国家或地区相比,高考改革在我国更是一个"社会焦点",不仅政治领域对它非常重视,学界关于它的争论"剑拔弩张",媒体的高考报道也可谓"狂轰滥炸",民众对它的街谈巷议则不辍于耳。而"公平是社会大众对高考最为关注的一个方面,也是高考制度的基本功能和精神之所在"①。可以说,高考自建制尤其自1977年恢复以来的几乎每一项改革,都与公平二字紧紧捆绑在一起,教育部近年来对提升高考公平性的改革也是不遗余力,但仍有诸多不如意,高考在形式、内容与录取三方面都存在较突出的不公平。

(一)形式方面

1952年以来,统一高考成为高校招生几乎唯一的形式长期不动摇。由于录取制度刚性,标准单一,高校基本上没有招生自主权,中学教学也因此陷入"片追"与应试教育的泥潭不能自拔。为适应高等教育大众化、高校招生个性化、考生地位主体化的新要求,扩大高校招生自主权,推进素质教育,探索一种以统一考试为主、多元考试评价、多样选拔录取相结合的招生制度,教育部从20世纪80年代中期开始,先后进行了保送生制度、春季高考、广西本专科分开高考、分省自主命题、自主招生等高考形式多样化的改革试验。客观地说,这些改革为长期"大一统"的高考注入了活力,也推动了高考改革的科学化进程,在选拔优秀人才、鼓励自主办学、更新教育思想、推动教学改革、引导素质教育等方面确实发挥了一定作用。但公平问题也较为突出。以保送生制度和自主招生为例。

保送生制度实行不久便被权力和金钱所侵蚀,逐渐被异化为"特权制",由起初的"荐良不荐优"变成"推劣不推良、送官不送民"。民众中一种有相当代表性的观点认为,保送生制度打破了公平竞争的秩序,注定要被扫进历史的垃圾堆。② 2009年7月,《中国青年报》通过网络对10848人进行的调查也显示,82.2%的人认为保送生大多是"关系生",89.1%的人认为"保优"已经异化为"保权"或"保钱",90.5%的人认为在社会诚信和监管体系不健全的情况下,保送生制度容易滋生腐败,84.8%的人赞成取消保送生制度。值得注意的是,64.4%的人认同统一高考是能保证绝大多数人利益的最公平公正的制度。③

① 刘海峰.高考改革首重公平[N].光明日报,2005-06-22.

② 陈杰人.保送生制度还要存在多久[N].中国青年报,2000-08-30.

③ 王聪聪,吴拓宇.为什么82.2%的人认为保送生多是"关系生"[N].中国青年报,2009-07-14.

　　自主招生与保送生制度存在类似甚至更多的公平问题。随着高校自主招生权的扩大，各种腐败现象如金钱侵扰、权力介入等，容易在"自主"的环境中找到生存的空间；自主招生名额投放的地域与学校差异，造成地域、城乡、学校之间的机会不公平；①自主招生选拔更多的话语权掌握在城市，"以'琴棋书画'为代表的艺术能力考察、以实验为代表的动手能力考察、以口试为代表的表达能力考察等"②，使名目繁杂的自主招生考试辅导培训班应运而生，加上要求考生到高校参加测试，大大增加了考生尤其是边远、落后和农村地区考生的考试支出，使贫寒子弟由于物质准备的不足而处于竞争劣势，甚至可能被剥夺参与竞争的机会。2009年11月，《中国青年报》对2117名公众所做的关于自主招生的在线调查显示，民众对自主招生的公平问题忧心忡忡：66.7%的人认为"钱权交易不可避免"，56.78%的人认为"自主招生过程不够透明"，48.8%的人认为"对教育资源缺乏地区学生更不公平"，74.4%的人认为要提高招生录取过程的透明度，69.7%的人认为自主招生首先要保证公平公正、提高公信力，43.8%的人希望高考改革应该谨慎前行、避免伤及教育公平。③同月，新浪网就"中学校长实名推荐制"问题对13000多名网友进行的调查也显示，七成的网友认为"实名推荐制对多数人不公平"，也有人担忧农村和西部贫困地区的孩子"会永远被排除在这一选拔渠道之外"，更有网友直言"信校长不如信考分"。④以上这些调查对象还只局限于能享受到网络资源的民众⑤，若将调查向以农民为主体的"沉默的大多数"铺开，质疑自主招生公平性的人数比例会更高。

　　（二）内容方面

　　高考内容既包括高考的科目，也包括每一科目具体的考试内容。虽然相对于

---

①　庞守兴.质疑高校自主招生改革方案[J].教育发展研究,2003(10):26-28.
②　刘进,王静.政策过程分析：自主招生公平问题的内在机理探讨[J].上海教育科研,2009(06):11-14.
③　王聪聪.民众关注自主招生66.7%的人担忧权钱交易不可避免[N].中国青年报,2009-11-24.
④　谢洋.校长实名推荐七成网友反对[N].中国青年报,2009-11-12.
⑤　最近的统计显示,全国农民上网的比例只有0.2%,且主要集中在东部地区。而中国13亿人口中8亿多是农民,从统计学意义上分析,网络民意的代表性值得怀疑。详见：汪晓东.多少农民是网民[EB/OL].[2010-02-23].http://culture.people.com.cn/GB/11003992.html.

高考的形式和录取而言,高考内容更具技术性,其公平问题也更加隐蔽,但由于直接关系到考生的成绩,也甚为业内人士所重视。从高考科目的安排来看,外语与语文、数学三足鼎立,成为"3+X"中的主要考试科目,外语单科分值占据了高考总分的1/5,对外语教学师资与设施相对薄弱的农村落后地区考生显然不利,也有人认为三门主要科目中语言类占据2/3,不利于语言先天处于弱势的男生群体。从具体科目的考试命题来看,带有文化偏向性的考试内容,也被认为不利于农村考生。例如,有学者研究了1995—2001年高考语文试题认为:语文试卷内容较多地反映了城市生活,有些内容农村孩子非常陌生甚至从未听说过,反映农村生活的考题极少;考试对语言、文字的要求非常规范,完全排斥口语和乡土的、不规范的东西,与农村孩子平时的生活相去甚远;考试的综合性、技巧性和创造性越来越高,要求考生有扎实的基础知识、宽广的阅历、丰富的想象、多元的思维,需要平时的积累与训练。此外,在城乡信息极不对称的情况下,却有不少考题来自报纸、文章或书籍等。这样的"文化偏向"对缺乏资料、条件有限的农村考生显然不公平。不仅如此,高考命题的"城市倾向性"还带来了学校教育中的文化再生产现象,由此进一步强化着中国教育的城乡差距。① 另有学者对某省2005年高考语文、英语试卷进行统计学上的项目功能差异(DIF)分析也表明,两科试卷中都存在与城乡有关的项目功能差异。②

　　高考内容的公平问题还包括新课改后推出的综合素质评价。2008年1月,教育部下发了《关于普通高中新课程省份深化高校招生考试改革的指导意见》,明确将"建立和完善对普通高中学生的综合评价制度,并逐步纳入高校招生选拔评价体系"作为高考改革的主要任务之一。这一有助于推进素质教育的良法美意,却并未得到民众的一致认同。据《中国青年报》2009年5月对2693人进行的网络调查,75.3%的人赞成将综合评价纳入高校招生的考核范围,认为此举可以更加全面地考核学生能力、改变"唯分数论"的高考评价体系、有利于素质教育的落实等,但也

---

　　① 余秀兰.文化再生产:我国教育的城乡差距探析[J].华东师范大学学报(教育科学版),2006(02):18-33.
　　② 张耀萍.高考形式与内容改革研究[M].武汉:华中师范大学出版社,2008:253.

有 67.1% 的人担忧综合评价不能保证公正透明,67% 的人认为综合评价中人为操弄不可避免,53.8% 的人认为对教育资源贫乏地区的学生更加不公平,还有不少人担心这一改革会让农村孩子吃亏。① 可见,从理性认知的角度看,民众对于综合素质评价重要性的认识是到位的,但对于实践中将其纳入高考录取选拔体系或者作为录取的"硬指标",则顾虑重重。

(三)录取方面

如何录取最为公平合理,历来是考试选才所面对的重要问题。与科举史上考试公平与区域公平的争议相类似,当代高考的录取公平也成为社会关注的热点。近十年来,几乎每年全国的"两会"上,都有代表提出京、津、沪等地和中西部高考大省学生之间高等教育入学机会不公平问题。② 2009 年的全国"两会"上,河南代表在《高考制度严重不公平的根源在教育部》的议案中,更是直言不讳地就高考录取的地域不公平问题对教育部提出批评建议,再度引发代表们的关注与热议。③ 显然,这一问题已超出教育范畴而带有一定的政治意蕴。在分省命题改革前,"倾斜的高考分数线"是高考录取不公平的"形象代言":省区之间高考分数线的倾斜,意味着高等教育入学机会的不均衡,机会的不均衡又带来了屡禁难绝的"高考移民"现象。无疑,"高考移民"破坏了高考分省定额录取即追求区域公平的"游戏规则",但在某种程度上也体现了人们追求考试公平的愿望,"是一种以非正常手段反映的公平诉求"④。分省命题改革试行后,省区间高考分数线因不具有可比性而失去表征意义,但并不意味着地域高等教育机会的不公平问题得到了解决,这一问题仍可谓中国教育领域"最刺眼的不公正"⑤。笔者在撰写本文时(2010 年 2 月),曾以"高

---

① 王聪聪,黄荷.欣喜过后是担心,民调显示新课改高考让人喜忧交集[N].中国青年报,2009-05-13.

② 郑若玲.考试公平与区域公平:高考录取中的两难选择[J].高等教育研究,2001(06):53-57.

③ 中大校长:高考才是实现教育公平的最好制度[EB/OL].[2009-03-07].http://news.163.com/09/0307/15/53QHIPD6000136K8.html.

④ 刘海峰,樊本富.论西部地区的"高考移民"问题[J].教育研究,2004(10):76-80.

⑤ 肖雪慧.最刺眼的不公正——2001 再谈高考录取线[J].社会科学论坛,2001(11):43-45.

考分数线"和"高考移民"为关键词在"百度"上搜索,分别找到相关网页约 1540000篇和 1130000 篇,足见高考录取话题的热度仍"高烧不退"。

与录取公平紧密相关的另一话题是高考加(降)分(加分与降分实为一个问题的两面)。高考加(降)分是一种特殊的招生政策,其初衷是帮扶弱势群体或特殊考生,例如,对少数民族或边远落后地区考生、台籍侨属考生、军烈子女等,实行优先或降分录取;在特定时期、一定范围内对一些艰苦行业或国家急需的农、林、师范等专业,实行降分定向录取;等等。在我国这样一个人口众多、资源紧缺的发展中大国,高考竞争异常激烈,一分之差便可能使考生前途或"上天"或"入地",带来人生境遇的云泥之判。现在高考每年考生多达上千万,多一分便可能跨越成千上万的竞争对手,而加(降)分动辄有几十分的优惠,吸引力之大不难想见!在利益的驱使下,全国各地制订了多达 190 多项加分政策,导致高考加分严重背离初衷,并引发民众对政策执行中"权力寻租""权贵盛宴"等腐败现象的颇多诘难。尤其是近两年"浙江高考航模加分""重庆考生民族成分造假""金融高管和纳税大户子女加分"等一系列丑闻频频曝光,加分政策遭遇了前所未有的信任危机,"山寨版状元""裸考"等成为热极一时的词汇。2009 年底,《中国青年报》就当年教育公平问题对全国 30个省、市、区 2952 名公众进行的调查显示,高考加分政策与择校费、大学高学费等,成为公众心目中最严重的教育不公平现象;在高考加分事件中,76.3%的人将"浙江高考航模加分"、75.3%的人将"重庆 31 名考生民族成分造假"视为"2009 年最损害教育公平事件",58.7%的人认为高考加分政策严重破坏了教育公平,76.9%的人建议取消一切可能滋生腐败的高考政策。"裸考"已成民心所向,甚至有人提出,应取消所有高考加分项目,让考生全部"裸考"。①

三、高考公平需"上下求索"

世界上鲜有像东亚这样如此重视高考的地区。而在东亚诸国中,又鲜有像中国这样如此重视高考的国度。每年高考期间都会出现诸如交通管制、警车专送、公

① 肖舒楠.感受 2009:调查显示仅 11.2%受访者称教育公平[N].中国青年报,2009-12-15.

交挪站、飞机改线等特殊现象，高考也因此被形容为"举国大考"。① 随之，高考的公平性也格外受关注。原因有二：

一是历史与文化的影响。中国是考试的"故乡"，自古便是一个极度甚至过度重视考试选才的国度。而科举制度的长期运行，更将考试这一选才手段的功能发挥到极致，并极大地强化了考试选人的观念。统一招考制度首先在中国而不是在其他国家出现，科举考试的传统渊源是一个重要原因。可以说，科举文化已在传统文化中积淀下来，"生长在此文化中的个体或群体多少都带有考试传统的遗传因子。这就像孙中山本人并没有经历过科举生涯，但他却会提出《五权宪法》中的考试权，民国时期会建立考试院一样。……很难设想一个西方人会将考试在整个社会和政治构架中强调到如此重要的程度"②。因此，有学者认为中国的高考制度用苏联模式影响论进行解释很不妥当，"因为在有着几千年科举传统的国家，统一考试应该是最具有中国本土性的典型"③。

实际上，高考不仅仅在我国受重视，在东亚其他国家，也有重视考试的文化传统。而且，他们对高考的重视程度比起我国是"有过之而无不及"。例如在日本，高考兼具教育和社会选拔功能，决定着一个人未来的人生，带来了巨大的考试压力，日本也因此被称为"考试地狱"。有人如此形容日本的考试竞争："日本每年不知有多少学生昏倒在东京帝大的榜单之前——有的是因为被录取而快乐得昏倒，有的则是因为没被录取而挫败得昏倒。"④在韩国，举国上下流传着"卖掉黄牛也要供孩子上学"的俗语，一年一度的大学入学考试（即韩国的"高考"），更因关乎考生的前途、事业乃至婚姻而被形容为"比死刑更残酷"的考试。韩国的高考不啻为一次"全民总动员"，学生、家长乃至整个社会都为此"绷紧了弦"。⑤ 之所以如此，乃因日

① 方奕晗.民调显示高考已成举国大考[N].中国青年报,2004-06-14.
② 刘海峰.科举制与"科举学"[M].贵阳:贵州教育出版社,2004:151-171.
③ 大塚丰.现代中国高等教育的形成[M].黄福涛,译.北京:北京师范大学出版社,1998:356.
④ 南方朔.让我们上街头为联考来请愿![N].新新闻周报,2002-06-05.
⑤ 韩国高考也"疯狂"[EB/OL].[2007-11-17].http://www.thebeijingnews.com/news/guoji/2007/11-17/011@024352.htm.

本、韩国、越南等东亚国家都深受儒家文化的浸淫,同属"东亚考试文化圈"。科举作为中国古代人文活动的首要内容,影响既广且远,不仅在中国历史上占有重要的地位,而且还远播海外,对世界文明进程产生过重要影响,尤其在当时的东亚世界具有一种"普世化"趋势。①

而历史选择考试,是因为它作为一种崇高的、具有可信性的正义程序的执行过程,在各种选拔人才的途径中最为公平和有效。唯有考试能在制度上遵循"分数面前人人平等"的公平规则,可以杜绝"人事因缘"和"属托之冀"②。帝制中国之所以从门第社会走向科举社会(考试社会),其背后有深刻的社会文化根源——摆脱人情请托困扰,追求社会公平正义。从公元前 165 年西汉文帝首次举行书面策试至今的两千多年中,考试经历了许多变革。盘点这些变革,不难发现贯穿始终的主旋律——追求公平。③ 尤其是科举制度的改革,更是把公平强调到无以复加的地步。从变革的趋势来看,取士范围从封闭走向开放,使人人享有平等竞争的机会;取士标准从主观走向客观,客观的标准有利于排除人为因素的干扰,使"'等第'面前人人平等"成为可能;取士配额从注重考试公平走向注重区域公平④,有利于均衡地域教育差异,扶持弱势地区的社会发展。此外,在考试文体、防弊技术、考试规制等方面的改革,也无不围绕"公平"二字做文章。及至民国时期,高校实行单独招考⑤,带来了选拔标准不一、竞争的平等性得不到保证等缺陷,尤其是国家缺乏对高等学校在各地招生的统摄,造成地区间教育的严重失衡。为此,当时的教育部曾多次推动国立大学进行招生录取公平的改革。⑥

可见,无论帝制或民国时期,政府始终在不遗余力地以公平为依归对选才制度

---

① 刘海峰.中国对日、韩、越三国科举的影响[J].学术月刊,2006(12):136-142.

② 葛洪.抱朴子("审举")[M].台北:台湾中华书局(据平津馆本校刊):5.

③ 郑若玲.公平——考试变革的主旋律[J].江苏高教,2007(05):80-82.

④ 考试公平是指完全依据考试成绩公平录取考生,区域公平是通过区域配额来控制地区之间考中人数的悬殊差异。

⑤ 1938—1940 年,民国政府教育部曾实行过"国立各院校统一招生"。1941 年,因战时通讯困难,全国统一招生被迫终止。

⑥ 郑若玲.大规模考试录取公平诉求的历史考察与启思[J].教育与考试,2009(06):5-9.

进行改革。因为中国古代的统治者很早便认识到考试具有极大的稳定社会秩序之功能。从一定意义上说,中国的古代文化之所以成为世界上唯一的延续数千年不断的文化,而不像印度文明、希腊文明那样只有璀璨的瞬间,古代中国之所以成为世界上唯一能够在两千年间大体维持统一的广大疆域的国家,主要得益于科举制度,正如"寓华最久知华最深"的美国传教士丁韪良所认为的:虽然科举考试有种种缺陷,但它在维持中国的统一和将中国文明保持在一个令人尊敬的水平上所起的作用超过了任何其他事物。① 因此,历代统治者在打下江山、初定政权后,所做的第一件事往往是重开科考,以笼络民心,网罗人才。尤其当他们意识到公平公正的考试制度能产生巨大的社会效益后,便无不以"至公"作为首要目标来建设考试制度,力图使其"止于至善"。②

二是国情与现实的需要。从个人的角度看,高考事关考生前途命运之大体,高考的竞争实质上是人们政治和经济地位等社会竞争在教育领域的高度"浓缩",而三大差别(尤其是脑体差别)是导致高考竞争的根源,"只要存在强制性的社会分工特别是脑体分工,竞争就会存在。高考取消不了,高考的竞争也取消不了"③。而中国是一个社会资源相对紧张的发展中大国,民众的公平忧患与渴望较之许多国家更为强烈。且不说在高等教育供需矛盾仍较突出的情况下,需要统一高考来维护个体教育机会竞争的公平,就是在高等教育实现了大众化的今天乃至迈入普及化的明天,也还存在优质教育资源的竞争,考试办法仍无法舍弃,因为受"重人情、关系、面子"的传统文化影响,"若不以考试来竞争,就很可能用权力、金钱或关系来竞争,或者采用弄虚作假来竞争"④。这已为中国考试历史一再证明。可见,维护公平仍是高考存在的最原始也最重要的根基。

从国家的角度看,高考作为我国当今最重要的一项教育考试制度,在担负选拔

① W A P Martin.A Cycle of Cathay,or China,South and North with Personal Reminiscences[M].New York,Chicago,Toronto:The Fleming H.Revell Company.1896:42-43.
② 郑若玲.科举考试的功能与科举社会的形成[J].厦门大学学报(哲学社会科学版),2005(02):13-19.
③ 杨学为.高考改革与国情[J].求是,1999(05):32-35.
④ 刘海峰.科举存废与高考存废[J].高等教育研究,2000(02):39-42.

高校新生任务的同时,还"身兼数职",具有促进教育改革、提升社会文化、稳定政治秩序、促进社会流动等多项社会功能,并由此产生重大的社会影响,[①]具有重要的国家治理功能。因此有人将1977年恢复高考比喻为一场"抢才大典",抢救了人才,更抢出了社会发展的时间,1977年的冬天,既成为一个国家和时代的拐点,也成为千千万万中国人命运的拐点。[②] 尽管现行高考制度受到一些质疑、批判和挑战,甚至有人将其形容为"一头让人哭笑不得、又无可奈何的怪物"和"一个荒谬的制度"[③],也尽管改革高考的呼声已成为社会舆论的主旋律,但有一个事实无法否认:高考已成为当代中国最成熟和最权威的人才选拔机制,迄今尚没有任何一种制度可以取而代之。[④] 正是这种刚性的制度,让社会底层精英在社会竞争中有了"公平的立基",而公平竞争正是推动社会有序发展和进步的原动力。教育部前部长周济在2007年"两会"期间接受新华网采访时也曾说,高考是一项在中国行得通的非常公平的制度;教育公平是最重要的社会公平。[⑤] 而社会公平是建设和谐社会的重要保障。这说明,高考的存在具有坚实的社会基础。高考是历史的选择,更是现实的需要。

"不患贫而患不均"是中国人普遍具有的一种心理。之所以发明出考试这把"量才尺",主要便是出于追求公平的考虑。实际上,公平也是人类社会共同和永恒的诉求。上文对国内外高考改革的研究清楚地表明:在高考与高等教育入学机会的公平理念与追求上,各国并无二致。国外关于高考公平的改革、争议与追求,值得我们深思与借鉴。例如,美国作为高等教育与经济发展均领先于世界的国家,尚且存在诸多招生公平问题,政府也不遗余力地追求公平;我国作为人口多、底子薄、"穷国办大教育"的多民族国家,高考改革与入学机会的公平问题之多之重,丝毫不亚于美国,且高考的不公平,是我国一个不容忽视的社会隐患,政府和社会各界没

---

① 郑若玲.高考的社会功能[J].现代大学教育,2007(03):31-34.

② 晓宇."恢复高考30年"(专栏评论)[N].潇湘晨报,2007-04-06.

③ 许纪霖.高考制度:迫不得已的荒谬?[J].中国新闻周刊,2005(27):65.

④ 刘武俊.考试立法缺席[N].中国青年报,2000-07-14.

⑤ 教育部部长周济畅谈中国教育[EB/OL].[2007-03-08].http://news3.xinhuanet.com/misc/2007-03/08/content_5819860_4.htm.

有理由不齐心协力，使高考改革日臻公平。

　　再比如，我国台湾地区与大陆在文化与教育传统上同根同源，他们在由"统考统招"向多元招生、扩大高校自主权的改革过程中，出现了许多有关公平问题的争议，完全可以成为大陆高考改革之"明镜"，对大陆自主招生等改革，能起到很好的借鉴与警醒作用。在我国大陆，有关自主招生等高考改革的话题在当下被热议，就是因为存在诸多公平问题，并因此遭遇了不小的阻力，前文的民调结果便是力证。以牺牲公平为代价的高校招生自主权的扩大，其利弊得失显然还需仔细斟酌。热议所折射出来的，是自主招生在权力与公平之间的博弈。前者尊"科学、自治"为圭臬，为高校所力求；后者奉"合情、合理"为法宝，以民众为拥趸。实际上，自主招生的权力与公平本非水火不容，但由于缺乏配套措施的保障与透明机制的监督，二者常常处于"非合作博弈"状态。目前以弱化公平为代价的自主招生权力的强化，为民众所深忧。因为在权力与公平之间，民众永远会选择后者。而尊重民意是任何一项改革的前提与基石。吸取台湾地区多元入学改革的经验与教训，结合我们的社会现实，兴利除弊，完善大陆自主招生改革的配套措施与透明机制，使自主招生的权力与公平变成"合作博弈"的关系，得到互利双赢的结果，是改革的当务之急。此外，台湾地区在录取上的加分优待、"繁星计划"等改革，对大陆的高考加分以及高考录取上的阶层与地域教育机会均衡化改革也启发良多。

　　因此，高考改革必须首重公平，只有在基于公平的前提下稳步推进，才可能使改革的教育与社会成效实现最大化。在日益追求公平、公正与效率的今天，任何制度生存或发展空间的大小，越来越取决于其程序的公平公正性，具有重大而广泛影响的高考制度尤其如此。高考改革若改掉了公平，就等于"革"了自己的"命"。①在高考与公平的关系上，一方面，改革高考是为了更好更有效地追求教育和社会公平；另一方面，追求公平也是高考健康发展之"不二法门"。然而，由于高考与教育制度及政治、经济、科技、文化等因素密切相关，高考改革也因此关系重大，成为一项"牵一发而动全身"的系统工程，具有巨大的难度与重大的影响。更由于高考事关政府、高校、中学、学生与家长等各方利益，面对不同利益主体的诉求与博弈，面

---

　　①　郑若玲.高考改革必须凸显公平[J].教育研究，2005(03)：36-37.

对公平与效率的矛盾与取舍,高考改革处于一系列两难选择中。有学者在形容高考改革的难度时曾说,如果谁能解决中国大学招考中的一系列难题,应该得到教育的"诺贝尔奖"①。这一切,注定了高考改革的公平诉求是"路漫漫其修远兮",需要我们与时俱进,不断"上下而求索"。当然,绝对公平的高考改革永远是一种理想,不可能存在满足各种公平要求和各方利益诉求的改革方案,但相对公平应成为我们的现实追求。

进一步来看,高考改革与教育机会公平固然值得我们关注,但又不应止步于此。为了实现长远和真正的公平,我们需要追根溯源,对高考改革的公平问题做更深的追问:造成不公平的原因何在? 以何种标准来决定入学机会才是公平的? 甚或,以一定标准来决定入学机会的做法本身是否公平?② 高考改革应首重谁的公平? 形式的公平与实质的公平该如何取舍? 个体的公平与社会的公平当如何权衡? 高等教育不同阶段所秉持的入学机会公平理念是否应有所不同? 等等。显然,与高考改革的公平之路一样,关于高考改革与入学机会公平的研究也是任重而道远。

---

① 刘海峰.高考改革的理论思考[M].武汉:华中师范大学出版社,2007:46.

② 在台湾,有关高等教育机会均等有三种不同的观点:精英主义观点认为,高等教育机会应保留给最有才能及聪明的少数人;平等主义观点认为,高等教育应进一步开放,使社会中更多的人能享受它的好处;社会福利观点认为,高等教育不应再是培养社会精英的机构,而应多扮演补偿教育的角色以增进社会福利,进而实现社会平等。因此,根据一定标准以决定入学机会的大学入学考试并不公平,也毫无意义,主张高等教育成为出入完全自由的开放机构。详情参阅管美蓉.考试与社会——以台湾地区大学联考为例(1954—2001)[J].考试研究,2008(03):18-28.

考试公平与区域公平：高考录取中的
两难选择[*]

在中国这个名副其实的考试大国，数千年来，考试尤其是选拔性考试一直是人们追求社会公平与教育公平的重要手段。如何录取最为公平且又合理，历来是考试选才所面对的一个重要问题。近年来，随着各省市之间高考分数线差异现象越来越明显，分省定额划定录取分数线的调整问题日益受到教育界和社会舆论的关注。目前的争论主要有两种观点：一种认为应在全国按统一分数线录取，另一种则认为高考分数线的倾斜有一定的历史必然性和现实合理性。实际上，这是存在于考试公平与区域公平之间的一个两难选择。考试公平追求以考试成绩为录取标准的公平，而区域公平更倾向于在基本遵循考试规则的前提下充分顾及各区域本身的特殊情况。同为大规模选拔性考试，现代高考所面临的各省市间录取分数线的失衡问题与历史上科举所遇到的地域间中式数额不均问题有惊人的相似之处。本文试图在回顾科举考试中有关"分区取人"与"凭才取人"之争以及分省定额取中制度形成与演变的基础上，对现代高考中录取分数线的失衡问题作一些初步的理论探讨与分析。

———

一

科举虽然终结几近百年，人们的印记也愈渐飘忽，但其千余年所形成的历史积淀中仍旧埋藏着许多远未过时的话题。在深受"学而优则仕"的儒家传统观念影响的科举时代，由于应举是读书人登进仕途的唯一阶梯，是普通百姓改变平民身份乃至家族命运的唯一途径，其公平与公正性因此备受重视。回顾漫长的科举考试史

---

* 原载于《高等教育研究》2001 年第 6 期，人大复印资料《高等教育》2001 年第 12 期转载。

不难发现，考试公平与区域公平这对矛盾，其实是一个由来已久的话题；自宋至清，历代都有过许多争论，明清两朝更是将争论的结果加以制度化。

隋代和唐初的科举是沿袭东汉以来的"均衡举额制"，在州郡一级按人口比例举送考生，但在全国一级的考试是不分地区取中的，完全奉行"自由竞争"的考试公平原则。盛唐以前科举的考试内容以经术为主，由于北方士子往往更守先儒训诂，质厚但不善文辞，而"近水者智"的南方士子则正好相反，好文而轻经术，北方人因此在科场竞争中占有绝对优势。

唐朝后期，科场开始崇尚文学性质十分突出的进士科而冷落以儒家经术为主的明经科，北方士子在科场的竞争优势逐渐减弱。加之北方地区饱遭战创，经济、文化和教育的发展都受到严重影响，到北宋中期，科场录取人数的比例遂开始出现南北倒置现象，从表1中对全唐357名宰相和从北宋可考的9630名进士的地域分布对照便可明显看出这一点。这种南北差异的变易，到宋英宗治平元年（1064年）引起了一场前所未有的关于科举取才的南北地域之争。从此，人们的思维一直在考试公平与区域公平之间摆来荡去，直至清代相当细密的分省定额取中规制之出台。

表1　唐宋科场南北竞争优劣态势比照

	北方	南方
唐代（宰相）	326(91.3%)	31(8.7%)
宋代（进士）	466(4.8%)	9164(95.2%)

数据来源：唐代数据来自傅衣凌.唐代宰相地域分布与进士制之"相关"的研究[J].社会科学，1945,1(04).

宋代数据来自 John W Chaffee.The Thorny Ggtes of Learning in Song China.Social History of Examinations[M].Cambridge University Press，1985：132-133.

这场争论的声音发自当朝的名公巨卿，双方分别以司马光和欧阳修为代表。司马光从陕州夏县（今山西夏县）入仕，代表了朝中长于经史的北方派。欧阳修从江西庐陵（今江西吉安）应举入朝，代表了朝中长于文学的南方派。司马光首先提出考试内容应改诗赋为经术，接着又力主按地域均衡举额分路取人，并提出逐路取人的具体比例。① 对此，欧阳修提出了针锋相对的反对意见，认为科举制的"至公"

---

① 刘海峰.科举考试的教育视角[M].武汉：湖北教育出版社，1996：63.

之处，就在于"唯材是择"，因此主张"且尊旧制，……惟能是选"。^① 由于争论双方各有充足理由，是非难以定夺，结果仍依成法，一切以程文定去留。

明初颁行"科举成式"后，科举制度开始定型化，许多规制与前代有所不同，但在会试一级仍承旧制，实行全国自由竞争。南方举人在科场的压倒优势继续存在。明洪武三十年(1397年)，由于会试所取52名贡士以及殿试擢定的状元全是南方人，引起北方举子的强烈不满，指责主考官、湖南茶陵人刘三吾"私其乡"，从而引发了科举史上著名的"南北榜"事件。朱元璋出于地域笼络的政治考虑，处死、发配考官和状元数人，并亲自主考和阅卷，结果所取皆为北士。^② 虽然此次血腥的"南北榜"事件只是科举史上的一个极端事例，但却反映出考试公平与区域公平之间更加激烈的矛盾，科场地域间的不平衡已到了不得不解决的严重地步。

明仁宗洪熙元年(1425年)，大学士杨士奇提出南北分卷的设想。两年后，这一设想成为现实，南北卷制度正式实施，并确定南卷、北卷、中卷(不易划定为南或为北的区域)的比例分别为55：35：10。除了少数年份中断外，这种分地域按比例录取的制度一直沿袭至清代。不过，出于稳固政权的考虑，清代的乡、会试中额的地区划分已越来越细。但无论怎样细致，按区取人毕竟还是会造成各省取中人数的不均，一些边远省份由于教育的落后甚至出现被科举取中所"遗漏"的情况。因此，康熙五十一年(1712年)，南北卷制度被分省定额取中制度所取代，即按各省应试人数多寡，钦定会试中额。^③ 分省定额取中的做法由于不完全按照科考成绩"定去留"，与"考试公平"原则有某些矛盾之处，但它明显缩小了地域间人文教育水平的差距，从明清两代若干省份进士取中数额的对照便可见一斑(见表2)。从表2可以看出，在明清两代进士取中数额位列最后四位的云南、广西、贵州和辽东，其清代取中数额均较明代有很大幅度的增加。具体来看，明代进士取中最多的浙江省与最少的辽东省，取中数额相差57.5倍；到了清代，最多的江苏省与最少的辽东省之间的差距已缩小为15.9倍。地域间人文教育水平差距的明显缩小，对于调动落

① 欧阳永叔.欧阳修全集(下)[M].北京：中国书店，1986：894.
② 张廷玉，等.明史：卷一三七[M].北京：中华书局，1974：3942.
③ 赵尔巽，等.清史稿[M].北京：中华书局，1976：3158.

后地区士人的学习积极性、维护中华民族统一,都具有积极意义。这一制度也因为具有明显的政治价值而一直实行到科举制度的终结。

表 2　明清两代若干省份进士取中数额的差异对比

	浙江	江苏	江西	福建	云南	广西	贵州	辽东
明代	3280	2721	2400	2116	241	173	85	57
清代	2808	2920	1895	1399	693	570	599	183

数据来源:何炳棣.明清进士与东南人文[C]//中国东南地区人才问题国际研讨会论文集.杭州:浙江大学出版社,1993.

1300 年的科举演变史表明,考试公平与区域公平的矛盾互动,是一个从重视考试公平向重视区域公平发展的渐进过程。但无论怎样发展,在基本遵循考试规则的前提下,考试公平和区域公平都只能是相对的。对考生而言,"一切以程文定去留"的自由竞争固然体现了科举考试的公平公正性,但科举不仅仅是一种公正的考试制度,它和政治是紧紧捆绑在一起的。对于主持考试的政府而言,这种制度"还要达成另外可能更为远大的目标,它必须满足社会的、地缘的,尤其是道德评判的要求"①。这种"远大的目标",便是实现被封建统治阶层所共同认定的"公平分配利益"的公道理念。而这种以达成地域平衡、照顾弱势群体的"天下之大公"为表现形式的政治和社会理念背后,则隐藏着统治者维护和巩固封建政权的深远考虑。

二

与古代科举分省定额取中相似的是,现代中国的高考也实行分省统一录取制度(1952、1953 年实行全国统一录取除外)。面向全国招生的高校一般由各省根据所分配的名额按分数从高到低录取。当然,国家也制定了一些特殊的招生政策,例如对少数民族或边远落后地区考生、台籍侨属考生、军烈子女、有特殊贡献的优秀青年等,可优先或降分录取;对一些艰苦行业或国家急需的农、林、师范等专业,也实行一定范围内降分定向录取的倾斜制度。人们一般认为,录取环节本身没有多

---

① 李弘祺.宋代官学教育与科举[M].台北:联经出版事业公司,1994:230.

少制度性问题,只是在上线考生中甄选出一定数量的高校新生,只要严格遵循"德智体全面考核,择优录取"原则,其社会功效便能得到最大程度的发挥。因此,近二十年来,尽管高考制度的许多方面已经或正在进行大刀阔斧的改革,但录取制度却相对较少变动,仅有的几项改革也主要局限于扩大高校招生自主权(如增加投档比例)和录取手段的现代化(如网上录取)等方面。

然而近几年,随着高考竞争的加剧以及几个直辖市与一些中西部省份高考录取率差距的加大,高考的录取分数线正越来越向某些省区尤其是京、津、沪等几个主要城市倾斜。由此也引发了越来越多的议论。最近两年,高考分数线的倾斜问题更是由普通百姓尤其是考生、家长、中学教师等的非议发展为高层人士的争讨。1999 年的全国"两会"上,由民盟中央常委、武汉大学万鄂湘教授起草的《我国高等教育面临的问题与改革》提案,便对部分经济发达省市的分数线与一些中部省份相差 100 多分的现状提出质疑。[①] 2000 年的"两会"上,全国政协委员、中科院院士姚守拙教授又提交了题为《高考招生应在全国范围内按分数高低统一录取》的提案,受到与会委员的广泛关注。[②] 2000 年 2 月 24 日,《中国青年报》又以整版的篇幅开辟了"倾斜的高考分数线"讨论专栏,该专栏一直持续到 3 月 20 日,刊发了大量观点鲜明、言辞激烈的文章,引起较大的社会反响。2001 年的 7、8 月份,《中国青年报》又陆续刊登了一组讨论高考分数线的文章;由该报主持的"中青在线"网(www.cyol.net)更是对此话题展开了十分情绪化的激烈争论。这些文章和讨论对于目前国内关于高考分数线不平衡问题的各种看法具有典型代表意义。

为了能更直观地说明高考录取分数线的不平衡问题,笔者选取了被人们经常议论的京、津、沪三个直辖市和浙江、江苏、湖南、湖北、安徽等几个东中部高考大省1978—2001 年中若干年份的高考录取原始分数线作对比,并选择了贵州、甘肃两个少数民族较为集中的西部落后省份作参照(表3)。以北京市为例,1978 年,北京市的文科录取分数线在 10 省市中仅低于上海、江苏两省市,排第三位,比湖北省高出 30 分,比甘肃省高出 55 分,比分数线最低的贵州省更是高出 130 分之多;理科

---

① 傅盛宁.倾斜的高考录取分数线[J].焦点,2000(06).

② 郑琳.全国政协委员建议高考应统一分数线[N].中国青年报,2000-03-15.

线则排第一,比贵州省同样高出 130 分。到 1988 年,北京市的文科分数线退居第六,理科线退居第七。到 1999 年,北京市的录取分数线在 10 省市中的排位则完全颠倒过来了,文科线已位列最后,比分数线最高的湖南省低了 77 分,连分数线一直很低的贵州省也高出北京市 1 分;理科线也仅仅排在贵州省之前,与分数线最高的湖北省竟相差 114 分。2001 年,北京市的文理科录取分数线依然仅略高于贵州,与最高的浙江省相差都在 80 分以上,与高考大省山东省更是相差 120～140 分。天津、上海两市的录取分数线走势与北京也基本相似。如果说,二十几年前京、津、沪作为国内经济和教育水平最高的中心城市,其高考分数线高出其他省区不足为奇,那么,短短二十几年,这些城市的高考分数线却出现如此大幅度的下降,则不能不发人深思。

表 3　全国部分省市若干年份高考录取分数线差距比照

分数线 省市 \ 年份	1978 年		1988 年		1999 年		2000 年		2001 年	
	文科	理科	文科	理科	文科	理科	文科	理科	文科	理科
北京	330	350	477	472	447	421	443	440	429	443
天津	—	—	449	432	468	434	446	432	456	458
上海	350	340	394	374	427	412	423	429	408	399
					474	441	454	467	473	473
浙江	280	310	496	510	506	494	481	491	509	530
江苏	350	340	493	515	497	501	444	467	480	500
湖南	305	305	487	517	524	495	504	498	498	506
湖北	300	280	487	527	523	535	506	519	488	501
安徽	300	320	492	509	499	487	493	482	480	476
贵州	200	220	450	440	448	404	419	390	423	393
甘肃	275	255	420	430	463	453	474	474	465	467

注:1.以上分数线均为本科院校第二批最低控制线。

　　2.天津市 2000 年高考是单独命题。

　　3.上海市 1999、2000 年高考分上海卷和全国卷两种,横线上为上海卷分数线,横线下为全国卷分数线。比照时主要以全国卷分数线为标准。

　　4.1978、1988 年各省分数线数据来自孟明义等主编:《中国高考大全》,吉林人民出版社,1989 年;1999、2000 年数据分别来自《人民日报》网络版(http://www.peopledaily.com.cn)和东方星网络工作室(http://www.cnstar.com.cn);2001 年数据分别来自《中国青年报》2001 年 7 月 25—27、30—31 日。

　　高考录取分数线的差异引发的争论基本上可以划分为北京和外省两派观点。北京的论者认为北京、上海等地考生虽然考分低但综合素质高，100 分的差异不见得有 100 分的含金量。[①] 此外，出于学生就业的考虑，北京等地的高校也不得不多录取本地生源，而这也是各地高校普遍的做法。录取比率高，分数线自然就低。外省论者对这些解释则不以为然。他们认为，高考是对学生各方面素质的一种综合考核，考分不高就不能说"综合素质高"。而且，外省考生的个性、特长之所以没能得到充分发挥，是因为升学竞争太激烈而不得不放弃某些爱好特长。他们认为，同一份考卷用不同的分数线录取，是"中国教育最大的不公"[②]。目前高校分配招生名额向本地倾斜的做法，则使得考生能否考上大学在很大程度上取决于他的户籍在何地，而考生的户籍又取决于他们的父母是谁。[③] 因此，他们提出废除现行按地域录取新生的办法，用一至三年时间在全国范围内逐步实行从高分到低分的录取方式。[④]

　　人们对统一高考下相差悬殊的录取分数线心生不平是可以理解的。1977 年恢复高考之所以被视为利国利民的伟大决定而深受拥护，就在于它打破了"血统论"对高等教育的垄断，给广大民众带来了公平竞争的机会。人们常说，考场如赛场。高考分数线的差异，就好比田径场上的百米赛跑，选手们的起跑线相同，终点却因人设线。其结果可能是跑得快的被淘汰，跑得慢的反而拿奖牌。如此比赛，规则便形同虚设。而且，北京等大城市经济发达，生活水平和教育条件均高于中西部落后省份，从教育机会均等理论中的"逆向歧视"角度看，为弥补竞争起点的不平等，将录取分数线向边远落后地区倾斜是无可厚非的。但现在的分数线在向边远落后地区倾斜的同时，却更严重地向教育资源丰富的大城市倾斜，使得发达大都市年年"低分数线、高录取率"，而一些生源大省的学生却年年面临"高中比高"的激烈竞争态势。这显然既有悖于考试公平原则，也背离了旨在维护区域公平的分省录取制度之初衷。高考分数线的倾斜已成为一个不能回避也无法回避的重要问题。

---

　　①　臧铁军.100 分的差异是不是 100 分的含金量[N].中国青年报,2000-03-07.

　　②　志文.中国教育最大的不公[N].中国青年报,2000-02-24.

　　③　黄钟.不平等的高考分数线[J].北京观察,1999(12).

　　④　傅盛宁.倾斜的高考录取分数线[J].焦点,2000(06).

三

从整体上看,目前高考录取分数线的差异主要存在于京、津、沪等地与湖南、湖北、山东等几个高考大省之间,而一些经济和教育水平落后的西部边远省份或少数民族地区,由于考生人数相对较少以及国家对这些地区有相应的照顾政策,高考的竞争激烈程度反倒不如中部一些大省,其录取分数线与几个主要城市的差距也不如后者大,从表3中贵州、甘肃的分数线便反映了这一点。

客观地讲,我国实行定额分省录取制度有其合理性。中国是一个地域辽阔、民族众多的大国,历史原因造成了东、中、西部地区之间发展极不平衡。地区的不平衡其实也是世界各国社会发展过程中普遍存在的一种正常现象。因为社会(经济)的发展总是需要先培植一些"增长点",然后以点带面,推动整个社会向前发展。这便是社会(经济)发展中所谓的"效率优先,兼顾公平"原则。对中国这样一个发展中大国而言,其社会发展尤其需要通盘考虑。为了使部分中心城市经济和社会快速起飞和发展的同时,也促进落后地区社会发展,国家在统一高考的前提下兼顾区域公平,实行分省录取并制定一些有针对性的照顾政策是十分必要的。试想,若单纯为追求"考试公平",按分数在全国打通录取,那么,京、津、沪等大城市的高校,很可能出现生源比例被少数几个高分省份所"瓜分"而本地生源却寥寥无几的局面;地区间经济发展的落差又必然使外省的生源毕业后滞留在这些发达城市,难以回流到本省,从而给这些容量有限的城市就业带来不堪负担的巨大压力,进而严重影响这些城市的经济发展和社会安定。而一些落后的边远省份则很可能会重演其在科举分省定额取中制度出现之前被科举取中所"遗漏"的历史,不但会造成与发达地区之间更大的不平衡,而且会留下破坏祖国安定统一的严重隐患。我国现代高校招生史上就出现过这种情况。20世纪20年代,我国高校实行单独命题、自行录取的招生办法,但各校在全国各省的录取标准却是统一的。由于各地区经济、教育、文化发展水平存在很大差异,执行同一个录取标准不但导致了内地省区之间升学率的不平衡,而且使一些边疆省区陷入无学可升的尴尬境地。例如1923年北京大学录取新生,云南、福建、甘肃、黑龙江、热河、绥远、察哈尔、蒙古等省的考生,均榜上无名。为解决这一问题，当时的教育部第 10 届教育联合会曾建议国立专门以上学校将招生名额的一部分分给各省区。① 可见，现代高考作为一种受制并服务于社会政治的教育考试制度，在追求考试公平的同时，也必须充分考虑到区域公平。

然而，各省市分数线的倾斜及其调整又不仅仅是简单的考试公平或区域公平问题，而是一个受到政治、经济、文化、人口、就业以及高等教育布局等多种因素综合影响的复杂问题，需要我们冷静、理性地审视。在以上因素中，高等教育布局（以高校布局为表现形式）对分数线的影响最为直接。而高等学校布局又受到历史、文化、经济等多种因素制约。我国的高等学校布局在中华人民共和国成立前就极不合理，当时全国 40％以上的高校集中在北京、上海、天津、南京等几个经济较发达的东部城市，而西部边远少数民族地区的高校则极为稀少，有的省区甚至连一所大学也没有。1952 年院系调整后，我国高校布局的畸形状态得到一定程度的矫治。但各省市间经济和文化水平的差距又不断消弭着微弱的矫治力。正如科举时代文化发达省份往往是科举强省（所分配的取中名额相应就多）一样，现代中国经济和文化发达的省市往往也是高等教育的发达地区。要缩小这种差距尤其是教育和文化上的鸿沟，需假以时日。此外，高等学校布局的调整还常常陷入公平与效率的两难困境。这些都决定了高等学校布局结构的调整必然是一个艰难而缓慢的过程。对地区间高等教育发展差异的相关研究便充分说明了这一点。1978—1995 年的近二十年间，无论是从地域型还是从受益型的高等教育发展规模看，我国经济发达地区与落后地区之间的绝对差异不仅没有缩小，反而呈明显扩大趋势。② 美籍华裔科学家、香港科技大学副校长孔宪铎先生在谈到中国的"科教兴国"战略时，就曾对上海和北京等人口不到全国 1％的城市集中了全国 10％以上的大学、而很多人口已近千万的贫困地区却没有一所大学的不合理布局深为喟叹。③

高校布局的不平衡必然带来录取名额分配的不均匀。各省市的高等院校出于

① 谢青，汤德用.中国考试制度史[M].合肥：黄山书社，1995：531.

② 杜育红.我国地区间高等教育发展差异的实证分析[J].高等教育研究，2000(03)：44-48.

③ 孔宪铎."科教兴国"，三问三议[J].科技导报，1999(02)：22-27.

经费和就业等方面自身利益的考虑,在分配招生指标时往往向本地倾斜。这样,北京、上海等高校密集的城市所分得的招生指标自然就多,而这些城市的考生数却远远少于其他省区,导致其录取分数线也远低于后者。令人担忧的是,随着高等教育办学自主权的进一步下放和地方财政对高等教育投入比重的上扬,高校在分配招生指标时很可能进一步向本地倾斜,从而进一步拉大各省市间业已存在的高考分数线的差距。这种差距反过来又会造成地区间经济发展更大的不平衡以及"高考移民"加剧的混乱状况,进而带来一系列严重的社会问题,并危及人类所一贯追求的公平理念。

《中华人民共和国教育法》第九条第二款明确规定:"公民不分民族、种族、性别、职业、财产状况、宗教信仰等,依法享有平等的受教育机会。"对中国这样一个高等教育资源尚较缺乏的发展中国家而言,实行大规模选拔考试的首要目的是保证全体国民特别是适龄青年有均等的接受高等教育的竞争机会,它强调的是一种"程序正义",即升学机会面前人人平等。由于历史原因,京、津、沪地区一直是高等院校的密集区域。在 20 世纪 90 年代以前,这些中心城市与其他省区之间的高考录取率相差远不如现在悬殊,考试公平与区域公平的矛盾也不像现在如此突出。如果说,过去由于这些矛盾尚未突出而不为人们所充分认识,或者人们对于历史的选择多少有些无可奈何而不愿面对这些矛盾,那么,现在则到了不得不解决由历史原因造成的各省市间适龄青年接受高等教育机会不均的严重矛盾,纠正京、津、沪地区"低分数线、高录取率"和外省"高分数线、低录取率"的不合理格局的时候了。必须尽快采取有效手段控制和缩小省市间分数线的倾斜态势。

笔者认为,解决分数线的倾斜问题,要遵循循序渐进的原则,并辅以一定的行政命令。虽然这与目前国家致力于下放权力、扩大地方办学自主权的改革趋势相悖驰,但对于打破地方保护主义壁垒,这种国家宏观调控仍十分必要并且是非常有效的。首先是逐渐减少北京、上海等地面向全国招生的院校在当地的招生比例,根据考生数量和考试成绩将所减比例合理分配给其他省份。其次是进一步扩大各高校在中西部的招生规模。由于近两年高校扩招名额的分配明显向中西部倾斜,中西部省份的高考录取率已大幅攀升,与东部发达省市高考录取分数线的差距也明显缩小(表3)。但是,外地高校面向中西部的扩招,存在着人才能否回流的问题;

而中西部高校的扩招，既受到自身规模的制约，存在一个"容纳度"的问题，又受到当地基础教育的制约（主要是教育落后的边远省份），存在一个质量的问题。因此，目前所走的扩大中西部招生规模的发展道路，只是解决录取分数线倾斜问题的权宜之计。长远的根本解决办法则是在努力提高中西部地区经济发展水平的前提下，改变我国高等院校布局结构的不平衡状态，大力扶持中西部省份的各级教育特别是高等教育，并鼓励私人投资办学，走"外延式"的发展道路。只有这样，才可能找到考试公平与区域公平之间的平衡支点。

扬榷古今考试历史可见，调和考试公平与区域公平的矛盾是一个"千古难题"。如前所述，高考录取分数线的调整由于受到政治、经济、文化、教育、人口、就业等多种因素的制约，具有很大的难度和重大的影响。对于高考录取改革中的这个两难问题，如果只看到问题的一面而忽视另一面，就可能出现比原先更大的消极后果。[①] 因此，高考录取分数线的改革既不能只追求"考试公平"，也不能完全倒向"区域公平"。事实上，绝对的公平永远是一种理想状态。我们只能在兼顾二者的同时，求取相对公平的最大值。鉴于目前高考录取分数线失衡这一十分复杂的问题仅停留在激烈的争论中，学术界尚缺乏有深广度的理论研究与探讨，本文从历史与现实的角度作了一点初探。希望能抛砖引玉，促动理论工作者作更多的关注与思考。

---

① 刘海峰.高考改革中的两难问题[J].高等教育研究,2000(03):36-38.

"举国大考"的合理性

——对高考的社会基础、功能与影响之分析*

中国是考试的故乡,也历来是一个考试大国。科举制度这一古代中国社会的"抡才大典",在历史上曾长存 1300 年,直到 1905 年清政府在内忧外患的情势下被迫废止。但制度的废止并没有令后人就此遗忘它,百年来的科举反思从未断绝过,乃至"为科举制平反"成为当代中国学术界的一种思潮与趋势,①科举百年祭的 2005 年也因此被称为中国的"科举年"②。作为现代中国的"举国大考",高考在 2007 年即将迎来建制 55 年、恢复 30 年。年初伊始,一些地方的高等院校、新闻媒体等便陆续举办"新三级学人"聚会、征文、座谈会等纪念活动。笔者认为,在某种意义上,2007 年也可谓中国的"高考年"。20 世纪 90 年代末以来,针对高考的弊端,废除高考的观点时有出现,尽管呼声不高,也非主流民意,但对普通民众的高考观却有不小的牵制与影响,加之高考的确事关重大,常导致他们误读高考。因此,学界很有必要深入分析高考制度存在的现实合理性,为民众正确认识和理解高考提供清晰的理论背景与有力的思想支撑。

一、维护公平:高考制度存在的"立基"

随着高等教育步入后大众化时代,高考竞争压力从数量上说已大为缓解,但实际上学生、老师和家长们脑中的"高考弦"却依然紧绷。之所以如此,笔者认为除了高等教育学历文凭对个人的前途命运具有越来越重要的影响,以及高考竞争由以

---

* 原载于《高等教育研究》2007 年第 6 期,人大复印资料《高等教育》2007 年第 8 期转载。

① 刘海峰.为科举制平反[J].书屋,2005(01):4-10.

② 刘海峰.2005:中国的"科举年"(前言)[M]// 科举百年祭.武汉:湖北人民出版社,2006:1-5.

往的"上大学"上移到"上名牌大学、读热门专业"等原因外，还有一个因素是人们对公平的关注与追求达到了前所未有的高度。所以，现在一谈到高考改革，老百姓首先想到的便是改革公平与否。

事实上，公平既是包括高考在内的考试制度产生的基石，也是考试变革的主线。从公元前165年西汉文帝首次举行书面策试算起，考试已有两千多年的历史。在这漫长的发展过程中，考试经历了许多变革。回顾这些变革，不难发现贯穿始终的主旋律——追求公平。无论是公元前165年中国历史上第一次笔试，还是汉顺帝时期左雄改制所实行的"诸生试家法，文吏课笺奏"，无论是曹操的"唯才是举"思想，还是曹丕时期实行的"九品官人法"之初衷，无论是科举制度的建立，还是1300年间有关科举利弊存废的数次高层争议或改制，无论是举子们对科第仕进的痴迷执着，还是那大大小小惨烈的科场案，无论是那独具匠心、崇高威严的有形的贡院建构，还是那滴水不漏、圆润周详的无形的科场规制，无不围绕"公平"二字做文章。帝制中国之所以从门第社会走向科举社会，其背后有着极其深刻的社会文化根源——摆脱人情请托困扰，追求社会公平正义。在选拔人才过程中饱受人情困扰的先人们，于是发明了考试这把客观公正的"量才尺"。

到了现代社会，随着民众民主意识的觉醒和公平意愿的强化，考试改革的公平动机朝更自觉的趋势发展，不再像古代科举改革那样自上而下，而通常由民间的改革呼声自下而上推动着官方的改革，比如通过"两会"提案。我们不难看到，高考改革但凡涉及公平，无不引起社会上下的深切关注，有些改革亦因不公而难以善终。例如，20世纪80年代实行的招收委培生和自费生的招生体制改革，到后来出现"分不够钱来凑"现象，破坏了高校招考中的公平规则，终遭唾弃。在考试内容方面，近年来加试外语口语改革，以及考试命题中出现的城市倾向性，对教育资源占弱势的农村考生群体而言，其公平性也为民众所质疑。2007年江苏和福建的高考都将降低外语分值，便主要出于公平的考虑。保送生选拔中的"重重黑幕"，尤其是"送官不送民"，也曾引起民众义愤，操作程序的不公正一时间成为人尽皆知的秘密，并因此被指责为中国教育领域最大的腐败，认为保送制度打破了公平竞争的秩序,应被扫进历史垃圾堆的观点,[①]在民众中有相当的代表性。在录取制度方面,20世纪80年代为扩大高校招生自主权而增加投档比例的改革,造成录取季节"条子票子满天飞"的"奇观",20世纪末推行的网上录取,出发点之一便是杜绝各种非成绩因素对录取造成的困扰,以维护高考的公平公正。近年来讨论热烈的高考录取分数线的失衡,也是一个直接关系到不同地区考生高等教育机会分配的公平问题,2006年中国政法大学关于招生指标分配的所谓"破冰之举"的改革,拥护总体上多于反对,便反映了民众对教育机会公平的渴望。2001年开始试行的"自主招生录取"改革,实行6年来,引发了教育界不少争论,以赞成或正面肯定者居多,但赞成者也心存顾虑,认为此举可能是对公平选才的一次严重冲击。[②]

可见,高考之所以备受瞩目,维护公平是一个非常关键的因素。因着公平,人们的高考改革心态也非常矛盾,可以说对它是爱恨交加,既爱之深,又恨之切。一方面,许多高考的过来人,尤其是1977、1978级考生,对邓小平果断恢复中断已达11年之久的高考,鲜有不由衷感激和拥戴者,但也有人对"黑色七月"笼罩下的高考制度怀有切肤之痛,恨不能即刻"除之而后快"。假如真废止了高考,又会如何呢?恐怕不少人会发觉自己对高考其实是有着深深眷恋的。考试制度确有其弊病,但它的最大优点就是相对公平。有人说,高考剥夺了孩子们的童年,却给了每一个孩子同样做梦的权利和实现梦想的机会。[③] 这种说法便为人们面对高考所产生的矛盾心态作了一个最恰当的注脚。

历史告诉我们,在各种选拔人才的途径中,考试作为一种崇高的、具有可信性的正义程序的执行过程,最为公平和有效;而大规模统一考试的公平与效率恰恰又居各种考试形式之首。使人人享有参与高等教育和社会资源竞争的公平机会,是高考制度存在的根基。在中国这样一个尤重人情关系、社会资源相对紧张的发展中大国,民众的公平忧患意识与渴望较许多国家的民众更为强烈。"不患寡而患不均"是社会大众的普遍心理,亦是对高考改革的现实心态。为什么针对中小学生学

---

① 陈杰人.保送生制度还要存在多久[N].中国青年报,2000-08-30.

② 庞守兴.质疑高校自主招生改革方案[J].教育发展研究,2003(10):26-28.

③ 顾卫临.高考:还有更好的路可走吗[J].瞭望,1997(20):36-39.

业负担过重而颁发的"减负令"，却一次次难过"家长关"？为什么 30 年前恢复高考的消息让老百姓奔走相告、欢声雷动，迄今回首仍温情依旧乃至心潮澎湃？为什么高考饱受非议却一直被采行？别无他因，唯因考试在制度上遵循"分数面前人人平等"的公平竞争规则，正如晋代葛洪在《抱朴子·审举》中所指出的，考试可以杜绝"人事因缘"和"属托之冀"。① 学校为摆脱人情请托，避免或少惹麻烦，家长为求得子女公平竞争的机会，自然都更愿意选择考试。因为，在"公平"与"减负"的天平上，秤杆永远都指向前者。再比如，在艺术院校的招生中，考前给考官送黑钱成为公开的秘密与招生的"潜规则"，以至于有人发出"穷人的孩子不要学音乐"之概叹。2002 年中国音乐学院发生音乐教授因质疑招生公正而被解聘的丑闻，一些主要媒体竟冠之以"4·17 高考事件"。② 为什么一所艺术院校的专业复试，却引发媒体和社会如此关注？公平是也！在高等教育供需矛盾仍较突出的情况下，确保教育机会公平以及由此带来的社会公平乃第一要义。可见，高考制度的根基并未被动摇。即使在高等教育实现了大众化的今天，乃至迈入普及化的明天，也仍存在优质教育资源的竞争，公平仍是且将一直是高考改革的要素。③

虽然我们无法准确预测高考命运的走向，但有一点可以肯定，考试作为检测人才的手段，具有恒久的价值。悠久的考试历史制造了中国社会至今浓郁不化的"考试情结"，以至于高考期间几乎成为"高考节"，民众对其他各种考试也越来越"趋之若鹜"，追究个中缘由，维护公平是一个原始且最重要的动机。尽管现行的高考制度因弊端甚多而招致越来越激烈的社会批判，甚至有人将其形容为"一头让人哭笑不得、又无可奈何的怪物"和"一个荒谬的制度"④，但正是这种刚性的制度，让社会底层精英在社会竞争中有了"公平的立基"，而公平竞争正是推动社会有序发展和进步的原动力。这说明，高考的存在具有坚实的社会基础。

---

① 葛洪.抱朴子(外十五篇"审举")[M].台北：台湾中华书局(据平津馆本校刊)，5.
② 王尧.一位音乐教授被解聘的背后[N].中国青年报，2002-05-28.
③ 郑若玲.高考改革必须凸显公平[J].教育研究，2005(03)：36-37.
④ 许纪霖.高考制度：迫不得已的荒谬？[J].中国新闻周刊，2005(27)：65.

二、"身兼数职"与"高烧不退"：高考制度的重大影响

考试是根据一定社会的要求而进行的有组织、有目的的测度或甄别活动,它必然要和其社会母体发生密切关系——既受制又反作用于社会各要素,具有相应的社会功能。高考也不例外。作为当今中国最重要的一项教育考试制度,高考在担负为高校选拔合格新生的原始任务的同时,还"身兼数职",具有教育、文化、政治和经济等多项社会功能。

从教育上看,高考已成为一根强势"指挥棒",牵制着教育目的,引导着教育过程,一切教育教学活动皆以高考为中心,围绕高考来运作,中学教与学的注意力完全放在所设考试科目上,"考什么便教什么学什么","不考什么便不教什么不学什么"。不仅如此,高考还几乎成为评价教育结果的唯一尺度,追求好的考试成绩因此成为教育施行过程中的直接目标,我们现在常说的"片面追求升学率"即是这一目标的极端化。"片追"是伴随着高考激烈竞争而产生的一种不正常现象,它与高考如影随形,成为笼罩在高考头上一块久久不散的乌云,使学生学无宁日、教师教无宁日,在一定程度上扭曲了全面发展的教育目标。富含社会色彩的高考评价功能如此之强大,乃至对基础教育的任何改革都能产生重要影响。[1]

从文化上看,不仅高考制度的建立与恢复本身,体现了对公平理念文化的追求与选择,具体而言,是对舍出身、血统、关系等不公而取能力、学识、自身等公平因素的一种文化选择,而且高考对文化的提升也作用巨大,全社会的读书学习热情在高考的促进下得以持续高涨。另一方面,考试难度也不断加大,现在的高考试题难度和恢复高考之初相比已有天壤之别,从一个侧面反映了考生的文化水平已大大提升,1977年的高考语文答卷中,将孙悟空说成《红楼梦》作者之笑谈,想必会驾鹤西归,一去不复返了。

从政治上看,高考制度促使社会结构重新"洗牌",考试成绩这一"后致因素"取代了户口、家庭出身、参加工作时间、级别、工作单位所有制等,成为新的"社会屏

---

[1] 郑若玲.论高考的教育功能[J].教育导刊,2005(01):4-6.

蔽"基本指标,影响着社会阶层的变迁,并促进了社会流动,尽管来自农民等社会底层学生的辈出率①尚低于1,但低阶层子女通过层层竞争性考试(包括高考)得以有机会成为国家栋梁从而实现社会阶层的上向流动,却是不争的事实,并因此疏散了社会底层对资源分配机制所郁积的不满。② 再者,"文革"时期的"考试废,道德堕",以及恢复高考所发挥的使社会实现"由乱而治"之功,说明高考还具有稳定社会秩序的政治功能。此外,高考所带来的"考试经济",以及通过对教育、政治、文化的明显作用来促进社会的协调发展,也体现了高考具有直接或间接的经济功能。③

正是这种"身兼数职",使得高考作为教育系统的一种升学考试,却成了广受注目与重视的社会活动,并产生重大社会影响。单从规模的扩张上看,高考的牵涉面便令人惊叹,1952年全国仅5.9万考生,而到2006年,报名人数已达950万之多!更令人瞠目的是,高考期间甚至出现所谓"交通管制、警车专送、公交挪站、飞机改线"等特殊现象,高考也因此成为名副其实的"举国大考"。④ 不仅政治领域对高考屡示"青睐",学界关于高考的争论也多"剑拔弩张",媒体的高考报道则可谓"狂轰滥炸",普通民众对高考的街谈巷议也不辍于耳。

高考大概是中国社会唯一一项自建制伊始便被紧紧捆绑在政治"战车"上的教育制度。1952年7月21日,教育部颁发了《关于实现一九五二年培养国家建设干部计划的指示》,强调指出,各地高等学校严格实行统一招生,是实现这一干部培养计划的关键。这使得高考在承担高校选拔合格新生职责的同时,也肩负选拔国家后备干部的重任。1966年开始的"文化大革命",则选取了招生考试制度作为文化教育领域"革命"的"突破口",导致统一高考被废。1977年,高考的命运又紧随政治剧变而发生戏剧性变化,再次被选为社会实现由乱而治的"突破口"。因此有人说,恢

---

① 辈出率是指某一社会阶层子女在大学生中的比例与该阶层人口在同一社会全体职业人口中所占比例之比。如果辈出率为1,说明该阶层子女接受高等教育的机会与同一社会全体阶层的平均水平相同。如果辈出率超过1,则意味着该阶层子女接受高等教育的机会高于全体阶层平均水平,反之,则低于平均水平。

② 郑若玲.高考对社会流动的影响——以厦门大学为个案[J].教育研究,2007(03):46-50.

③ 郑若玲.考试经济与社会发展——以科举、高考为例[J].湖北招生考试,2006(04):4-7.

④ 方奕晗.民调显示高考已成举国大考[N].中国青年报,2004-06-14(02).

复高考,无异于一场"抢才大典",抢出了人才,更抢出了社会发展的时间。1977年的冬天,既成为一个国家和时代的拐点,也成为千千万万中国人命运的拐点。① 近年来,在中国最重要的全国性政治会议"两会"上,高考的话题也几乎年年被提及。

除"文革"这段特殊时期外,高考自建制特别是1977年恢复以来,以全国统一的文化考试为根本的高校招生考试制度数十年不动摇,因为统一高考是人们择善而从、倍加珍惜的一项相对公平的人才选拔制度。当然,高考也并非得到人们的交口称赞,相反,学界关于高考的论争一直以来都非常激烈,"炮轰"高考者有之,将高考与科举相提并论,认为废除统考制,就是要避免鸦片战争的历史悲剧重演者有之,认为无视高考的历史作用,而为当年的"推荐制"寻找某种"合理性"之举乃是荒诞不经、"吃错了药"者亦有之。对高考的评价也非常对立。例如,有人认为,高考制度对于促进我国人才成长和推动全民族文化发展可谓是"功德无量"。1997年11月《人民日报》在纪念恢复高考20周年征文的综述中也说,"恢复高考,挽救了我们的民族和国家"②。相反,也有人认为,废除统一高考对于我们的后代是"功德无量"的。③ 同样的高考,在正、反两方皆被说成是"功德无量",可见观点对立之尖锐。

从社会大众的关注看,每年自年初的高考工作会议召开,考生和家长们便开始留意高考改革的种种动向;高考前夕,但凡举行有关高考信息或高校招生的发布会或咨询会,家长和考生们亦唯恐错漏;高考三天,各大报章、电视媒体等,更是将视角聚焦于考场内外的方方面面,构成一道独特的社会风景;高考之后,分数线和取录办法则成为万众瞩目、翘首以待的焦点,甚至落榜考生的命运,也会成为千百个家庭茶余饭后的谈资。到秋季入学前夕,贫困新生的入学和助学问题,虽属高等教育政策范畴,但依然能引发普通百姓对高考和社会公平等问题的又一轮反思。可见,社会大众对高考的关注有着经年不息的热情,而这在教育领域是绝无仅有的。

随着中国高等教育大众化和多样化的发展,"上大学"如今已基本上不是问题,作为高校招生主要途径的高考,本当越来越淡出民众的视野。但上述种种,无不显

---

① 晓宇."恢复高考30年"专栏评论[N].潇湘晨报,2007-04-06.
② 郑若玲,杨旭东.高考改革:历史与现实的思考[J].厦门大学学报,2003(01):108-114.
③ 孙绍振.废除全国统一高考体制[J].艺术·生活,1998(06).

示出社会对高考的热度"高烧不退"。这说明，高考绝不仅是一项高校招生考试制度，也不仅是一根引导中小学教育教学的"魔力指挥棒"，而且是一项有利于促进中华民族团结与统一、维护社会秩序、提高整体国民素质的社会制度。换言之，高考不是单纯的教育问题，这项教育考试制度表象的背后，蕴含着重要的社会功能，并使得高考承载着远远超出自身所必须承载的社会责任。高考就是高中毕业生面临的第一次强制性社会（脑体）大分工，高考的竞争也就是人们一生的政治地位、经济地位等社会竞争在教育领域的"浓缩"，而三大差别（尤其是脑体差别）正是导致高考竞争的根源。"只要存在强制性的社会分工特别是脑体分工，竞争就会存在。高考取消不了，高考的竞争也取消不了。"[①]相应地，高考重大的社会影响也绝不会在短期内弱化。

高考是历史的选择，更是现实的需要。正如教育部长周济在 2007 年"两会"期间接受新华网采访时所说，高考是一项在中国行得通的非常公平的制度。教育公平是最重要的社会公平。[②]而社会公平正是建设和谐社会的重要保障。高考所具有的公平意蕴、复杂功能与重大影响，无不夯实和力证了其存在的社会"立基"与合理性。刘海峰在对科举进行深入研究后指出，"有必要终结盲目批判科举的时代，中国应该进入一个理性评价科举、重新认识科举的时代。"[③]笔者以为，这一说法同样可以借用到高考评价上。我们需要做的，不是动辄以激越的情绪批判高考，而是以全面、冷静、客观的态度，理性地评价、认识与改革之。因为，"站在批判考试弊端的立场上，全盘否定现有考试制度的长处，这无异于英国产业革命初期毁坏机器的运动。文明所带来的弊害不是通过消灭文明来消除，而应是更好地利用文明。"[④]显然，在没有找到更佳的选材方法前，我们不应贸然抛弃而应坚守现有的相对最科学、合理与公平的高考制度。

---

① 杨学为.高考改革与国情［J］.求是，1999(05)：32-35.

② 教育部部长周济畅谈中国教育［EB/OL］.［2007-03-08］.http://news3.xinhuanet.com/misc/2007-03/08/content_5819860_4.htm.

③ 刘海峰.终结盲目批判科举的时代［J］.东南学术，2005(04)：41-46.

④ 国家教委考试中心.美日法人才选拔与考试方法［M］.北京：人民邮电出版社，1994：59.

高考综合改革系统性的基本要义、
实践审思与完善路径[*]

　　2014 年 9 月,《国务院关于深化考试招生制度改革的实施意见》(国发〔2014〕
35 号)(以下简称《实施意见》)出台,同年,浙江省、上海市公布实施方案,高考综合
改革自此拉开帷幕。至 2019 年 4 月,在一省一市试点的基础上,全国共有 14 省份
(直辖市)分批启动改革,近半数高中、中职在校生将通过"新高考"获得第三级教育
的入学资格。由于高考是一项"牵一发而动全身"的复杂的系统工程,与政策制定
者、各级学校教师、学生及其家庭乃至其他社会民众都有着较为密切的联系,高考
改革成为一项重大的民生议题,而非一个简单的教育问题。五年来,高考综合改革
多被视为一项以科目改革为突破口、以基础教育变革为重点的改革。尽管研究者、
实践工作者、考试参与者多从独立视角抑或特定问题出发,剖析原因、寻找出路,并
对改革提出建设性意见,但难免会出现顾此失彼的问题。事实上,高考综合改革是
一项兼顾考试与招生,涉及基础教育、高等教育、考试招生机构等多群体变革的系
统性改革。澄清其"综合性"并用系统性思维分析问题,是解决改革重点、难点、痛
点的关键。鉴于此,本研究拟通过阐释高考综合改革系统性的基本要义和分析改
革的现实情状,来论证系统性改革的重要性,以期为改革平稳渡过"阵痛期"提供完
善路径。

一、高考综合改革系统性的基本要义

　　高考综合改革的系统性与中国高校考试招生制度属性以及高考改革特性关系
密切,与以往的改革方案不同,此次改革的整体性、全面性从政策的制度设计中可

---

　　* 本文与庞颖合作,原载于《高等教育研究》2020 年第 3 期。

见一斑。

1.高考改革的系统观

高考改革中的两难问题、高考改革的全局观是高考改革系统观的起点。刘海峰指出，高考中包括诸多两难问题，譬如统一考试与考查品行、统一考试与选拔专才、考试公平与区域公平、保持难度与减轻负担、考测能力与公平客观、灵活多样与简便易行、扩大自主与公平选才、考出特色与经济高效、改革设想与循序渐进等，在高考改革中应把握全局观，对一些两难问题兼顾两端，掌握平衡点，以避免矫枉过正。[①][②] 高考综合改革启动以来，这一论题逐渐被重视。其中，有关于此次改革对教育体系系统性变革影响的预判，例如，周海涛认为高考综合改革对教育升级具有重要意义，具体表现在树立适合的培养目标、优化课程体系、确保社会公平和教育公正、培育教育改革新动力等方面[③]；边新灿提出新一轮高考改革对我国高等教育和基础教育的影响是革命性的，甚至将带来我国高等学校的重新洗牌[④]。也有基于实践对改革走向系统性的反思，如文东茅认为要强调高考改革中制度、能力与人心建设的系统联动[⑤]，钟秉林等人指出高考改革应遵循科学决策的系统性，策略重点在于加强系统设计[⑥]。

高考改革的系统观是由我国高考的特殊属性决定的。一方面，我国高考具有社会性与公共性。高考是民众获得高等教育入学机会的主要渠道，高校的办学经费多来自一般公共预算拨款、事业收入，"国家办高等教育"的实情决定了高考是公共利益分配的关键环节、高考制度具有公共政策属性。公共政策分析与系统分析

---

① 刘海峰.高考改革中的两难问题[J].高等教育研究，2000(3):36-38.

② 刘海峰.高考改革中的全局观[J].教育研究，2002(2):21-25.

③ 周海涛，景安磊.新高考改革助推教育升级[J].教育研究，2015,36(8):91-97.

④ 边新灿.新一轮高考改革的多视域考察：兼论浙江高考招生制度改革[M].北京:北京大学出版社，2017:273.

⑤ 文东茅.高考改革中制度、能力与人心建设的系统联动[J].中国教育学刊，2019(6):6-12+18.

⑥ 钟秉林，王新凤.新高考的现实困境、理性遵循与策略选择[J].教育学报，2019,15(5):62-69.

是具有相当同构性的两个相互关联的领域①,用系统性观点审视作为公共政策的高考改革,有利于使改革既符合社会大众的利益和政治、经济、文化、伦理观念,具有社会可行性,又符合政策者的既得利益和意识、目标,具组织可行性②。另一方面,高校考试招生制度期待教育性与科学性。高考是高等教育的入学考试,但在"万般皆下品,唯有读书高"的社会观念影响下,高考的社会分层作用不容小觑,这便产生了高考对基础教育的"指挥棒"作用。在这种情况下,高考成为基础教育与高等教育的重要衔接,对教育系统的立德树人、育人成才具有重要意义。但基础教育的普通性与高等教育的专业性形成的隔离、个体成长规律要求的循序渐进,又对高考改革提出了更高的要求。用系统性观点思考作为教育重要组成部分的高考改革,有利于使改革贴近基础教育规律、满足高等教育需求,既达成高考育人的目的,又通过加强科学性、促进实质意义上的公平。

高考改革的系统观是依托战略思维,设计、引导、审视高考改革的一种思维方式,其指向的不仅是包括高等学校入学考试制度、高等学校招生制度、高等学校新生成长跟踪等基本内容,教育部门、行政部门、社会群体等多重主体,以及高考改革在教育领域与社会范围内触发的种种影响,而且包括其间的相互作用。高考改革的系统观以整体性为基本原则,强调改革主体、内容、影响力等诸要素之间的有机联系,以最大限度发挥改革的整体功效。结构性与有序性是根本要求,以保障不同要素的异质性,明晰各要素的权力和责任。与此同时,动态性、开放性、反馈亦不容忽视,以实现最优化原则。高考改革的系统观对制定实施方案、审视政策落地具有重要的理论价值和现实意义。

2.高考综合改革的系统性

与1999年"3+X"、2008年"新课程"高考改革相比,高考综合改革的制度设计更为系统、全面,涉及面也更广。在前两次改革关注基础教育课程与教学、考试科目、考试内容和录取方式的基础上,高考综合改革从学生健康发展、科学选拔各类人才和维护社会公平三个方面入手,强调遵循教育规律、保证教育公平、提高选拔

---

① 张国庆.现代公共政策导论[M].北京:北京大学出版社,1997:9,6.
② 张国庆.现代公共政策导论[M].北京:北京大学出版社,1997:9,6.

水平和积极稳妥推进，通过颁布实施方案、配套方案来实现其系统性。

（1）以高等学校考试招生制度为改革主体、以科学的评价理念为导向。

此前的高考改革关注的重点在于高考科目设置、高考内容、录取模式和录取方式，具体体现为考试科目数量的增减和综合科目的制定、考试内容侧重对能力与素质的考查、自主选拔录取模式的尝试以及网上录取等。与以往相对零散、囿于形式、"唯分数论"的高考改革不同，高考综合改革以科学的评价体系为导向，以改革考试形式与内容和招生录取机制为重点。我国高考评价体系是高考内容改革的基础工程、理论支撑和实践指南①，构建了"立德树人、服务宣传、引导教学"的核心功能，"核心价值、学科素养、关键能力、必备知识"的考查内容和"基础性、综合性、应用性、创新性"的考查要求。在改革措施中，统一高考与高中学业水平考试成绩、综合素质评价结果并重，普通类招生与特殊类招生并行，"一考定终身"与"一年两考"共存，减少和规范考试加分与综合评价录取、推行基础学科招生改革，实施统一考试与分类考试并举等，体现出对过程与结果、单因素与多因素、公平与效率、一维与多维等多重范畴的兼顾。高考综合改革既是价值层面的评价理念对考试理念的取代，也是实践意义上考试改造与招生改革并举对单一考试改革的丰富。

（2）以育才、选才、用才为改革的价值目标，兼顾教育的个体功能与社会功能。

高考综合改革更为重视"人"和"人的发展"，与"3＋X"高考改革关注"高等学校选拔人才"和"中学实施素质教育"、"新课程"高考改革关注"素质教育的深入开展"和"各类创新人才的迫切需要"不同，此次改革将"促进学生健康发展"为首要指导思想，并渐进提出了"科学选拔各类人才"和"为中国梦提供人才支撑"等价值目标。一方面，高考综合改革关注教育的个体功能，强调以高考改革为导向，通过实施"选考制度"和"文理不分科"政策改变学生的知能结构，通过"综合素质评价"和"综合评价录取"的方式引导学生的全面发展，通过实行"强基计划"加强中学对培养学生基础能力、学科能力的重视；另一方面，高考综合改革关注教育的社会功能，通过"分类招考"实现学术型人才与职业型人才的分类选拔，通过"选考制度"和"专业（类）＋院校"志愿强调学生的生涯教育、专业适应性、职业发展，通过"强基计划"

---

① 教育部考试中心.中国高考评价体系[M].北京：人民日报出版社，2019：2，3.

服务于国家重大战略需求、并注重其与"双一流"建设、基础学科拔尖学生培养、科技创新改革的联系。概言之,高考综合改革在制度设计上,完成了从仅仅关注"人才选拔",向强调基础教育人才培养、高等教育人才选拔、高等教育人才培养、为社会提供人力支撑和建设人力资源强国通盘考虑的转变。

（3）以相关机构能力建设为改革重点,"教、考、招"的分离与协同受到关注。

"唯分数论"的高考评价体系以及"高考指挥棒"的作用,使高中重在"育分"而非"育人",基础教育"应试"和"片面追求升学率"的现象严重。以往高考多对高中教育的课程与教学提出要求,考试招生机构命题、阅卷、划线、投档,高校提档、依"分"录取的基本模式未得到根本改变。高考综合改革试图通过选科、走班、学业水平考试、综合素质评价提升高中的育人能力;通过国家题库、实施信息公开制度、安全管理制度和加强法律法规建设,提升考试招生机构的命题、监督、服务能力;通过制定高校招生章程、设置招生委员会、加强招生问责制建设和制定选考科目、综合素质评价录取使用办法、实施综合评价录取改革、"强基计划",加强高校招生能力建设及其与高级专门人才培养之间的联系。同时,高中、考试招生机构、高校三者之间的能力建设彼此联系,相对分离的"教、考、招"则通过招考制度实现协同。可见,高考综合改革实现了从强调"应试"能力向强调"育人"能力的转向,从高中单一改革主体向高中、考试招生机构、高校多主体协同参与的转向。

（4）以"维护社会公平"为底线,办好人民满意的教育是根本追求。

奉行公平原则、创造优质高效的统一高考是中国高校招生考试史的一项伟大创举。[①] 高考改革也长期以公平为首要原则。如果说"新课程"高考改革是将"进一步适应人民群众对教育公平的殷切期待"视为指导思想,那么高考综合改革的政策话语则从"教育公平"更迭为"社会公平",更为强调高考的社会认可、高考对社会公平的维护以及高考在办好人民满意的教育中的重要作用。《实施意见》要求提高中西部地区和人口大省高考录取率,增加农村学生上重点高校人数,减少和规范考试加分,完善和规范自主招生,按照统筹规划、试点先行、分步实施、有序推进的原

① 郑若玲,杨旭东.高考改革:历史与现实的思考[J].厦门大学学报（哲学社会科学版）,2003(1):108-114.

则,选择有条件的省(市)开展高考综合改革试点。中国既是一个人口大国,又是一个考试大国。民众对高考的认同,高考与社会分层、社会流动的密切关系,以及高考应与社会政治经济相适应的论断,都决定了高考不仅是对教育资源的分配,关乎教育公平,还是对社会资源的分配,关涉社会公平。

二、高考综合改革系统性的实践审思

高考综合改革的成败最终取决于实践的效果,对改革方案落地过程中的实践问题进行审思,是推进和调整改革的重要前提。2019年10月至12月,笔者在政策分析、文献研究的基础上,对高考综合改革三批五省(市)的29家单位开展了117场访谈或座谈,受访对象包括各省考试院领导及各部门负责人,高中校领导、专任教师、相关部门负责人、学生、家长,高校领导、招办负责人、二级学院领导、专任教师、综合评价录取招生官、综合评价录取入学学生、新高考入学学生等共计470余名。调研发现,在高考综合改革实施方案落地与动态调整过程中,人们对其系统性的认知及执行力度均较有限,究其原因,与制度设计的复杂性与不完全性、执行机构的主体性与理解力等都有关系。

1.考试改革稳步推进、招生改革有所突破,但重考试、重技术的思维掣肘了改革的科学性

高考综合改革是一项考试制度与招生制度共进的改革,从改革实践来看,考试改革稳步推进、招生改革有所突破,取得了一定成效。在考试制度的改革上,高中教师、高中生及通过高考综合改革入学的大学新生普遍认为外语、等级性考试(或选择性考试,下同)的"一年两考"没有使考生疲于应试,反而提高了学生的学习投入与学习效率,也减轻了心理负担。同时受访者还表达了对全国卷的认可,认为国家命题、国家题库建设具有权威性,可以解决部分省份分省命题不公平、欠科学的问题。在招生制度的改革上,受访者普遍认为改革将学业水平考试成绩作为高校招生录取的依据较为成功。一流大学建设高校及考试招生机构的受访者多认为高水平大学综合评价录取的效率高,且试点省(市)有能力将其做得更好。例如,一位高校教师谈到"这样选拔进来的学生,他们在想象力、创造力、独特的思维品质方

面,都体现出了非常大的优势"。

但改革中存在的一些难题也制约了改革的效力与推进速度。有高中的受访者认为学业水平考试的难度系数、评价方式、分数的呈现形式等问题突出,其中合格性考试定位不清、用途不明,等级性考试赋分的科学性受到质疑,也制约了"一年两考"在第三批试点省份的推进。例如,第一批试点地区有高中教师指出"从近三年的高考成绩来看,对于 B+到 A−这个层次的学生来说,赋分标准有些问题",还有老师指出,"无论是文科还是理科,我都觉得原始分比较好"。虽然综合素质评价已完成了评价体系的建立,技术的应用也使写实性记录的呈现形式更为清晰,但高校招办工作人员仍旧认为高中综合素质评价结果难以使用。其问题的根源在于高中在组织、审核中的差异性。虽然部分高中在相关文件的基础上,细化评价指标、积极开展活动、严格审核材料,综合素质评价档案具有较高的可信度,但也有高中班主任坦言"我们镇上的高中条件有限,材料是学生自己上传的,那么多材料,我们哪里有时间看,我都是交给班长去审的"。综合评价录取效果在部分省属重点高校的效果不佳,一位专任教师的观点较有代表性:"我们没觉得综合评价录取的孩子特别优秀,但辅导员喜欢,这种孩子有可能为人处世能力强,但偏学术的苗子我觉得特别少"。

在实施方案落地过程中,学业水平考试、"一年两考"、赋分、综合素质评价、综合评价录取等出现的问题,乃重考试、重技术的思维掣肘所致。重考试是"一元"评价观的极端表现,中国的考试文化决定了"一切以程文定去留"的单一评价方式大行其道,量化评价的形式公平又将"分分计较"推向了极致。这便导致考试的功能、分数的预测力被放大,"赋分"与"原始分"的矛盾、过程性评价与终结性评价的矛盾难以调和,科目之间的可比性遭遇难题。重技术则体现为相关主体在高考综合改革中,因过于关注技术,而将技术视为推进招生改革的唯一路径。比如,高校在综合评价录取中,根据制度要求,依托学生工作处与教务处两个部门,实施"招考分离";建立题库、专家库,保证效率;实行标准化考场和"双盲"抽签制度,以保证公平。但录取效果依然备受质疑,这是因为部分实践操作忽视了制度设计中强调"多元"与"过程"的评价理念,对学生的评价依旧采取"唯分数论"和"重结果"的方式,比如高校普通类招生中多以高考成绩、高中学业水平考试的等级性考试成绩为依据,极少使用相对而言能够说明考生综合素养、过程性表现的高中综合素质评价结果,正如一位高校招办主任所言"招生章程里有高中综合素质评价的使用办法,但它基本上是一个空头的东西,在招生中很少使用"。还因为部分实践操作忽视了制度设计中涉及学科、专业、人才培养等内容的教育规律,比如部分高校在综合评价录取中将专业设置"一锅端"、纸笔加试全部取消、不分专业仅测试通识能力等,缺乏对专业特色、学科能力、评价方式适宜性等方面的思考,这些做法显然忽视了教育规律,自然会降低招录效率。

2.个体知识结构与社会人才结构发生变化,制度落地的不完全性制约了高考育人功能的发挥

高考"指挥棒"的作用使考试科目成为决定个体知识结构的重要因素,再辅之高校的分科分专业招生计划及人才培养模式,社会职业、行业的人才结构也在一定程度上受高考的影响。统一高考建制以来,文理分科、固定考试科目、国家统筹招生计划、以学校为单位招生等方案,使个体知识结构、社会人才结构长期稳定,但这类方案也遭到了"造成学生片面发展"等方面质疑。高考综合改革以适应经济社会发展对多样化高素质人才的需要,通过取消文理分科、启用选考制度、推动综合素质评价、以专业为单位招生等措施,促进了个体知识结构的优化,但由于相关制度在落地过程中被异化或误用,使个体知识结构不完备、社会人才结构不平衡。

从高中、基础教育及其对个体知识结构的影响来看,高中教师、学生普遍认为高考综合改革可以打破大文(政治、历史、地理)、大理(物理、化学、生物)的固定组合,学生择善而从,获得文理兼具的学科能力。高中受访者也多认为综合素质评价促进了学生的全面发展,其中,研究性学习对培养高中生社会实践能力、科研能力的影响较为明显。例如,一位高中教师表示"研究性学习的效果好于灌输式教学,有利于学生能力的锻炼、潜能的开发"。但在大规模高利害考试的背景下,学生在文理不分科、选考制度中并非择"善"而从,乃是择"擅"而从。高中教师普遍认为数学难度较传统理科数学低,"3+3"的科目设计使学生规避物理,"3+1+2"的科目设计使学生放弃化学、历史,这种功利性选择影响了学生相关学科能力的培养。一位高中教师补充说明"这种制度设计将使学生的素养不成体系,理科思维、人文思维都会受到影响"。

从高校、高等教育及其对社会人才结构的影响来看,选考制度、"专业＋学校"志愿或"院校专业组"志愿凸出了专业在招生中的地位,也改变了高校之间的招生竞争规则。高校受访者认为这些改革对部分学科与专业的人才培养有利,招办工作人员普遍认为文科专业更容易收到高分考生,正如一位专任教师所言"汉语言文学专业学生的视野与原来相比更为宽阔"。但他们也形成了一种共识,学习难度大、从业难度大的专业更容易遭遇生源危机,比如,一位以理工科见长的高校的招办主任表示"我们学校很有优势的计算机类、软件工程类、机械类专业在新高考后招生分数越来越低,机械类已经连续三年招生分数全校最低"。多数高校为了解决这一问题,降低选考科目要求或对相关专业进行大类合并,但在通识教育、专业分流中又准备不足,扰乱了人才培养秩序,效果甚微。这一趋势还可能在省属重点高校的学生群体中触发"文科化"现象,一位高考综合改革试点省份招生组组长预测"将来在一个省属大学里,文科专业的学生会比理科专业的学生强很多,他们会在各种各样的活动中优于理科生"。这将引发工科、理科人才储备危机,甚至对相关行业发展造成重创。

高考综合改革的价值导向是科学选拔各类人才,促进学生健康发展,为实现中国梦提供人才支撑。但从制度设计上看,其充分考虑了个人成长、高校选才、社会发展的需求与联系,但行动力却极为有限,改革仍停留于高中培养、高校录取这一层面,尚未将价值理念转化为实践行动,这与制度设计趋于理想、行动思维缺失有关。政策文本暂未强调高校考试招生制度对强化高中育人、高校学科专业建设与社会行业产业发展之间的作用,也缺乏相关的研究设计、权责界定、监督机制,故而,高考综合改革既没有足够的使命感,也缺乏对相关责任的胜任力。同时,制度动态调整的问题导向突出、大局意识薄弱,多为出现问题之后打补丁式的挽救,忽略了对问题本源的探讨,也缺乏宏观层面的统筹。比如,选考组合由"3＋3"调整为"3＋1＋2"以弥补物理科目选考缺失,却带来了化学、历史、政治等科目的弃选。这种问题解决思路仅聚焦于某一科目的缺失与弥补,忽略了学生知能结构及学科、社会发展的需要。诸如此类的问题,应运用本质的、战略的、发展的思维加以解决。

3.考试招生机构与高中应对高考及其改革的能力突出,但高校较弱,改革效果多受行政指令影响

113

　　高考综合改革的落地依托于考试招生机构、高中、高校的工作实践。但中国高考及其改革多关注考试与基础教育、少关注招生与高等教育,高校常年依据高考成绩、在十分有限的投档比例内招录考生,也使招生办被戏谑为"接生办",考试招生机构与高中应对高考及其改革的能力突出、高校招生主体性地位薄弱的问题①同样出现于高考综合改革的起步阶段。

　　各省考试招生机构与地方教育行政部门联合制订实施方案与配套措施,聘请专家团队开展跟踪研究,具备一定的改革能力和科研能力;但在实施方案与配套措施的制订、调整中,多以经济强省、教育强省的经验或建议为主,忽略了本省经济基础、教育资源、此前的高考制度等实情,批次内部存在一定的同质性、地方特色不够明显。

　　面对高考综合改革带来的挑战,高中教育的变革最为明显。第一批试点省(市)高中及考试招生机构的受访者表示,五年来高中已经可以自如面对高考综合改革背景下的学业水平考试、选科、走班、生涯教育、综合素质评价等带来的问题,师资结构形成了新的平衡、教学秩序也日趋平稳,高考综合改革使高中发生了巨大的变化。一位高中校长的观点较有代表性:"为应对高考综合改革,我们高中的教育组织模式、教学内容都发生了变化",当地考试招生机构的负责人也认为"此次改革把我市的高中教育推到了现代的层次"。但第二批、第三批试点省(市)的高中仍存在问题,部分高中"为改革而改革"的现象,如,将走班与选科捆绑,不顾本校师资结构,以完成任务为目的走班;又如,部分高校的综合素质评价以学生上传材料为主,并未组织研究性学习、社会实践。

　　与高中相比,高校的应对能力较为薄弱。高考综合改革合并录取批次、"专业(类)＋院校"志愿强化了院校之间的竞争,推动了高等教育生态系统的良性发展,给予特色型高校"弯道超车"的机会。教育行政部门、考试招生机构也给予高校较高的期望,一位考试招生机构的负责人甚至认为"高等教育应作为高考改革的第一个发力点",但事实上高校的主体意识却是三类机构中最薄弱的,第一批试点省

---

① 郑若玲,庞颖.强化高等学校主体性地位——论招生改革的价值转向[J].教育研究,2019,40(12):88-98.

(市)考试招生机构有负责人就指出:"大学相对比较超脱,政策敏感性没那么强,共计600多家高校在我市招生,外地高校占比达90%,可他们(外地高校)都不了解我市制订的招生政策。"多数高校仅以加强招生宣传为主,第一批试点省(市)的高校在高考综合改革生源入学后才意识到专业建设的重要性,而其他试点省(市)的多数高校仍未推动配套改革,二级学院招生负责人对选考科目制订的认知较为模糊,大多数专任教师认为招生与其关系不大。

高中、高校、考试招生机构对于高考综合改革的应变力虽有大小之分,但多受行政指令影响,实施方案的制定也与其关系密切,比如一位考试招生机构的受访者表示:"'3+3'、一年两考、综合素质评价,是上级给我们定的几个基本点"。换言之,《实施意见》及行政指令给高中、基础教育的变革提出了较为明确的要求,如"完善高中学业水平考试、规范高中学生综合素质评价、改革考试科目设置"等,高考综合改革促使高中实行选科、走班和开展研究性学习。但是,并未要求高校以高考综合改革为契机,修改人才培养方案、加强专业建设、推动二级学院及专任教师参与。而地方教育行政部门与考试招生机构鉴于高考的高利害性,往往会选择"趋同"的做法保证安全,而非"求异"有所创新。各类主体对行政指令的依赖及其改革基础,决定了高考综合改革中的重大尝试在短期内会再次回归国家级教育行政部门的统筹,比如考生高中学业水平考试科目报考要求从"由高校提出",回归为国家颁布《普通高校本科招生专业选考科目要求指引(试行)》。可见,三类机构的系统性改革不足,一是教育行政部门统筹、规划力仍显不足,二是各类机构习惯依赖行政指令,缺乏对自身运行机制的思考。

4.不同群体的"获得感"不同,处理方式的简单化一定程度上影响了公平性

高考综合改革始终以"维护社会公平"为底线要求,将高考视为一项重要的"惠民工程"。2014年以来,根据《实施意见》要求,逐渐减少和规范高考加分,从完善、规范到取消自主选拔录取、推出"强基计划",无一举措不以"维护社会公平"为据,在制度建设中保障招考的形式公平。同时,各批、各省份实施方案的制订,也充分考虑了社会公平问题以及中西部省(市)的经济基础和教育基础,比如选考科目在"7选3"与"6选3"之间,以"6选3"为主,技术科目暂未列入大部分省份的高考;科目组合从第一批试点的35种、第二批试点的20种,缩减至第三批试点的12种;综

合评价录取尚未在第三批省份大规模推进。

但对于不同群体而言，因其"获得感"不同，对高考综合改革公平性的认知也有所不同。考生群体的"获得感"受录取比例（尤其是一流大学录取比例）、选择到心仪专业的可能性、全面发展及个性发展的实现等因素的影响；高校群体的"获得感"则与招收到的优质生源比例、招生竞争中的优势程度（多体现为招生自主权的大小）等因素有关。通过调研，笔者发现，面对选科、综合素质评价、生涯教育、综合评价录取、"院校专业组"或"专业＋院校"志愿填报等方面的改革，不同群体的"获得感"不同。整体而言，考生群体的相对"获得感"高于高校群体。受访者普遍表示，高考综合改革赋予考生较大的选择权，让他们在考试科目选择、专业选择中拥有更大余地，但与之配套的是录取环节近乎1∶1的投档比例，使得高校招生的自主权受到了更多限制，再辅之行政指令、社会监督，高校几乎无法实施退档，正如一位高校招办主任所言，"尤其是在以'专业＋院校'为志愿填报形式的省份，体检不合格几乎是我们退档的唯一条件"。在考生群体内部，整体而言，城市重点高中、有良好社会经济地位的考生因积累了更多的社会文化资本，在新高考中较为有利，相比之下，乡镇普通高中、社会经济地位较低的考生所获得的保障性措施却极为有限，比如，乡镇普通高中的受访者谈到，"省城高中的资源、家长的资源都非常多，而我们不仅没有能力提供特别多的选考科目组合，而且在生涯规划教育中还缺乏师资，我们只能在心理课上介绍一些大学的专业。""农村孩子大多没有电脑、没有手机，选科、报志愿时的信息来源特别有限，他们仅凭自己想，是根本想不到选择哪些科目可以提高录取概率的。"在高校群体内部，整体而言，"双一流"建设高校、高职院校因拥有较大的招生自主权，在生源竞争中更为有利，大部分省属重点高校的招生自主权受到限制，在生源竞争中受到了较大的影响，一位高校副校长讲述了一个典型案例"今年一位通过我校本科体育专业测试的考生放弃了拟录取资格，因为他被一所高职院校提前录取了，我们从未遇到这种情况，太遗憾了。我们学校体育教育是一流本科专业建设点、现在还要申请博士点，可我们招生时却竞争不过高职院校"。

《实施意见》与各省份实施方案在制度设计层面是公平的，但在实践中出现不同主体"获得感"不同的问题，缘于高考综合改革落地过程中问题处理方式的简单化。自统一高考建制以来，教育行政部门代表国家意志全面负责相关工作，面对以往单一总分、一考定终身的制度设计，"一刀切"式的决策机制取得了良好的效果，保障了高校考试招生的顺利开展。考试招生机构、中学、高校等群体面对高校考试招生的诸项问题，习惯于服从教育行政部门的领导，上行下效地开展工作、解决问题。但高考综合改革强调多主体的共同参与，多元录取、综合评价的高考制度推动高中组织选科、综合素质评价、生涯教育，高校确定选考科目、启用院校专业组或"专业＋院校"志愿填报形式、开展综合评价录取，使制度设计更为复杂。由于不同主体在处理具体问题时存在较强的路径依赖，加上缺乏专业研判和专门对策，如果仍使用"一刀切式"的决策机制，就会使教育行政部门、教育机构较少考虑基础教育、地方经济、家庭文化资本、高校竞争等相关因素，从而难以兼顾复杂性制度设计中各个群体的多元诉求，造成部分群体认为高考综合改革不够公平。

三、高考综合改革系统性的完善路径

高等学校考试招生是教育系统的重要衔接点，高考改革是涉及基础教育与高等教育的全域式改革。高考综合改革应有更高的站位，是为了"办好人民满意的教育"的改革，而非"为了高考改革"的改革，故而，加强高考综合改革的系统性尤为重要。

1.完善高考评价体系，构建基于考试观、招生观、成长观的"三位一体"教育评价体系

高考综合改革通过推进构建高中综合素质评价、综合评价录取等多元评价体系，以应对"唯分数论"等顽瘴痼疾。但自改革落地以来，这一评价体系的建立，在制度设计中仍强调传统的考试观，在实践操作中多表现为对考试的改造。笔者认为这远远不够，在强调传统考试观的同时，也应加强对招生观、成长观的思考，构建更为全面的教育评价体系。

早在 2007 年，时任教育部考试中心主任戴家干便撰文呼吁，"从考试到评价是教育改革的时代任务"，该文强调以往以学业成绩为主要评价指标，评价结果被简单、机械、错误地使用，不利于学生的全面发展，指出从考试到评价的转向可以兼顾

学生成长的全面性与发展性①,此后的高考改革将这一理念逐渐付诸实践,2020 年教育部考试中心发布的"中国高考评价体系"即是高考制度设计上的重要突破。但是,依靠考试内容改革来推动评价体系的建构还远远不够,强调考试、招生、成长各自的功能及三者之间的联系,是构建教育评价体系的基础。

评价是运用思维的能动性、创造性去揭示现象背后的价值关系,评价活动的关键在于通过以价值主体的需要衡量价值客体的属性与功能,来判断价值客体是否能满足价值主体的需要。② 全面、科学、合理的教育评价体系应首先确定评价的价值标准,对于高考这一选拔性考试而言,在"立德树人、服务选才、引导教学"③的基础上,还应增加"促进成长"。将"中国高考评价体系"细化为"中国高校入学考试评价体系"与"中国高校招生评价体系",并增加"中国高校新生成长跟踪评价体系"等,三者共同构成教育评价体系的主要内容,其中,考试为评价提供分析的基础④,招生为评价提供分析的方法,成长则为评价提供验证的依据。只有考试、招生、成长三者相结合,才能在基础教育的备考阶段保障学生知识结构的合理性,在高等教育的入学阶段提高学生专业的适应性、学习阶段实现学生职业发展抑或全面发展的可能性。以高等教育的个体功能与社会功能为基础,思考教育评价体系的构建,是破解"唯分数论"和"唯升学论"的重要途径。

2.加强宏观战略布局,调动教育行政部门、考试招生机构、高中与高校各方积极性

从《实施意见》的颁布,到三批十四省份实施方案的落地,"招—考—教—学"⑤的联动渐成高考综合改革的行动指南。这种制度设计,相对于此前的高考改革,在系统性方面有所提升。但在宏观战略布局层面仍有加强的空间,应形成一种"以'令'为引导,以'招—考—教—学'为主体,以'育'为旨归"的联动。

"招—考—教—学"包括高校的招生能力、考试招生机构的考试科学化、中学的

① 戴家干.从考试到评价:教育改革的时代任务[J].中国高等教育,2007(Z2):21-23.
② 冯平.评价论[M].北京:东方出版社,1995:32,35.
③ 教育部考试中心.中国高考评价体系[M].北京:人民日报出版社,2019:9.
④ 戴家干.从考试到评价:教育改革的时代任务[J].中国高等教育,2007(Z2):21-23.
⑤ 教育部考试中心.中国高考评价体系[M].北京:人民日报出版社,2019:2,3.

教育教学、学生的学习。但高考综合改革实施方案的制定，仍存在职责不明、机构边界不清的问题，教育行政部门与考试招生机构在改革中的话语权因省而异，甚至可谓错综复杂。高考综合改革实施方案的落地，也不排除因"招—考—教—学"过分目标化、程序化引发的"唯分数论"和"唯升学论"的功利倾向，忽视了教育最本质的育人成才、为国家发展服务的目的。

"以'令'为引导，以'招—考—教—学'为主体，以'育'为旨归"的联动模式，强调教育行政部门的导向作用，考虑到高考招生"分省定额"的历史、各省份自主命题的改革基础、"试点先行、分步实施"的原则，地方教育行政部门应承担更多的责任，以便更充分地把握地方特色，通过对地方教育事业的话语权，充分协调高考综合改革中地方基础教育与高等教育、教育供给与社会需求之间的关系，全面统筹试点省（市）的各项工作。强调高校的引领作用，高校应突破技术层面上的招生能力建设，回归教育的本质，强化对高校招生与人才培养、产业发展、社会进步之间关系的认识，并将这种联系进行合理转化，使高校招生既引领高考改革，又服务于个体与社会的发展。强调考试招生机构的服务与监督作用，澄清地方考试院、招生办公室的基本职能，在统一高考、学业水平考试、综合素质评价中以第三方身份组织开展具体事务、拓展科学研究，保障公平与效率，在为考生、高中、高校提供服务的同时进行合理监督。强调高中的教育教学作用，以统一高考、学业水平考试为导向，加强课程改革、教材改革，提升教学能力；以综合素质评价、生涯教育等为参照，关注学生的全面发展，提升教学能力；以走班、选课等形式改革为基础，撬动高中教育的现代化变革。强调教育行政部门、高校、考试招生机构、高中四类主体活动的"育人"属性，并通过"育人"促进四者的联系与协同。突破"唯分数论"和"唯升学论"的限制，将高考综合改革的关注点转移到个体知识结构、高校学科专业结构、社会产业结构等本质问题上。

3.正视改革基础，加强配套措施，保障改革的公平与效率

国家及地方教育行政部门、考试招生机构是高考综合改革的推动者，虽然各省份启动时间、具体实施方案有所差别，但总体来说，这是一次"自上而下"的改革，以《实施意见》为纲，各省份尤其是同一改革批次内省份的实施方案有较强的同质性。

教育作为上层建筑，应以经济为基础，改革作为一种有目的、决定事物未来走

向的活动,应以历史与现实为参考。因此,高考综合改革的落地,务必要考虑地方的经济、文化、教育情况以及高考改革的历史。高考改革在我国面临的难题不仅是人口众多,而且是经济发展水平悬殊、社会文化迥异、各省份此前的高考实施方案差别较大。一方面,高考综合改革的推进以经济发达地区、东部地区为先,先行试验区的经验对其他省份而言不具有绝对的参考价值。另一方面,各省份在高考综合改革之前的考试科目、分数呈现形式、学业水平考试及综合素质评价的推进也有较大差异,完全一致的方案适用性较为有限。对于现行高考综合改革实施方案中的几个关键问题,如备选科目("6 选 3"或"7 选 3")、科目组合("3＋3"或"3＋1＋2")、志愿填报方式("'院校专业组'志愿"或"'专业＋院校'志愿")、赋分方案(等级赋分或等比例转换赋分)、综合素质评价结果呈现形式("等第"或"写实性记录"),各省应以现实为依据,根据先行省份的方案做出选择或有所突破。

本课题组调研发现,利益相关者普遍认为高考综合改革的实施方案非常复杂,其复杂性若想不违背公平、提升效率,就应充分重视配套措施。这种配套不能局限于简单的资源配套,如高中增加教师和增设校舍、考试招生机构研发各类信息化平台、高校加大招生宣传投入,还应包括政策上的配套,在教育行政部门的引导、督促下,推动高中课程改革、教材改革、教学改革、生涯教育、研究性学习、社会实践、学科竞赛,强化考试招生机构的监督能力和服务能力,加强高校与中学互动、人才培养方案改革、专业建设,规范社会教育机构的考试培训和报考咨询等。配套措施是高考综合改革的前提和保障,配套措施的健全有利于带动整个教育系统的变革。

高考综合改革要有一种全局性的视野,其公平与效率不能也无法仅靠实施方案来实现,各地的改革基础、必要的配套措施是改革综合性的表现,也是改革综合性的保障。

4.扩大教育科研影响力,规范公共媒介引导,依托主流媒体形成正确的舆论导向

"统筹规划、试点先行、分步实施、有序推进"是推进高考综合改革的基本原则,决策者对"实施方案需要动态调整"的必要性已形成共识,但其话语权的归属问题却较为模糊。从三批试点省市的经验来看,国家与地方的教育行政部门、考试招生机构是决策的主要力量,实地调研与专家咨询是获得建议的主要渠道,但学术研究

与行政决策的联系还不够密切。

《关于加强新时代教育科学研究工作的意见》(教政法〔2019〕16 号)强调,"教育科学研究是教育事业的重要组成部分,对教育改革发展具有重要的支撑、驱动和引领作用"。加强教育科学研究也是高考综合改革动态调整的有效途径。与常见的学术研究不同,教育科学研究要求研究者走进高考综合改革省(市),深入高中、高校、考试招生机构,了解实施方案的认同度、落地情况、具体效果,以选考科目组合、走班制、生涯教育、综合素质评价开展、研究性学习、综合评价录取、综合评价录取结果使用、选考科目制订、"专业(类)+院校"与"院校专业组"志愿填报方式等为专题,对其实施效果进行实证研究,唯其如此,才能突破主观判断和浮于表面的研究,及时发现问题、及时止损,为决策者提供有效信息,并最终应用于改革的动态调整中。

与高考综合改革相关的教育科学研究的成果,也应通过合理的方式呈现给社会,以提升影响力,形成正确的舆论导向。一方面,我们应加强对自媒体的监管,对自媒体中的不实信息、不当言论、不科学推论等及时处理。在自媒体时代,每个人都可以通过网络对高考进行评论,其中不乏一些未经考证的观点引起了部分群体的共鸣,但因其意图不利于科学决策,而信息传播的速度与广度又极难控制,故而对推进高考改革落地产生了不利的影响,必要的监管有利于为改革营造良好的环境。限于对自媒体监管的难度,还应引导考生、家长等社会群体从教育行政部门、考试招生机构、高校招办等官方渠道获取权威信息、有效信息。另一方面,对于高考这一与民生相关的重大议题,主流媒体应与决策者、专家、学者共同承担责任。专家、学者通过实践调研、严密分析、科学判断后的成果,尤其是可证明改革实效的成果应公开发表于影响力较大的报刊、网络平台,通过媒体向社会展示最真实的成效,来增强社会认同和推动改革。普及化时代的高等教育期待社会各界的问责,但部分与事实相去甚远或鱼龙混杂的舆论也确实裹挟在教育改革的进程中。只有加强对自媒体的监管、发挥主流媒体的作用,才能为改革发展提供良好的舆论环境。

高考综合改革五年以来的稳步推进,整体而言受到了多数亲历者的认可。但高考作为一项复杂的系统工程,其改革要考虑地方经济、教育水平、家庭背景等多重因素,高考综合改革实施方案落地、动态调整、全面推进中的不周全,也在部分举措、部分群体中出现了不科学或不公平的问题。为保障高考综合改革的效率，应高度重视系统性。在方案落地中，推动制度的精细化，教育行政部门有系统设计与基本保障，考试招生机构、中学、高校对实施方案有科学的理解与专业的应对能力。在动态调整中，在问题导向的基础上，应摆脱系统观缺失的困境、强化战略性思维。在全面推进之前，时间上应留足余地，以能够基本满足多方诉求为前提来启动后续试点。只有对系统性有了全面的把握，才能对改革中的重点、难点、痛点有所突破，使高考综合改革受到更高的认同。

"有限多样"：高考形式改革之方向[*]

　　进入 21 世纪后,顺应社会发展对人才需求的变化以及高等教育自身发展的要求,为高校选拔培养对象的高考制度的改革也进入新阶段,不仅涉及面广,从考试的形式、内容到录取,各方面各环节都进行了相应改革,而且幅度较大,有些高职院校已实行单考单招,一些被热议多年却未敢试水的难题如异地高考等,也开始"打破坚冰"。总体来看,近年来的高考改革在有序推进。尤其是 2010 年 7 月颁布《国家中长期教育改革与发展规划纲要(2010—2020 年)》,以专章的篇幅提出对考试招生制度改革的指导性意见,以及 2012 年 7 月成立"在世界上独一无二、完全是中国特色产物"[①]的国家教育考试指导委员会,分为考试组、招生组和管理组三大组别,站在国家的高度,研究制定考试改革方案,以全局的思维来推进和指导教育考试改革,使高考制度改革有了顶层设计,可以避免"东一榔头西一棒""头痛医头脚痛医脚"的盲目与短视行为。但毋庸讳言,由于受到观念与制度的惯性、教育领域的积弊与沉疴等影响,而且要面对不同利益主体的诉求与博弈以及公平与效率的矛盾与取舍,高考改革处于一系列两难选择中,具有重大影响与巨大难度,在一些关键问题或环节的改革上常常陷入困境,举步维艰。高考改革所涉甚广,限于篇幅,本文仅分析高考形式改革的方向与思路及其突破点。

一、统一还是多样：高考形式改革之论争

　　考试形式是高考制度最外在的表现,是高考中最直接呈现在民众面前也最受关注的方面。除了"文革"这一特殊时期,1952 年以来,统一高考成为高校招生几乎唯一的形式长期不动摇。由于录取制度刚性,标准单一,高校基本上没有招生自

---

　　*　原载于《探索与争鸣》2013 年第 8 期。
　　①　刘海峰.论国家教育考试指导委员会的成立[J].教育研究,2013,34(01):38-43.

主权,中学教学陷入"片追"与应试教育的泥潭不能自拔。为适应高等教育大众化、高校招生个性化、考生地位主体化的新要求,扩大高校招生自主权,推进素质教育,近年来我国开始了以统一考试为主、多元考试评价、多样选拔录取相结合的高校招生考试制度的探索历程。相应地,社会各界出现了许多关于高考形式改革的争论。

先是 20 世纪 90 年代中后期学界出现了关于高考的统独存废之争。不仅有大量学者"单打独斗"式地展示自己支持或反对高考的观点,成果颇丰,而且出现了"打擂台"式的正面交锋或商榷,你来我往,热闹非凡,高考改革的社会影响也随之弥散。[①] 其时,伴随着高考命题的偏难险怪及其对教育负面指挥作用的日益加剧,高考改革的激进派开始出现。有人"痛诉"了统一高考体制之弊,认为要从根本上改变高考命题的混乱,不能仅仅从试题本身改革,而要从束缚着试题的高考体制出发,十分尖锐地提出废除统一高考的主张,并要求立即"枪决"高考,不能"死缓",更不能"无期";[②]有人以"地狱""罪恶""罪魁祸首""魔鬼""恶毒""残酷""棍子""抽打"等骇人听闻的词汇,对高考进行"总清算",认为高考是学业过重、应试教育、"四眼"、"胖子"、心理疾病、自杀、作弊、创造力低下等教育领域几乎一切问题的根源,要根本解决应试教育问题,就要"打倒高考",尽早把高考"请进坟墓"。[③]

与高考改革的激进派针锋相对的是高考改革的稳健派,如学者刘海峰、雷颐等,都坚定支持统一高考制度,认为:统一高考不仅公平、公正、公开,可比性强,而且节省人力财力物力,在维护多民族国家的统一和社会安定团结方面也发挥着重要作用,是适合中国国情的一项基本教育制度,有其长期存在的价值和必要;[④]从某种意义上说,采用统一考试的方式来排除人情困扰是必须的,如果说高考是一种

---

① 郑若玲.高考改革的科举史观照——考试存废的视角[J].科举学论丛,2007(02):26-31.

② 孙绍振.炮轰全国统一高考体制[C]//孔庆东,等.审视中国语文教育.汕头:汕头大学出版社,1999:389-399.

③ 舒云.高考殇[J].北京文学,2005(10).

④ 详情请参阅刘海峰系列论文:刘海峰.为什么要坚持统一高考[J].上海高教研究,1997(05):47-49;刘海峰.高考并非"一试定终身"[J].高等教育研究,1997(05):58-62;刘海峰.在理想与现实之间——三论坚持统一高考[J].高等教育研究,1998(02):69-73;刘海峰.高考存废与科举存废[J].高等教育研究,2000(02):39-42.

"罪恶"的话,那它也是一种"必须的罪恶";"如果高度重视甚至过度重视教育的文化传统没有改变,如果重人情与关系的社会氛围没有改变,如果社会诚信体系没有建立起来,即使'将高考请进坟墓',不久后也还得将它重新请出来";[1]"考试制度确有十分严重的弊病,但它的最大优点就是相对公平。在恢复高考制度近30年后的今天,一些人似乎更多地看到了考试制度的各种弊病,患了'历史健忘症',忘记当年废除考试制度带来的更大的弊病,甚至荒诞不经、费尽心机地要为当年的'推荐制'寻找某种'合理性',并想以此来补考试之弊,这的确是'吃错了药'"。[2]

各派关于高考的"统独存废"之争,客观上推动了高考改革,并将高考带入一个多样化与多元化的新时代。相应地,近些年出现的各种高考改革方案或建议,也明显突破了单纯的"统独存废"之争,代之以多样化的观点。例如,2007年全国"两会"上,有代表提交了《关于废除高考,创新高校招生制度的建议》议案,提出一套综合学业因素、非学业因素和社会评价等评价指标的所谓"新的高校招生考核体系"[3],引发广泛讨论,这一考核体系其实就是美国的多元招生标准的"引进版"。2009年6月,21世纪教育研究院发布"民间版高考改革方案",提出高考改革的基本设想:以扩大考生的选择权、落实高校招生自主权为核心,建立以统一考试为基础的多轨道、多样化的考试制度和录取制度,实现考生自主选择考试、自主选择学校、多次录取机会。[4] 该方案甫一公布,便引起广泛关注。上海学者吴鹏森在《探索与争鸣》2013年第3期又提出所谓"全新的高考改革方案",包括三部分内容:将现行高考改为国家高中学业水平测试,这种测试可以涵盖基础教育的各门课程,不再区分文理科,所有教育部规定的基础教育阶段必须学习的课程都可以进行水平测试,有些课程可以组合成一门试卷进行,例如自然科学基础、社会科学基础等;普通院校直接根据高中水平测试、高中平时成绩和综合表现进行自主招生;研究型大

---

① 刘海峰.高考并非万恶之源[J].北京文学,2006(01).

② 雷颐.教育与社会[J].中国教师,2004(02).

③ 杨晓燕.人大代表范谊建议废除高考 称历史条件已经改变[EB/OL].[2007-03-05].http://edu.qq.com/a/20070305/000031.htm.

④ 21世纪教育研究院.关于我国高考制度改革的建议[EB/OL].[2013-07-07].http://blog.sina.com.cn/s/blog_492471c80100dnpu.html.

学和希望成为研究型大学的高校可以在高中学业水平测试的基础上再进行选拔性考试，这种选拔性考试的试卷不能由高中老师参与，而完全由高校相关专家、科学家、作家和教育专家出卷，内容完全脱离高中教材和高中课标，以保证选拔出各科最杰出的优秀人才。此外，还主张建立高校招生联盟、鼓励高校在招生中增加面试环节等。①

关于高考形式改革的另一个争论焦点是考试次数的问题。由于高考背负着太多责任，寄寓了太多希望，每年却只举行一次，"十年寒窗，背水一战"，加之竞争激烈，"千军万马挤过独木桥"，气氛悲壮，颇有"风萧萧兮易水寒"的味道，因此成为许多考生精神世界的"不能承受之重"。高考既是金榜题名者命运转机的"起跳板"，也可能是名落孙山者人生低谷的"开幕式"。也因此，高考被指责为"一试定终身"，认为一个高中生的终身命运只取决于高考的一次性考试和一次性选择，一旦被淘汰则终身难以弥补；每年的高考期间被喻为"黑色七月"或"黑色六月"，落榜者轻则心灰气馁，重则走上绝路。这样的指责与抨击几十年来不绝于耳，近年来更备显激越与愤慨。

为减轻学生的考试压力，多年来不断有人提议向美国学习，实行一年多次考试，将过度集中在 6 月一次高考的竞争分散开来。例如，2006 年 12 月，中国教育学会常务副会长谈松华在"21 世纪教育论坛——高考制度改革的实践与探索"上曾提出，要改变高考一次统考的现状，把高考变为多次考试；同期，中国科技大学前校长、中科院院士朱清时也曾建议把高中三年每学期的期末考试变成全省统考，对考生各个学科进行全面考核，这六次考试和高考在升学中所占的比例各为一半，使以往"一槌定终身"变成"七考定终身"。② 但这一建议很快便引来骂声一片，被认为是"好心办坏事"，因为现今的高考之惨烈、悲壮甚至是恐怖，可用"绞肉机"来形容。一年一次的高考尚且如此，如果同样的苦难多来几次，对考生无异于"斩首变凌迟"，会把学生从"火坑"推向"炼钢炉"，而且会使更多暗箱操作成为可能，极有可

---

① 吴鹏森.中国高考改革新思路[J].探索与争鸣，2013(04)：70-76.
② 教育部研究高考多次考试方案[EB/OL].[2006-12-25].http://edu.qq.com/a/20061225/000095.htm.

能使目前的"高考困境"雪上加霜。①

二、"有限多样"：兼顾理想与现实

高考改革的多样化是大势所趋。但高考形式的多样化改革必须在守望理想与尊重现实的基础上稳步推进，切忌激进冒失、盲目照搬。不少人在提到多样化改革时，多以美国、日本等域外高考模式等为参照系，但对于其具体做法与存在的问题却往往一知半解，或避而不提。笔者认为，在借鉴国外经验时，首先必须清楚了解其制度的运作与多样化程度，及其成效、改革与问题，在此基础上结合我们的国情，方可有针对性地提炼出高考改革值得参考或借鉴的启示与经验。放眼域外高校招生改革可以发现，尽管各国高校招生模式互有不同，但其共同特点是重视高校招生录取中的统考形式。统考不仅为有着悠久统考历史、考试竞争激烈的中国所看重，也越来越为具有高校单独招生传统的国度所青睐。在美国、英国、法国、俄罗斯、澳大利亚、日本、韩国、印度、新加坡、香港、台湾等许多国家或地区，由政府或民间专业机构主持的统考的成绩，都是影响大学录取结果的重要乃至唯一因素，只是所占权重各有不同。②

从世界主要国家或地区的高校招考制度看，各国根据国情采行程度不一的多样化招考方式，但"从分散走向统一是一个大趋势，其间存在一定的规律性"③。各国之所以重视统考在招生中的作用，不外乎出于公平与效率的考虑——尽管过分倚重统考常常引发人们对"一考定终身"弊端的指责。事实上，大学入学标准采取"统一"与"多样"相结合，已成为越来越多国家高校招生的发展方向，这一趋势有利于招生制度在公平选才与科学选才之间实现相对的平衡，从而求取选才的最大值。

就我国的历史、现状与文化等因素而言，统一高考是目前最合理最公平的高校

---

① 各方议论：我国教育部酝酿高考改革新方案[EB/OL].[2006-12-26].http://jjckb.xin-huanet.com/gdpd/2006-12/26/content_27790.htm.

② 郑若玲.苦旅何以得纾解：高考改革困境与突破[M].南京：江苏教育出版社，2011：16-17.

③ 刘海峰.高考改革的统独之争[J].教育发展研究，2006(21)：47-50.

招生制度选择。德国学者刘泽思通过对比中德两国高校招生制度以及分析中国国情及高考制度存在的问题后认为，"现有的高考制度基本合理，甚至可以把高考视为实现人人平等、以人为本的最有效、最成功的手段。……考试系统缺乏人性是因为教育机会供不应求，而并不是具体考试制度所致"。[①] 笔者也认为，对于统一高考这一适应中国国情与文化的招生制度，在没有找到一套行之有效的替代办法之前，若置高考积极的社会意义和巨大的历史作用于不顾，轻言废止乃至轻率行废，可能会造成比现有弊端严重得多的问题。当然，高考要保持长远的生命力，也必须在坚持统一考试的前提下，根据社会和教育发展的需要适时、适度进行多样化改革。[②]

招生考试制度改革的终极目标，是使所有的高校挑选最合适的生源，使所有的学生选择最合适的高校和专业，体现双向选择原则的制度。但受到现实各种因素的制约，这一目标即便不是遥不可及的梦想，也是一个离现状有相当长距离的终点。以此为依归，教育部已制定出一个较具可行性并逐步在践行的高考改革目标，即"统考为主、能力测试、多元评价、分类招生"。由于高考不仅发挥着选拔大学新生、引导高中教学的作用，而且承负着整合教育系统、维系社会稳定的重任，往往成为教育竞争和社会竞争的矛盾焦点，高考改革不得不面对一系列两难或矛盾，其中就有灵活多样与简便易行的矛盾。高考改革的目标应是朝向灵活多样努力，但也应尽量考虑方案的可操作性，不可忘记简便易行这一原则。[③] 除去"文革"高考中断的 11 年，中华人民共和国的高考改革探索了 50 余年，引发了诸多争论、进行了各样试点，人们已基本形成共识，即可行性是衡量改革成败的关键性标志，改革方案设计得再好，如果不具有可行性，终归只是幻想。

就目下较有影响或思路较新颖的几种方案而言，要么可行性不够，要么太过理想。例如，"民间版高考改革方案"的出发点在于对传统高考纠偏补弊，其基本设想

① 刘泽思.高考改革需要对症下药：机会平等原则对中国高考的启发[J].教育与考试，2010(02)：15-18,31.

② 郑若玲,杨旭东.高考改革：历史与现实的思考[J].厦门大学学报（哲学社会科学版），2003(01)：108-114.

③ 刘海峰.高考改革中的全局观[J].教育研究，2002(02)：21-25.

正确无疑。但问题在于方案太过复杂,可操作性因此被大打折扣。高考改革方案如果纷繁复杂,或频繁改革,不仅高中学生、家长、老师心中无数,一般大学教师和社会大众也难以弄清高考科目与大学系科之间的对应关系,管理操作也复杂费事。笔者在所开的关于高考的校选课中,要求学生陈述各自的高考经历与体会,一位来自江苏如皋的陈学生的陈述,便生动反映了高考过于复杂与频繁变动给考生、家长带来的困扰:"高考这个龙门它变个不停!几乎每过两三年,江苏考生就要哭一次,家长也跟在后面心寒,十年五次改革,受伤的总是考生,当炮灰的永远也是考生。……基本上你高一进去是一种(模式),高三了又变成了另外一种(模式)。改到我们上一届,语数外算分,物化、物生、史地、史政四个组合算等级,高二把没选的四个考了,美其名曰'小高考'。那四个组合考不到 B 以上的没本科上,结果我们上一届悲剧了,有语数外三门考得奇高无比的结果出了个 C,要么复读要么上专科,吓得大批人弃理从文(文科简单),全省文理比例严重失调。……考生怨声载道,家长也是满腹牢骚,但是有什么办法呢,在中国,就要适应高考,就要适应江苏的高考。"①无独有偶。台湾地区正在推行的"十二年国教"改革中,因其超额比序所涉项目繁多,让家长和学生"雾煞煞"、陷入"升学迷宫"而引来怨声载道,②台湾的教改团体也发起"暂缓实施十二年国教"连署活动③,从而影响了"十二年国教"的顺利进行。

再如,吴鹏森在"全新的高考改革方案"中提出将现行高考改为国家高中学业水平测试,主要是鉴于高考对教育教学的负面指挥棒作用太过强大而其作为中国基础教育质量保证机制又不能简单废除,故而提出以能涵盖基础教育各门课程的学业水平测试替代高考的设想。客观地说,这一类似于美国或英国高校招生做法的思路的确比较科学,但在现实中国还不具备实行的条件。首先,对于我国这样一个高考考生数量近千万的考试大国,虽然高考平均录取率已超过 70%,但优质高等教育资源相对缺乏,在社会竞争日趋激烈、就业市场越来越重"名校历"的当下,民众对优质高等教育资源的竞争仍十分激烈,必须要有一个有较强区分度与竞争

① 资料来源于笔者为厦门大学 2009—2011 级本科生授课的课程作业。
② 陈智华.12 年国教超额比序项目多雾煞煞[N].联合报,2012-04-05.
③ 黄雅娟.教改团体陈情 12 年国教暂缓实施[N].台湾醒报,2013-05-14.

度的选拔性考试,为高校录取提供基本依据。这一功能显然是重在考核学生是否"达标"而非"优秀"的学业水平测试所无法承担的。其次,学业水平考试与高考的性质不同,学业水平考试是面向普通高中教育、具有毕业考试功能的标准参照性考试,旨在检验高中阶段有关学科的学业目标是否实现;高考则是服务于普通高校招生、旨在为高校选拔合格新生的常模参照性考试。现阶段若单纯以学业水平测试替代高考,则可能因二者的模糊边界而导致各自功能"失灵",其后果,要么是学业水平测试变质为与当今高考同样的高竞争性考试,要么是学业水平测试形同虚设,终难避免像以往会考最后沦为"最虚伪的一种考试"那样的命运。

因此,当务之急不是以学业水平测试替代高考,而应对学业水平考试与统一高考清晰定位、使各司其职,并与中学综合素质评价一道,为构建和完善高中学生综合评价制度以及高校招生多元评价多样选拔体系共同发挥作用。鉴于学业水平考试与高考性质各异,学业水平考试一定要遵循全面考核原则,保持较宽的学科覆盖面,并以学科基础知识测试为主、能力测试为辅,高考则逐渐转变为以能力测试为主、学科基础知识测试为辅。截至目前,实施新课改的省份陆续实行了高中学业水平考试。但学业水平考试在实施中值得警醒的是,其一,必须坚守其国家考试的性质,教育部、省级教育主管部门应以对待统一高考的重视程度来认真对待高中学业水平考试,唯其如此,方可使这一考评制度的权威性、科学性、公平性得到保障,使其考评功能实现最大化;其二,要提升学业水平考试命题的科学性,使之更好地发挥"以考促学"功能,加强题库与动态管理机制的建设,为考生提供更加弹性与人性化的考试服务,在有条件的地方,可试验一年多次考试,使考生有更大的选择余地,有利于消除"一考定终身"的不良后果。否则,学业水平考试很可能与以往的会考是"换汤不换药",这样"瞎折腾"反而会增加教育成本。[①]

高考次数的问题也应基于"守望理想与尊重现实"的框架进行探讨。2013年高考刚结束,有媒体报道日本政府计划在五年后废除目前的全国统考制度,改为数

---

① 郑若玲.学业水平考试:从考试到评价的新起点[N].中国教育报,2012-01-11.

次统考,选择最佳一次的成绩报考希望的大学。① 此则新闻见报后被迅速转载,似乎让一直对统一高考"爱恨交加"的国人,从与我国实行类似统考制度的邻国日本的"废除"与"数次"中看到了我国高考改革的新希望。日本与我国都曾深受科举制度影响,与韩国及我国台湾地区等都同属东亚儒家文化圈,社会普遍存在"和为贵"的传统文化观念,为抵御人情因素的侵扰,日本和我国一样也十分倚重考试这种选才手段。日本 1977 年设立国立大学统一考试实施机构——大学入学考试中心,并于 1979 年起对国立和公立大学实行统一的大学入学考试。不过,为了弥补统考的缺陷,日本各高校还会对报考本校的考生进行各具特色的第二次考试。日本高校招生虽然采行统一考试办法,但实行招考分离的管理体制,即统一考试、自主招生。历史上日本曾以"考试地狱"而著称。二战后,日本高等教育迅速发展,20 世纪 60 年代中期便已实现大众化,如今则已进入"全入时代"。但由于日本社会有着浓厚的名校情结,非常看重求职者的"名校历",名牌大学的竞争仍非常激烈,考试压力因此并未减轻,"一考定终身"的统考制度对教育产生了许多负面影响。日本政府酝酿改一次统考为数次统考,显然意在分散一次统考的风险,给考生提供更多的竞争机会,也趁机减轻对教育的负面影响。这一改革并非废除全国统考,而只是增加了统考次数。日本这一改革动议深受美国高校招考制度影响。这一改革在日本最终能否良性运作,目前不得而知。

增加考试次数以分散"一考定终身"风险固然是改革的趋势之一,但当下高考改革更为急迫的任务,一是提高命题的科学化水平,将真正有潜质、有才能的生源选拔出来;二是分层分类进行统考,将真正适合的生源挑选出来;三是实行招考分离,进一步扩大高校招生自主权,使高校的招生与培养机制真正交融统合,相得益彰。就考试次数而言,像英语测试这样实际水平稳定性比较强的科目,可以考虑变为一年多次的社会化考试。事实上,现在已有浙江、天津等省市正在试行外语听力的一年两次考试。但就总体而言,我国目前暂不具备实行数次统考的条件,主要有以下两个原因:一是我国高考规模太大,每年考生有九百万之众,组织一次统考尚

---

① 日本考虑取消"一次性"高考制度[EB/OL].[2013-06-07].http://finance.ifeng.com/roll/20130607/8113714.shtml.

且如临大敌,耗费大量人财物力,组织五次、六次甚至更多次的统考,压力之大、耗费之多不难想见。二是民众的考试心态不够平和,如果实行数次统考而取最佳一次成绩作为录取依据,则多数考生因寄望于下一次更出色的发挥而选择数次参加考试,而且仍可能会以目前对待一次考试的心态来对待数次考试,即使录取率达到百分之百时也可能如此,考生的心理压力不但巨大,而且持续时间长,对其影响有可能如网友所戏称的"由斩首变凌迟"、由"火炉"走向"炼钢炉"。①

循序渐进、稳步推行是高考改革应遵循的基本原则。我国高考形式的多样化改革必须是一种"有限多样",可以简单归纳为"分层分类、统独结合"。这既由我国政治与经济体制、文化传统与教育国情等因素影响所定,也由历史及域外经验与现实教训总结所得。

三、理念与行动：高考形式改革之突破点

高考改革多样化态势已初步形成,但由于在一些关键因素上难以突破而影响其多样化应有的功效。高考改革要实现选才功效的最大化,要求教育主管部门、用人单位、中学、家长、学生等相关各方尤其是与之最直接相关的高校,必须在理念与行动上加以突破。

从理念来看,在以往的高考改革中,高校作为最直接的参加者与受益者,主要是被动应对外部压力而求变,加之招生录取体制的束缚,几乎没有自主权,招生工作非常机械呆板,基本上由电脑软件"代劳","招生办"变成了"接生办",更遑论形成自己的招考理念与思想。在高校生源竞争日趋激烈、"皇帝的女儿不愁嫁"已成过去式的今天,高校不仅应把观念由外推而内化,而且必须将本校的教育理念、校园文化与传统、多元智能理论、多元人才观、综合评价观等理念内化为招生理念,以此作为实现生源群体多样化、保持高等教育活力之源头与依靠。

一直以来,高校招生尤其是高水平大学的自主招生,普遍陷入"高分考生＝优

---

① 李玉兰.高考公平的理想与现实,你怎么看——访厦门大学高等教育发展研究中心副主任郑若玲［N］.光明日报,2013-06-24.

秀人才"的观念误区,加之受笔试局限和传统录取体系下的分数线制约,招生时拼命争抢高分学生,不仅强化了"唯分是重"和"名校崇拜"等观念,而且引导片面教育和应试教育,给素质教育带来阻碍与干扰。殊不知,有些考生靠题海战术、应试硬仗等"炼成"高分,忽视了其他能力与素质的培养,到了大学可能会因为资质与潜力的限制而变得十分平庸,与其高考高分状态形成很大的反差。更危险的是,高校孜孜以求于整齐划一的优秀"全才",而且主要是从单一、量化的测试中胜出、符合传统智力标准的"考试高手",非但不利于反而有害于高等教育的健康发展,正如物种的单一性对于生态系统的活力有致命的伤害一样,生源群体的单一性对高等教育的活力也有很大的损害。英国生态保护专家约翰·马金诺(John MacKinnon)曾就生物多样性的价值举了一个生动的例子:假如一个书架上放着 1000 本同样的书,每本定价 20 元,其"硬价值"就是 2 万元;如果每本书都不一样,虽然"硬价值"仍然是 2 万元,但其"软价值"则远大于前者。① 多样化的生源群体对于高等教育系统的价值,便犹如这些定价相同、内容各异的书籍汇总后产生的"软价值"。美、英等国高等教育之所以领先于世界,一个很重要的原因便是其招生始终信奉并践行着多样化理念,无论何种层次或类型的高校,都非常注重新生群体来源在性别、阶层、种族、语言、民族、地域、才能等方面的多样化。既然我们致力于自主招生改革,就应突破传统错误观念之藩篱,让自主招生既成为"全才"、更成为"偏才""怪才"进入高校的"绿色通道"。名列前茅的高水平大学缺的不是整齐划一的"全才",而是某方面或某领域的"偏才""怪才"或其他各种特殊人才。普通高校的任务是培养各级各类高级专门人才,既需要传统上所认为的全面发展的"优秀"生源,也需要具有不同资质与智能的"合适"生源,以满足其高度专业性的要求。

从行动来看,高校也是高考改革取得突破的关键角色,即高校要真正贯彻与落实招生自主权。1998 年颁布的《中华人民共和国高等教育法》赋予高校以法人资格,享有包括招生权在内的七方面的办学自主权。"招生自主权"在实践中即体现为"自主招生"。因此,自主招生从本质上讲,是高校作为相对独立的法人行使法律

---

① 多样性的价值[EB/OL].[2010-01-24].http://xys.s3.amazonaws.com/xys/ebooks/others/science/misc/duoyangxing.txt.

所赋予、以往却被政府所掌控的"公共权力"的一种行为。高校作为教育机构公法人，在招生活动中理应具有"招生自由裁量权"。然而，在以往的"高校负责，招办监督"统一高考录取体制下，高校不仅无权自行施考，而且招生权基本上被"一刀切"的高考分数线所架空。尽管《高教法》颁布后，高校依法自主办学的积极性随之高涨，但由于文化与体制上的原因以及历史惯性的作用，高校招生自主权提升的速度仍非常缓慢，与高校在面对适应社会需求和符合办学规律的双重压力下所需要的自主办学空间极不相称。目前实行的自主招生，虽然赋予高校一定的招生选拔权，但仍受制于高考分数线这一"紧箍咒"制约。这种"戴着镣铐跳舞"的招生体制改革并未真正触及自主招生的本质。[①] 高校也因此像一个"被抱大的孩子"，因长期得不到行走的学习与锻炼而不会走路。当改革的时机出现在面前时，也因为迷茫或惰性而白白错过或丢失。

笔者认为，高校自主权已到了由"纸上"而"落地"的时候了。一方面，教育主管部门要敢于放手，由以往的"包办者"变身为"监管者"，密切关注改革的动态与问题，适时适度予以监管和引导；另一方面，高校要勇于担当，果敢挑起以往由政府包办的招生事务，在行使权利的同时，也应负责向公众解释与答疑以及应对各种可能的非议，不能图省心省力省事而推卸本应负担的招生责任或行使的招生权利。与招收到"优秀而合适"的生源所带来高等教育品质的提升相比，高校付出的招生成本必定是"物有所值"甚至"物超所值"。当然，高校在行使自主权的同时，须臾不能放松自律，否则很容易操作失控，事与愿违。高校招生理念的形成与更新以及招生自主权的真正落实，可以使目前许多棘手的高考改革问题如综合评价、多元录取、异地高考等得以缓解甚至迎刃而解。因此，就高考改革而言，眼下最重要的并不是匆忙实行多次考试或废除统考制度，而应在扩大高校招生自主权、贯彻新课改理念、提升命题质量、提高学业水平考试的科学性与权威性以及推进综合素质评价等方面做文章。

就绝大多数普通本科招生而言，较为可行的是"一次考试、自主录取"。这里所

---

① 郑若玲.自主招生改革何去何从[J].华中师范大学学报（人文社会科学版）,2010,49(04):135-142.

谓的"一次考试"，主要是针对普通本科院校的统一高考。其招生录取可在高考成绩基础上逐步自主增加对学生学业水平考试及综合素质的考查。此举旨在促进高校招生考试改革与高中课程改革相结合、促进国家统一考试改革与高中综合评价改革相结合、促进考试改革与高校录取模式改革相结合。因此，当务之急是建立和完善在国家指导下由各省组织实施的普通高中学业水平考试和学生综合素质评价制度，切实做到可信可用，使其对普通高中教育教学质量进行管理和监控，对高中学生学业水平和综合素质进行全面、客观评价，为高校招生自主选拔提供真实的参考依据。综合素质评价在近期只宜与高考录取"软挂钩"，只有在试点证明可行的情况下，才能渐进地与高校录取"硬挂钩"，并逐步将其纳入高校招生选拔评价体系。①

就国家重点建设的高水平大学的招生而言，则可鼓励其深化自主选拔录取改革，在选拔综合素质高、有创新精神和潜质的人才方面，加快高考、高中学业水平考试和综合素质评价与学校测试相结合的多元化评价选拔办法的探索步伐。甚至可以考虑在高考之前（例如每年年初），针对目前实行自主招生的高校增设一次统考（"小高考"），可将目前各大联盟的联考以及饱受非议的保送生制度、加分制度等整并在一起，②或者依然实行目前根据院校类别而自愿组合的联考，高校根据学生的"小高考"或联考的成绩、高中学业水平考试、综合素质评价、面试表现、各种特长证明等，进行综合评价、自主录取。被招录的学生不必再参加六月的高考，未被自主招录的考生则可正常参加高考。笔者认为，这一设想已具备试行的条件。其一，自主招生已试行十余年，2006年，北京化工大学等又试行"五校联考"，2010年，清华大学等五校试行"通用基础测试"，2011年，"华约""北约""卓越""学院路系"等联考也热闹登场，"结盟大戏"高潮迭起、精彩炫目，自主招生及其联考都积累了一定的经验。自主招生考试的竞争激烈程度、考题的难度非但不亚于反而高于统一高

① 教育部关于普通高中新课程省份深化高校招生考试改革的指导意见[EB/OL].[2008-01-10].http://old.moe.gov.cn/publicfiles/business/htmlfiles/moe/s3258/201001/xxgk_79887.html.

② 刘海峰.高考改革的突破口：自主招生的一个制度设计[J].中国高等教育,2011(09):43-45.

考,获得自主招生资格的考生鲜有高考分数未达标者,让他们再参加六月的高考意义不大。其二,此举是贯彻落实《纲要》中"分类考试、综合评价、多元录取"精神的大胆尝试,与教育部所提的"高端多元,中端稳定,末端放开"、处于高端的高水平大学的招生方式与日趋多元的高考改革思路也相吻合,值得鼓励。其三,此举与美国高校招生中的"提前招生"方式有异曲同工之妙。美国数千所高校由于资质、声誉、办学条件、生源多少各不相同,其招生计划也"因校制宜",常用的招生计划有提前招生、常规招生、滚动招生等。其中,数百所高水平大学除了实行常规招生外,还针对优秀学生实行提前招生,即要求学生在每年11月1日前递交申请,12月中旬出录取结果,比常规招生时间早两个月。① 通过提前招生方式录取的学生无需再参加常规招生,未被录取者则可继续申请常规招生。提前招生不仅使这些高水平大学能轻松网罗到一批优秀且合适的生源,而且减轻了常规招生时段的工作压力。我国的高水平大学也可借鉴其做法,使一批优秀或有特长的学生从高考的重压中提前解脱,以更轻松的心态、更集中的注意力,在高三下学期发展自己的兴趣特长或为高校学习提前做准备。

至于高职类院校的招生,则应从目前的普通高考招生中分化出去,将其高考权下放到省一级管理和实施,侧重考测学生的理解和运用能力,并大力推行高职院校自主招生,鼓励性质、程度接近的高职院校实行联考,基于高中学业水平考试成绩、联考成绩、高中综合素质评价结果、职业技能测试或各种技能证明材料等实行综合录取,或鼓励学校尝试"技能高考""注册入学"等方式。具体采纳何种标准或方式,可由各高职院校根据自己的情况加以选择,进行自主招生,教育主管部门则由以往的决策者退为监管者。高职院校实行自主招生有助于解决其日益严峻的生源危机,更重要的是,自主招生是强化高职教育的类型特色、落实《纲要》精神、探索"分类考试、综合评价、多元录取"考试招生制度改革的切实之举、顺时之策。

高考形式的多样化改革需要各方面都有所突破,有些突破甚至是颠覆性的。但唯一不能撼动的是高考公平。如果说教育公平是社会公平之基石,那么,高考公平则是教育公平之重心,它直接关乎民众的基本人权与切身利益、关乎国家的民心

① 郑若玲.我们能从美国高校招生制度借鉴什么[J].东南学术,2007(03):156-160.

凝聚与社会稳定。对广大百姓而言,公平成为衡量几乎所有教育改革成败的核心标准,高考更不例外。高考改革若改掉了公平,就等于"革"了自己的"命"。美国、英国、日本等世界发达国家,都不遗余力地强化高校招生的公平性,例如,在高等教育与经济发展领域均领先于世界的美国,为 SAT、ACT 等高校招生所倚重的大规模教育考试专门制定了《公平的教育测试实践规范》,规定命题对参加测试的人必须是公平的,不能受年龄、性别、体能、种族、国家、宗教、性取向、语言背景或其他个人特性的限制。在测试所涉及的诸方面中,公平是首要考量的因素。美国作为高等教育发达、招生制度建设较为健全的国度尚且如此,我国作为人口多、底子薄、"穷国办大教育"的多民族发展中大国,高考改革与入学机会的公平问题之多之重,毫不亚于美国,高考改革更须首重公平。高考改革只有在基于公平的前提下稳步推进,才可能使其教育与社会功效达到最大化。

高考招生改革应与高中教育有机衔接[*]

　　近十余年的高考招生制度改革,决心与力度不可谓不大、角度与层面不可谓不多、范围与影响不可谓不广。高考招生改革的目的不外有三:一是为各类高校更科学地选拔优秀、适合的培养对象;二是为所有考生提供更公平的高等教育入学竞争机会;三是将各级教育更有效地引导到素质教育与全面发展教育的健康轨道、培养出具有创新精神与创造潜质的人才。审视近年来高考招生改革的成效,前两个目的已部分达到且继续在为之努力,但第三个也是最重要的目的,却始终难以达到且前路堪忧,成为高考招生改革的瓶颈。众所周知,创新是民族进步的灵魂、是社会发展的不竭动力。在国际竞争日趋激烈的 21 世纪,无论对于国家或是个体,创新都是最重要的品质。培养创新人才、培育有利于创新人才脱颖而出的教育环境与机制已成共识。随着高等教育入学机会的日益增长和选拔手段与方式的不断革新,高考招生改革在继续提升公平性与科学性的同时,也应关注其对创新人才培养的影响。高考招生制度改革若不与高中教育有机衔接,不仅不利于素质教育与全面发展教育的实施,也会直接影响到高考招生的科学性与公平性。

一、高考招生改革的目标与瓶颈

　　在中国的教育领域,没有什么话题能像考试一样引起各界如此广泛而深切的关注,尤其是决定着学子们能否进入高等学校以及进入怎样的高等学校的高考,更是中国社会生活中每年一出的"重头戏",老百姓对高考期间出现的诸如"交通管制、警车专送、公交挪站、飞机改线"等现象早已司空见惯,并自觉配合,高考改革因此成为社会焦点。民众对高考的情感可谓五味杂陈、爱恨交加,对高考的态度也众

---

　　*　原载于《中国高等教育》2014 年第 7 期。

说纷纭、莫衷一是。在中国，几乎每年的高考季节都会上演一场"高考世界杯"决赛，"打倒高考"与"保卫高考"双方严重对峙：赛场的一边是高考"砖家"，他们从各自的角度，对高考进行一番或无情、激愤或戏谑、嘲弄的"拍砖式品评"；另一边则是高考"粉丝"，对高考持"无高考毋宁死"的捍卫态度。从世界范围来看，也没有哪个国家的政治领域像中国政界一样对高考如此"青睐"，如此深涉。

由于高考承载着重要的社会功能，具有重大的社会影响，高考改革也因此错综复杂、举步维艰。高考自1952年建制，迄今已逾一甲子。总体来看，前三十年高考变制较小，后三十年高考改革的步伐越来越快、力度越来越大、范围越来越广、影响越来越深。现今的高考制度与初创时的面貌已发生巨大改变，以往的"大一统"特点已日渐淡化，越来越朝统一与多样相结合的方向行进。

如今，从国家、学校、招考机构各层面，到师生、家长、学者、关心高考制度的普通民众各群体，都认识到必须要积极稳妥地推进高考改革。从各项高考改革举措的密集推出，不难看出整个社会对高考改革的急迫与期待。近几年发布的一些重要纲领性文件，也无一不对高考改革提出了指导意见或明确规定。2010年出台的《国家中长期教育改革和发展规划纲要（2010—2020年）》，提纲挈领地提出"分类考试、综合评价、分类录取"的改革目标。2013年1月发布的《教育部2013年工作要点》，提出推动重点领域和关键环节取得实质性突破，高考改革便是其中之一，要研究制定高考改革的总体目标和基本框架。2013年11月12日，党的十八届三中全会通过《中共中央关于全面深化改革若干重大问题的决定》，再次要求深化教育领域综合改革、推进考试招生制度改革，提出要"探索招生和考试相对分离、学生考试多次选择、学校依法自主招生、专业机构组织实施、政府宏观管理、社会参与监督的运行机制"，并针对学业水平考试和综合素质评价、职业院校分类招考或注册入学、综合评价多元录取机制、高考科目改革及一年多考等方面，提出一系列指导思想，为近期的高考改革指明了方向。一言以蔽之，高考改革的目标可以用"科学、公平、自主、分类、多元、综合"十二字高度概括。

近十年来，我国高考招生制度进行了包括分省命题、自主招生、新课改高考、高校招生"阳光工程"、平行志愿录取模式、考试安全、高职单招、高考加分范围调整、促进重点大学招生计划区域公平等诸多方面的重要改革,[①]并取得了相当程度的进展。政府出台纲领性文件体现其殷殷期望,各项高考改革的切实推进也体现出政府和教育领域改革的勇气与决心。高考改革在取得进展的同时,也相应推动了教育改革,以往教育领域存在的一些不良现象得到一定程度的纠正。但毋庸讳言,教育领域的一些重要问题依然存在,"片面追求升学率"、学生学业负担过重等现象依然如故,随着社会竞争与教育竞争的加剧,有些问题甚至有恶化的趋势。将所有教育与社会问题都怪罪于高考显然有失公允,但由于高考在我国具有重要的人才选拔与社会流动功能,我们也不得不正视高考对中小学教育产生的强大指挥与牵制作用,从所谓的"轰轰烈烈开展素质教育,扎扎实实进行应试教育"这一"中国特色"便可见一斑。

高考对各级教育尤其是中小学教育产生如此强大的指挥作用有多方面原因,但最主要的原因是高等教育入学渠道与录取依据过于单一,造成几乎所有的社会竞争和教育竞争的重压都聚集到高考上,使高考背负着太大的责任,寄寓了太多的希望,可谓"十年寒窗,背水一战",颇有一种"风萧萧兮易水寒"式的悲壮,高考也因此被喻为"黑色六月""地狱""斩首""火坑"等,成为许多考生精神世界"不能承受之重"。高考既是金榜题名者命运转机的"起跳板",也可能是名落孙山者人生低谷的"开幕式"。[②] 受现实人才选拔机制制约,一些本不该由高考独自承担的社会功能,却高度浓缩在高考身上,极大地强化了竞争性。再者,高考主要采取的是笔试形式(除外语科目有少量口试),高考再改革,也只是人才考核的众多手段之一,无法据此对考生素质进行综合考核与评价。单一的考核手段与录取标准,造成"凭分取人""分分计较",既不科学也不公平、既不综合也不多元,成为高校考试招生制度改革目标实现的瓶颈。

二、高中教育的改革尝试

要改变这种局面,首先必须为高考减负,将一些本不该由高考独自承担的重负

---

① 刘海峰.十年来高校考试招生改革的新进展[J].中国高等教育,2012(19):11-13.
② 郑若玲."有限多样":高考形式改革之方向[J].探索与争鸣,2013(08):84-88.

卸下,并使人才选拔与评价手段多样、多元化,尤其应将高校招生与中学教育更紧密地挂钩。近十年,中学教育尤其是与大学教育衔接的高中阶段,进行了包括高中学业水平考试、综合素质评价、创新人才培养等多种改革尝试。但受目前高校招生体制所囿,这些科学合理的高中教育改革及人才评价手段,往往止步于高考录取分数线"画地为牢"的界外,无法深入到高校招生体系内发挥应有的作用。

一是高中学业水平考试改革。2003 年"高中新课改"启动后,需要建立与之配套的教学质量检测与评价体系,普通高中学业水平考试方案应运而生,实施新课改的省份陆续实行了高中学业水平考试。现在试行的高中学业水平考试与被取代的高中毕业会考之间是一种继承、发展与改革的关系。二者在目的、性质、基本功能等方面大体相同,但前者并非后者的简单复制,二者在层次、功能上又有所不同。新的高中学业水平考试提高了考试的权威性与管理品质,拓展了对新课改的检验、诊断、督促、规范、引导等功能,为高校招生提供学业信息,有助于发挥考试对教学的正面导向功能。尤值一提的是,高中学业水平考试在具体实施上更加科学合理:考试更加人性化;引入学分制动态管理机制;考试方式与评价标准更加多元,评定方式采取等级制而非百分制,可以淡化"片面追求分数"意识,使评价结果更加符合正态分布;强化了学业水平考试的评价与个性化使用功能,从而可以避免像以往会考最后沦为"最虚伪的一种考试"的命运。但是,也有人担忧学业水平考试与以往会考是"换汤不换药",是"瞎折腾"。这样的担忧不无道理。只要"唯高考分数是取"的录取体制未变,学业水平考试再科学合理,也仍然得不到应有的重视,自然也无法发挥应有的功效。

二是综合素质评价尝试。各省新课改高考方案的共同特点之一是将综合素质评价纳入高校招生选拔评价体系。2008 年 1 月,教育部下发《关于普通高中新课程省份深化高校招生考试改革的指导意见》,明确将"建立和完善对普通高中学生的综合评价制度,并逐步纳入高校招生选拔评价体系"作为高考改革的主要任务之一。综合评价制度包含学业水平考试和综合素质评价两方面内容,学业水平考试源自会考、侧重考查智育,综合素质评价则更加全面,从道德品质、公民素养、学习能力、交流与合作、运动与健康、审美与表现等六方面对学生进行评价,以写实性文字表述方式记入考生电子档案。这六方面基本涵盖了综合素质中除学业成绩之外的个人基本素质,目前多数省市将综合素质评价作为高校招生的参考依据,对二者实行"软挂钩"。但即便只是"软挂钩",也已引起民众的深深忧虑,唯恐高考这块教育领域相较而言的"净土",难以抵挡人为因素的"侵蚀":担心此举对教育及社会资源较少的农村或弱势家庭孩子不公平;对一些涉及主观价值判断的素质作出硬性的评定结果,容易给腐败以可乘之机;担心中学会为了升学率而给综合素质评价"注水"甚至造假。凡此种种,不一而足,但都是围绕"公平"二字产生的忧虑。在历史教训尚未模糊、权钱交易随处可见、诚信危机不时爆发的现实情境下,民众的忧虑不无道理。更遑论有些综合素质评价指标确实存在城市或优势阶层偏向色彩。

三是创新人才培养试验。"为什么我们的学校总是培养不出杰出人才?"钱学森晚年多次提出的这一关于中国教育的振聋发聩的艰深命题,引发了社会各界尤其是教育界的深刻省思与广泛讨论。想要破解这一难题、让杰出人才不断"冒"出,教育改革势在必行。一直以来,创新人才培养的重心都放在高等教育阶段,也取得了一定成效。但人们也逐渐意识到,创新人才培养不仅仅是高校或研究机构的"专利",需要各级教育合力进行。创新人才培养是一项长期的系统工程而非一个孤立的阶段性任务,需要抓住其中的"关键期",高中阶段作为基础教育的"龙头",正是这样一个"关键期"。[①] 创新人才必备的许多基本素质和核心特征,如兴趣、思维方式、动手能力、创造力等,都是在高中阶段重点培养和迅速发展起来的。[②] 倘若学生在高中阶段创新素质没有得到"发育",进入大学后即使有再好的条件和平台也难以成长为创新人才。

可喜的是,政府不仅意识到高中创新人才培养的必要性,而且着手推动相关试点。《国务院办公厅关于开展国家教育体制改革试点的通知》(国办发〔2010〕48号)提出大学推进创新人才培养的两项重点任务,这两项任务虽然由大学主导进行,但都离不开中学的支持与配合。例如:同济大学土木工程学院作为首批15所试点学院之一,主动将创新人才培养过程向高中延伸,采取举办首届中学生结构设

---

① 郑若玲,谭蔚,万圆.大中学衔接培养创新人才:问题与对策[J].教育发展研究,2012,32(21):70-75.

② 胡卫平,俞国良.青少年的科学创造力研究[J].教育研究,2002(01):44-48.

计邀请赛并向参赛学生投放自主招生名额、与上海晋元高级中学合作共建"结构设计创新实验室"[①]、携手全国 20 所知名高中选拔兴趣特长突出和富有发展潜质的优秀高一或高二学生进入"苗圃基地"[②]等方式,探索大中学贯通式衔接培养之路;上海交通大学作为"珠峰计划"参与校之一,与国内八所知名高中共建拔尖创新人才培养基地,通过设置高中创新班、开发共建课程、建设实践创新体系、共建实验室等合作模式,以自身优质资源的输出直接支持中学的创新人才培养工作,为大学阶段的创新教育发挥先导作用;[③]厦门大学在实施"珠峰计划"时,也与其附属的科技中学合作共建高中创新班,通过给予师资、实验室、自主招生优先权等资源支持该校进行创新人才培养探索。这些创新人才培养试验,为大学"网罗"了一批优秀生源,更为大中学携手培养创新人才开辟了新路。

然而,这样一条本来非常科学有效的创新人才培养途径,却因为遭遇高考"拦路虎"而使试验效果大打折扣,有的甚至以"流产"告终。例如,多年前南京金陵中学曾经尝试与南大、东大等学校联合培养人才,成果备受肯定,后来因为高考硬性选拔机制无法突破,最终只得停止试验。[④] 目前的创新人才大中学衔接培养实践,高中与大学对接还不畅通,绝大部分学生只能通过高考进入大学。如果学生的高考成绩不理想、影响升学率,创新人才培养是否会重蹈金陵中学之覆辙?这一问题也是创新班遭遇的普遍困惑。[⑤] 高考不仅困扰着师生和家长,也成为教育改革的最大束缚。在高考"紧箍咒"下,高中教学改革只能"戴着镣铐跳舞",在理想与现实之间选择一条折中的道路:以保证学生高考成绩为前提,兼顾创新精神与素质培养。学校不得不把学生有限的课余时间利用起来,在课后、周末以及寒暑假加强学

---

① 同济大学土木工程学院试点人才培养向中学延伸衔接[EB/OL].[2011-11-06].http://www.shmec.gov.cn/web/wsbs/webwork_article.php? article_id=63294.

② 董少校.同济大学与全国 20 所高中开展"苗圃计划"试点[N].中国教育报,2012-03-22(001).

③ 上海交通大学与中学共建拔尖创新人才早期培养基地[EB/OL].[2010-05-24].http://dangban.sjtu.edu.cn/Html/gzdt/102927226.html.

④ 黄艳.这 56 个学生待遇好高[N].现代快报,2010-09-01(B4).

⑤ 郑若玲,谭蔚,万圆.大中学衔接培养创新人才:问题与对策[J].教育发展研究,2012,32(21):70-75.

习与开展创新实践活动，不仅学生辛苦，教师也跟着紧张。在高考已然成为"拦路虎"的前提下，创新精神与素质培养如何在兼顾中得到实质性保证？创新人才培养还剩下多少空间？这些困境与问题不容乐观。

三、高中教育对高考招生的有效参与

正如创新人才培养不能仅靠高校单方面教育一样，高考招生作为连接中学教育与大学教育的桥梁，改革也不能仅靠高校单方面行动，必须让高中教育真正有效参与、二者有机衔接，方可使高校招收到优质、合适的新生，又可使高考这根"指挥棒"对中学教育发挥积极导向功能。笔者认为，现阶段进行的几项高中教育改革探索都有其科学性与合理性，必须坚持，且在一些关键环节上应予以突破与深化。

其一，充分发挥高中学业水平考试的检测功效。高中学业水平考试作为"新课改"催生出的一种考评制度，要想切实发挥其对普通高中教育教学质量的管理与监控作用、对学生潜能发展的引导作用，并使其为高校招生多元评价、多样选拔提供学业参考，应该在理性检视与反思高中毕业会考的基础上认真吸取经验教训。首先，要坚守其国家考试性质，教育部、省级教育主管部门应以对待统一高考的重视程度来认真对待高中学业水平考试。唯其如此，才能使这一考评制度的权威性、科学性、公平性得到保障，使其考评功能实现最大化。其次，要对学业水平考试与统一高考清晰定位、使二者各司其职，并与中学综合素质评价相结合，为构建和完善普通高中学生综合评价制度以及高校招生多元评价多样选拔体系共同发挥作用。学业水平考试要遵循全面考核原则，保持较宽的学科覆盖面，并以学科基础知识测试为主、能力测试为辅，高考则逐渐转变为以能力测试为主、学科基础知识测试为辅。此外，要提升学业水平考试命题的科学性，使其更好地发挥"以考促学"功能，加强题库与动态管理机制建设，为考生提供更加弹性与人性化的考试服务，在有条件的地方，可试验一年多次考试，使考生有更大的选择余地，有利于消除"一考定终身"的不良后果。就学业水平考试而言，如果制度科学，使用得当，就可以真正实现从考试到评价的重要跨越。

其二，在部分高校试点综合素质评价与高考录取"硬挂钩"。现阶段，综合素质评价之所以与高考录取的关系止步于"软挂钩"而非"硬指标",乃由目前的国情所决定:一方面,品行、能力的考量易受人为因素干扰,而"人情大于法""人情大于良知"等,在中国是较为常见的现象;另一方面,自1977年恢复高考以来,人们已习惯于只认分数,一时还无法接受将综合素质评价作为硬指标。但是,将综合素质评价明确纳入高考录取的考量范围,将会逐渐转变人们的教育价值观。综合素质评价的重要性主要不在于结果,而在于发挥"指挥棒效应"上。在新的高考录取观引导下,家长和学生不再像以往那样只认分数,教育工作者可借此良机大力推动素质教育,促进学生全面而有个性的发展。可以鼓励教育质量较高、社会声誉较好的部分自主招生高校先行试点,在招生录取中将综合素质作为"硬指标"纳入其招生评价体系。

鉴于目前的综合素质评价指标尚存在一些不够公平合理或有失偏颇之处,教育主管部门必须对现有的综合素质评价工作作出一定的指导与规范。首先,综合素质评价标准应更加多元,尤其应纠正其城市或优势阶层偏向性,中学的综合素质评价,应尽量排除学生因处于不同社会和经济地位而造成才艺表现上的差异因素,农村或弱势阶层孩子在一些才艺方面的表现可能不及城里或优势阶层孩子,但他们在吃苦耐劳、为人处世等方面的表现,却有可能因为艰难的生活历练反而优于城里或优势阶层孩子,高校在录取时应该考虑到这一点。其次,综合素质评价应该是一个综合、弹性的结果,而不是只根据才艺或其他某一方面来决定全部。单纯用ABCD来评量学生的综合素质并不合适。美国高校录取所依据的综合素质评价就比较模糊,各项指标都没有硬性的等级要求。中学要做的是尽可能如实地反映和记述学生各方面素质,将学生综合素质评判的任务交给高校去做。中学在设计综合素质评价指标时应具体而细微,以充分反映学生在个性、品德、能力、素质各方面的真实状况。此外,在抵御人情困扰方面,可以借鉴美国的做法,组建多元的招生人员队伍,增加中学和大学之间的互动与了解,借助团队的力量相互制衡、抵御腐败,并将招生过程透明化,让考生有知情权,让舆论监督及时、全程介入,使招生腐败难以容身。

其三,建立创新人才培养大中学贯通机制。国家既然提倡创新人才培养,就应给予配套支持,特别是升学政策方面的支持。如果学生的"出口"只能是高考的话,创新人才大中学衔接培养的尝试则只能沦于表面、成为点缀,高中教育也将沦为形式的改良而非实质的改革,甚至难逃夭折的命运。因此,高校招生政策的支持程度,将在很大意义上决定高中创新教育实验的存亡。首先,可以选取一些已有较好合作关系的优质大学和中学尤其是大学的附属中学先行试验,建立创新人才培养大中学贯通制,使学生拥有"升学直通车",这是避免高中创新人才教育夭折最可行也最有效的办法。可以在中学和大学之间建立"一对一"或"多对一"的培养关系,使学生不必参加统一高考、通过大学组织的面试或复试便可获得直升资格。如果必须参加高考的话,则降低录取要求,通过一本线即可。或者学习台湾科学班升学保送制的经验,对参与大中学衔接培养的学生实施专门的资格考试,由大学和高中共同命题,通过资格考后便以外加名额保送入学。① 其次,可以借助自主招生政策平台,对高中创新教育实验定向投放一定的自主招生名额,同时,降低自主招生笔试成绩所占的比例甚至取消笔试,重点通过学生成长档案袋及面试考察学生的综合能力。此外,可以结合我国高校招生制度改革的方向,在学业水平考试、综合素质评价等方面,也给予高中创新教育实验一定的倾斜:在学业水平考试上,可由创新教育试点学校自主命题,自定考察的内容、范围及形式,不参加省市统考,并作为高校招生录取的依据;在综合素质评价上,实现综合素质评价与升学的硬性挂钩,并提高创新能力表现在综合素质评价中的比例。高中阶段进行创新人才培养并不难做,难做的是高校招生制度的配套改革。如果学生升学的问题解决了,中学便可以放开手脚,与大学联手进行大刀阔斧的改革,创新人才的"冒出"方能有期可待。

高考招生制度改革不仅仅是为了给高校选拔新生,而且是为了给高中教育乃至整个基础教育起良好的导向作用,为了培养真正具有创新潜质与全面发展的各类人才。如果脱离高中教育来进行单纯的高考改革,想要破解"钱学森之问"这一艰深命题、真正培养出国家急需的创新人才,无异于缘木求鱼。高考招生改革唯有与高中教育进行有机衔接,才可能逐步消除"分分计较""片追"等不良现象,使高中教育与高考招生朝素质与能力导向、多元评价、综合录取等方向转变,回归到科学地培养人才与合理地选拔英才的正确轨道上。

---

① 科学班升学 教部规划保送制[N].台湾立报,2010-11-16(04).

　　考试是一把"双刃剑",用之不当,对教育教学会产生如"片追"等的消极影响；用之合理,则有"以考促学"之功。美国的大学在招生中使用 SAT 几十年后,逐渐发现标准化统考也存在诸多问题。因此,在过去 20 年间,有将近 1/3 的四年制大学,其入学政策中已部分甚至全面渗透了"可免考试入学"(Test-optional)改革,SAT 在大学招生中的"黄金标准"地位开始动摇。① 现阶段,虽然我国仍需倚重高考作为选拔新生的主要手段,但由高考这一单一考试形式"独霸招生天下"的状况必须改变。我们要做的,是在理性、科学的研究基础上,不断建设和完善包括高考、高中学业水平考试、综合素质评价等各种考试及评价制度,使其更好地服务于人才的选拔与培养。

---

　　① 　Joseph A.Soares.For Tests that are Predictively Powerful and Without Social Prejudice [J].Research & Practice in Assessment,2012(07).

恪守与突破：70年高校考试
招生发展的中国道路[*]

　　高校考试招生制度是中国一项基本的教育制度,也是一个复杂的系统工程。[①]一方面,高考是连接中等教育与高等教育的桥梁,不仅对中等教育具有突出的导向作用,而且关系着高等教育的生源质量与办学效果。另一方面,高考兼具文化功能、政治功能、更新社会结构功能,[②]对社会的稳定、发展与变革具有重要意义。建立于1952年的统一高考制度是我国现代教育史上一项具有划时代意义的创举,但它的创立绝非空中楼阁,萌发于中国古代延续一千三百年的科举统考制度的思想积淀,根植于自清末至民国时期我国近代高等教育机构的招生探索,生发于中华人民共和国成立之初的教育实践。[③]中国高校考试招生在1949年至1952年间,经历了从单独招考到大区统考的过渡,逐渐制度化,最终形成统考统招的基本模式。1953—1976年,"统""独"两派的论争使高考反复于统一考试与单独考试之间,在"文革"时期,统一考试还曾被推荐制所代替。1977年,统一高考制度恢复,自此开启了改革与完善的新征程。本文基于中华人民共和国成立70年以来高校考试招生制度的探索、建立与变革的事实,提炼中国元素、发现中国特色、总结中国道路,剖析"变"与"不变"背后的中国问题,最终将问题回归于中国国情下的高考改革。

---

　　* 本文与庞颖合作,原载于《华中师范大学学报》(人文社会科学版)2019年第5期,人大复印资料《高等教育》2019年第12期转载。

　　① 刘海峰.高考改革中的全局观[J].教育研究,2002(02):21-25.
　　② 郑若玲.高考的社会功能[J].现代大学教育,2007(03):31-34.
　　③ 郑若玲,等.中国教育改革40年:高考改革[M].北京:科学出版社,2018:7.

一、70 年高校考试招生制度的中国模式

中国高校考试招生制度缘起于厚重的历史与文化,有着强烈的为国家促发展、为人民谋幸福的责任担当,恪守公平是它的基本底线,追求科学是它的努力方向,70 年来,形成了独特的中国模式、彰显出浓厚的中国特色。

(一)厚重的历史与文化是"早发内生型"高考制度的逻辑起点

中国的高等教育与中国以及中国教育的现代化一致,常被认为是"后发外生型"的,以外部条件的刺激为起点、缺乏内部的要素积累,以"追赶"为策略、忽略问题存在的特殊性,目的在于摆脱自己的落后状态、消除外部威胁。① 中国高校考试招生制度作为中国高等教育的重要组成部分,在生发状态方面却与其母体不同。它是"早发内生型"的,五千年的历史、文化以及超级大国的政治、国情是它的逻辑起点。审视高校考试招生制度的缘起、变迁与发展,不能与"后发外生型"的高等教育相混淆。换言之,不能忽略其中的中国元素,即高校考试招生制度的历史性与情境性。

高校考试招生制度的历史性,是它的"早发"性的表征。所谓"早发",即时间上的先进性。具体表现为建立于隋唐时期的科举制度,它不仅是中国统一高考的制度原型,而且是日本贡举制度、越南科举制度以及英、法、德、美等国文官考试制度的仿行对象。② 同时,科举制度引发的"考试大国"的文化国情,也是使统一高考制度备受认可的社会基础。从抽象意义来看,高考与科举是同构的。③ 在属性方面,二者都属于大规模、高利害、竞争性的选拔考试,遵循考试至公的原则,能够肩负起甄别出文化素养较高人才的使命。从责任主体来看,二者都由国家主考,全国统一时间、科目、考纲或内容,具有稳定性与权威性。在考试程序方面,二者皆因过程的

---

① 孙立平.后发外生型现代化模式剖析[J].中国社会科学,1991(02):213-223;阎凤桥.我国高等教育"双一流"建设的制度逻辑分析[J].中国高教研究,2016(11):46-50.
② 刘海峰."科举学"刍议[J].厦门大学学报(哲学社会科学版),1992(04):89-95.
③ 郑若玲,等.中国教育改革 40 年:高考改革[M].北京:科学出版社,2018:9.

严密而享有很高的社会信誉,科举考试所实行的编号、入闱、闭卷、糊名、回避、双重定等第、复查等办法还为现代高考所沿用。在作用与影响方面,二者既促进社会流动、维护社会稳定、优化教育系统、提升国民素质,又带来了片面应试、重治术轻技术等弊端。

高校考试招生制度的情境性,决定了它的“内生”性。所谓“内生”,即驱动力的内在性。中国高考制度并非存在于“真空”状态下,从建立到改革,无不缘于社会政治和经济建设的需求、文化和教育事业发展的需要以及公众对高考制度的责难。统一高考制度之所以在 1952 年正式建立,一方面,中华人民共和国成立之初,社会政治和经济建设的需要可以说是统一高考建立的重要历史契机,在高等教育尚十分薄弱的当时,统一招生制度是快速发展国民经济、提高国民整体素质、公平高效选拔和培养各条战线合格人才的最佳选择。另一方面,1952 年院系调整,亟须通过加强高等学校招生的计划性,巩固高等教育重新布局的成果。[①] 1977 年,统一高考制度恢复,并很快进入改革期。可以说,统一高考的恢复,关系到特殊历史国情下我国的高教事业发展、经济建设以及社会文明进步。统一高考的改革,则缘于人民群众日益增长的物质文化需求、建设创新型国家和人力资源强国的客观要求,以及贯彻落实立德树人、实现教育现代化、建设教育强国的现实需要。

（二）为国为民的责任担当是“为国选才”的高考制度的价值取向

1952 年建立统一高考制度时,招生名额、报考条件、考试内容、命题、阅卷、录取及调配各环节,都由国家作出统一规定。[②] 高考作为典型的国家教育考试,不仅由国家把控,还始终为国家负责、为民众负责。具体表现为长期扮演着“抡才大典”的角色,为国家建设事业选拔优秀人才。这是世界大多数国家,尤其是非统考国家的高考制度无法比拟的。

中华人民共和国成立伊始,百废待兴,培养大量高级和中级建设人才被视为迫切的政治任务。1952 年 7 月 8 日,教育部颁布的《关于实现一九五二年培养国家建设干部计划的指示》强调指出,各地高等学校和中等学校严格实行统一招生,是

---

① 郑若玲,等.中国教育改革 40 年:高考改革[M].北京:科学出版社,2018:23-24.

② 郑若玲,等.中国教育改革 40 年:高考改革[M].北京:科学出版社,2018:22.

实现国家干部培养计划的关键。换言之,彼时的高考承担着为国家遴选储备干部的重任,高考自建制之初,就体现出明显的国家主导以及国家主义价值观。比如,招生任务总数、各科人数、各科占比由中央人民政府高等教育部、中央人民政府教育部统一规定;中央成立全国高等学校招生委员会,组织领导高等学校招生工作;以考生的政治立场、实践工作经验、阶级成分而非学业成绩为录取依据;高校毕业生由政府统一分配工作;等等。

1966—1976年受"文化大革命"影响,统一高考制度被废止,1977年得以恢复。恢复之初的高考制度被定性为"一件关系到中国实现现代化的大事",是社会"由乱而治"的突破口,也是实现高级专门人才培养过程健康有序的切入点。特殊的历史阶段给中国社会的政治、经济、文化、教育事业发展以重创,统一高考的恢复,不仅激发了人民的学习积极性,形成了浓厚的向学风气,更重要的是为政治、经济的各项改革与发展奠定了良好的文化基础,对于推动国家发展意义重大。

20世纪80年代以来,统一高考制度进入改革期,它为国家发展服务、为人民生活谋幸福的形式也逐渐走向精准化。主要体现在为边远农村和艰苦行业培养人才等方面。比如,高校招生重视农村及偏远地区的发展问题,通过倾斜的高校招生政策实现高等教育的扶贫、扶弱功能。1983年起,在与农村发展需要密切相关的农、林、医、师院校中实行"定向招生、定向分配";2007年起,实施"免费师范生"政策;2010年起,开展农村订单定向医学生免费培养;2012年起,面向贫困地区实施定向招生专项计划。再如,高校招生合理考虑国家重点建设项目用人单位的需要,通过特殊的招生政策实现高等教育的强国使命,2005年起,允许地质、矿业、石油、军工等行业招收定向就业生。

70年的高考制度,长期致力于为国家建设服务、为社会稳定做贡献。70年的高校招生体制改革,也使中国高等教育三大基本职能中最薄弱的"为社会服务"职能得到了越来越全面的体现与拓展。①

(三)恪守公平的形式变革是"受制于人情社会"的高考制度的基本底线

公平是社会大众对高考最为关注的一个方面,也是高考制度的基本功能和精

---

① 郑若玲,等.中国教育改革40年:高考改革[M].北京:科学出版社,2018:37.

神之所在。① 高考的不公平是一个不容忽视的社会隐患，高考改革必须首重公平已成为共识。② 与内容相比，形式是一种外在表现，高考的形式公平也比内容公平更为直观、更易达成。事实上，民众对高考公平问题的关注也常聚焦于此。70 年高考制度的形式变革始终以保障公平为基本底线。

其一，考试的组织形式从以公平为目的的"统一"转向以公平为基准的"多样"。从历史上看，中国古代的科举制度便是严格意义上的统一考试，是"大一统"思想的典型表征。科举废黜、新式学堂兴起，民国大学单独、计划、统一等多种招生形式并存，总体趋势是由单独招生向统一招生渐进发展。建制于 1952 年的统一高考制度迄今已近 70 年，虽然期间有短暂的反复、暂停，以及两次影响力较大的统独存废之争，③但统一的组织形式因能保证高考的形式公平而广被认同。20 世纪 80 年代起，保送生、自主招生、春季高考、综合评价录取、高水平艺术团、高水平运动员、专项计划等纷纷试水多样化的考试形式，但迫于公众对高考公平的期待，此类招考多是"戴着镣铐跳舞"、屡屡遭遇"寒流"。可以说，公平依旧是高考形式变革的底线，2019 年被誉为"史上最严自主招生年"就是最好的例证。

其二，考试的命题形式从"统一"到"分省"再到"一纲多卷"，是从"考试公平""区域公平"再到"有效率的公平"的递进。1954 年"统一考试、统一命题"开始实行，虽然期间有短暂的(1958 年、1977 年)分省命题或个别省份试行单独命题，但这一形式持续至 2003 年。2004 年，教育部开始试行分省自主命题改革。到 2007 年，有条件、有能力命题的省份均获得了高考单独命题权。2014 年《国务院关于深化考试招生制度改革的实施意见》(以下简称《实施意见》)明确要求"2015 年起增加使用全国统一命题试卷的省份"，到 2019 年，使用全国统一命题试卷的省份已达到 80％以上。2004 年起实行"分省命题"的一个重要原因是我国幅员辽阔、地域差

---

① 刘海峰.高考改革首重公平[N].光明日报,2005-06-22.

② 郑若玲.高考公平的忧思与求索[J].北京大学教育评论,2010,8(02):14-29,187.

③ 第一次发生于高考建制之初，关于"统一招生好，还是单独招生好"的争论，其核心是在统一招生和考试的前提下，如何体现学校、系科、考生的特点。第二次发生于 20 世纪 90 年代中期，关于"高考存废"的争论，来自社会各界的声音以"单打独斗"式、"打擂台"式出现，激烈的论辩也强化了高考改革的社会影响。

异较大,[1]高考命题只有充分考虑地区基础教育情况、经济发展水平,才能促进公平。2014 年起,高考回归全国命题,但建立在"一纲多卷"的基础上,以保证试题的科学性和整体水平,最终目标是达到公平和效率的最大化。[2]

其三,传统录取形式向网上录取方式的转变以及志愿填报的相关变革,是招录过程对公平的追求。20 世纪的高考使用的是传统的录取方式,以纸介质为媒介,进行手工管理。不仅需要大量的人力、物力,耗费大量的时间,更重要的是招录过程难以监控,容易滋生腐败。2001 年,全国高考招生网上录取系统基本建成。如今,信息技术已应用于高考的每一个环节,如:招生计划的制订、调整与发布;考生信息的采集;网上志愿填报;招生录取;招生宣传的网络互动;招生信息平台的信息发布;信息公示与社会监督等。2005 年,高校招生"阳光工程"开始推进,不仅使招生录取工作更加便捷,而且加强了招生过程的公开性,优化了对招考环境的综合治理。同时,志愿填报形式由考前报志愿向考后估分报志愿及梯度志愿再向知分、知线报志愿及平行志愿的转变,使"每一分用到了极致",从考生的立场来说,这一形式更加公平。

(四)追求科学的内容变革是"甄别拔尖创新型人才"的高考制度的不懈突破

高考贯彻公正公平性原则的第一要务,就是确定科学合理的选拔标准,[3]具体而言,就是要实现高考内容的科学性,以选拔出社会需要的高级专门人才。在中国现行的高校考试招生制度中,主要通过高考科目、考试内容、招生标准等方面来实现。

高考科目的变革,重在提升科类的针对性,加强高校与学生的选择性。1952—1965 年,各类别考试科目数量不同、不同年份之间差异较大、科学科目及外语科目的地位有限。理工农医类以测试本国语文、政治常识、数学、物理、化学为主;医农林生物类在前者的基础上增加生物;文史财经政法类则主要测试本国语文、政治常

---

① 郑若玲,等.中国教育改革 40 年:高考改革[M].北京:科学出版社,2018:52.

② 郑若玲,等.中国教育改革 40 年:高考改革[M].北京:科学出版社,2018:51.

③ 王后雄.高考命题公正的现实困境与两难选择[J].教育研究,2008(08):24-31.

识、历史、地理。1977 年至 20 世纪 90 年代之前，"文六理七"模式趋于主导，以"统一""简便"为整体特征，①但外语、生物分值递增。到 20 世纪 90 年代后期，"文六理七"的弊端逐渐显现，一是分类过"粗"，不利于科学选才；二是科目不全，不利于中学育才；三是学生负担过重，又难以避免偏科。鉴于此，高考进行了会考基础上的科目改革。比如，"上海'3+1'""三南 4 * 4"②"全国 3+2""3+'X'""3+'X'的多元演化"等。2014 年起的高考综合改革，不同试点省市选用不同的科目选择方式，如"3+3""3+1+2"等。整体而言，高考科目的变革具有积极意义，不仅加强了专业选才的针对性，考生须根据意向专业要求选择应试科目；而且提升了考试的科学性，对数学、物理、化学、生物等科目更加重视，确定了物理是自然科学的基础、历史是人文社会科学的基础等。

考试内容变革，重在提升考试的甄别度，实现从知识、能力到素质的转向。1952—1976 年，高考制度的发展困于各种政治运动，在考试内容发展方面基本上没有科学性可言，考试命题处于经验命题阶段，随意性比较大，几乎没有任何理论指导。③ 20 世纪 80 年代中期，开始尝试高考标准化改革，包括制定考试大纲、编制试题与制定论述题评分细则、进行分卷考试和机器阅卷、建设试题库、建立标准分数制度等。④ 20 世纪 90 年代，启动考试内容命题立意的改革，考核目标从"以学生掌握了多少知识为考核目标"的知识立意，转向"以学生知识基础上的能力考查为考核目标"的能力立意，并最终转向"以思想素质、道德素质、文化素质、心理素质等的综合素质为考核目标"的素质立意。

招生录取依据的变革，指向综合化与多元化。1949—1976 年，高校招生录取有着浓厚的工具论色彩，政治标准是根本宗旨。1977 年恢复高考之后，在教育、经

① 郑若玲，等.中国教育改革 40 年：高考改革[M].北京：科学出版社，2018：86.
② 即所谓的"三南模式"。1991 年，湖南、云南、海南三地进行了会考基础上的高考改革，形成了"4 * 4"科目设置方案。高考科目分为 4 组，每组 4 门科目。第一组：政治、语文、历史、外语；第二组：数学、语文、物理、外语；第三组：数学、化学、生物、外语；第四组：数学、语文、地理、外语。考生与高校各专业分别选择其中 1 组作为考试科目。
③ 郑若玲，等.中国教育改革 40 年：高考改革[M].北京：科学出版社，2018：108-109.
④ 郑若玲，等.中国教育改革 40 年：高考改革[M].北京：科学出版社，2018：111.

济基础有限的情况下，"唯分数论"占据高校招生录取的主导地位。可以说，在前两个阶段，出于种种原因，招考效率不得不让步于招考公平。21 世纪初以来，尤其是高考综合改革的开展，加速了招生录取依据的多元化。"依据统一考试成绩、依据学业水平测试成绩、参考综合素质评价结果"被试点省市认同。这是扭转过去单一总分、一考定终身的不科学的评价体系的起点，也是高考制度在科学性上的重要突破，对促进学生健康成长成才、培养社会需要的拔尖创新人才具有重大意义。

二、亦守亦破的根本原因

70 年来，中国高校考试招生制度的改革有坚守，亦有突破。这样一项"牵一发而动全身"的制度，每一次调整的背后都有与历史、社会、文化因素密切相关的中国问题。

（一）国家的权威性持久不变，高校的主体地位螺旋式上升，民众的监督作用有所增加，核心要义在于百姓对高考公平的无限期待

中国高校考试招生制度 70 年来经历了一个建制、暂停、恢复与改革的过程，虽然演进之路跌宕起伏，但它的责任主体较为固定，包括国家、高校与民众，三者的权责在博弈中发生变化，国家对高校考试招生的整体把控局面没有改变。国家级、省级相关部门负责招生计划的制定，报名资格的确定，招考时间、类别、科目、内容的安排，命题工作，考核形式的决定，录取依据的采择，录取结果的决定，等等，尤其是在普通类生源的招考中更为明显。高校在考试招生过程中的主体地位有所增加，但仍显不足。高校参与招生计划的制定，对已投档考生具有一定的选择权；在高考综合改革试点地区，高校还可根据相关要求决定招考科目；在特殊类招考中，高校决定报名资格、招考事宜、录取事宜，却难以承担责任、屡受质疑，在改革中不时出现"走一步、退两步"的现象。民众是高考的重要利益相关者，除高考的参与权之外，在高考"阳光工程"的推进下，知情权、监督权也逐渐受到重视，民众对高考的监督获得合法地位；与此同时，新媒体的发展也加剧了信息传播的速度与广度，如今，与高考相关的任何一条信息的影响力都远远大于历史上任何一个时期，民众对高考的监督具备可行性基础。

在中国高校考试招生制度的三个责任主体中，国家的地位具有绝对的权威性与稳定性，高校处于"戴着镣铐跳舞"的尴尬境地，民众则通过社会舆论的作用监督、影响高考制度的实施与改革。可以说，这样的权责分配是极具中国特色、与中国国情密切相关的。与世界其他国家高校考试招生制度、中国其他层次学校的考试招生制度不同，中国的高考与社会稀缺资源的分配、社会流动与成层、社会稳定、社会发展等关系紧密，是国家政治权力、社会民主权力的关注重点，所以必须首重公平。教育部颁发的《国家教育考试违规处理办法》指出，普通高等学校招生考试属于国家教育考试，即由国务院教育行政部门确定实施，由经批准的实施教育考试的机构承办，面向社会公开、统一举行，其结果作为招收学历教育学生或者取得国家承认学历、学位证书依据的测试活动。高考要对国家负责、对民众负责，就必须守住公平这一底线。这一原因使高考的社会功能凸显，国家政府能够代表最广大人民的根本利益，近70年来在维护高考公平方面也发挥了不可替代的作用，较高的受认可度决定了其在高校考试招生发展的中国道路上将长期作为最重要的责任主体存在。人民群众是高考的参与者、受益者，民众的认同与意见是高校考试招生改革不可忽视的要素，同时，新媒体、互联网技术等的发展也提升了民众监督高考过程、关注高考公平的可能性与必然性。高校是高级专门人才培养的主体，"谁培养谁招生"的逻辑决定了其应对高考负责，但现阶段高校乏于招生力建设，屡因引发公平问题而遭受质疑。综言之，社会对高考的信任、对高考公平的认同使高考成为中国精神文明领域中一块"珍贵的绿洲"，民众对高考公平的期待是无止境的，这是文化问题，高考公平的现实意义也是不断变化的，这是制度问题。

（二）高考对普通教育的引导作用不变，对高等教育的基础作用逐渐增加，本质原因在于高校考试招生制度的教育属性

在分支型学制的中国现代学校教育制度中，普通高中只有单一的升学任务，高考作为高等院校的入学考试意义重大。它具有选拔性，是普通教育与高等教育之间的衔接桥梁。即通过考试、招生两个环节，对普通教育的毕业生进行考查，合格者将获得高等院校的入学资格。长期以来，高考对普通教育具有绝对的导向作用，即"高考指挥棒作用"。在高考这根"魔力指挥棒"的影响下，"一切为高考服务、一切给高考让路"成了响彻应试教育校园的大众口号，"高考"成了教师和学生日常活动的轴心与终极目标。[①] 70 年高考制度在不断变革，但它对普通教育的引导作用始终不变。每一次高考改革都会触发普通教育的变革，比如新高考"两依据一参考"的评价体系变化，引发了高中教育观的变化；高考科目设置的变化，带来高中师资结构的调整；高考科目组合的变化，关系到高中教务管理的变革等。相比之下，高考对高等教育的作用远不及前者。高考犹如一把"量才尺"，为高等教育遴选合格生源、并为入选的生源分配专业，是高等教育的"守门人"。随着高考综合改革的全面开展，这一作用相对增加。应试科目与高校专业教育的联系增加，考生的综合素养与高校人才培养模式的关系加强，录取方式、志愿填报形式对高校专业建设、学科发展的影响更为显著。

在与中国高校考试招生制度关系密切的两级教育中，高考与普通教育的关系紧密，对普通教育的影响直观，这一关系广受关注；高考与高等教育的关系相对松散，虽然存在"由松至紧"的转向，但缺乏实质性突破，对高等教育的影响主要是潜在的，这一关系还未得到应有的重视。高考虽然社会功能凸显，但其本质上是一种教育考试，具有教育功能，这就决定了它与国民教育系统的本质联系。高考的教育功能，决定了高考有义务贯彻落实立德树人的根本任务，促进普通教育与高等教育的有效衔接，实现人才培养的一致性与连贯性；高考也有义务引导、规范中小学办学，提升普通教育的育人效率；高考还有义务识别高等教育准入学者的性向差异，为高等教育选拔适宜适性生源，为优化高等教育人才培养服务。高考与普通教育关系密切、与高等教育关系疏远，是因为相关群体都将高考视为终结性目标，受制于"高考定终身"思维，过分夸大了高考对个体成长、成才的决定性作用。这在过去"统包统分""双向选择"的就业制度下有其合理性，彼时考上大学意味着获得国家干部身份和铁饭碗，高考是社会流动与社会分层的决定性因素，但已不适用于当今"自主择业"的就业制度，因为大学生在毕业后将面对劳动力市场的再次选择，且就业后再择业的概率也大幅度攀升。同时，相关群体没有将高考视为过程性目标，忽视了高考的"高校入学考试"性质，它是专业教育的起点，是个体从接受普通教育转

① 郑若玲,宋莉莉,徐恩煊.再论高考的教育功能——侧重"高考指挥棒"的分析[J].全球教育展望,2018(02):105-115.

向接受专业教育的关键，在现行的就业制度下，应通过高考选择适宜的专业，为个体的专业发展奠定基础。

（三）唯"分"是从的招考标准基本不变，考试次数与录取方式发生改变，根本问题在于不科学的教育评价导向

高考属于教育评价范畴，70 年来评价体系的内容、形式、结构等也在发生变化，表现为招考标准、考试次数、志愿填报形式与录取方式等的变化。招考标准存在非常强的路径依赖，"唯分数论"在中国高校招生录取中始终占据主导地位，李远哲先生将这种承袭形容为"以学业成绩至上的方式"从后门"溜进"了新式学校教育的"科举幽灵"[①]，这一标准的科学性引人生疑，它关系到入学者知能结构的科学性与适宜性。统一考试的形式没有改变，"一致即公平的观念"在民众心中根深蒂固，这也导致自主选拔录取、综合评价录取的多元形式频频遇冷。加分政策经历了从多样化向稳步调整，再向大规模"瘦身"的转变，这一举措在照顾特殊群体、激励拔尖人才、维护社会和谐稳定等方面发挥了重要作用，但权力寻租造成高考加分政策的执行背离初衷、损害公平，"一刀切"成为最好的选择。"一考定终身"的一年一试发生改变，国家先后通过增加"春季高考"试水"一年两考"，在高考综合改革中试点外语等科目的"一年多考"，但问题频出，只能选择"以退为进"。志愿填报形式与录取方式发生了改变，平行志愿、知分知线报志愿、实时在线报志愿等形式一方面降低了考生的报考风险，另一方面也将"唯分数论""分分计较"推向了极致。

在中国高校考试招生制度的评价体系中，"一元论"居于主导地位、"多元论"被漠视，以形式变革为主体、内容变革被忽视，这也就导致 70 来教育评价体系没有发生根本性变化，在一定程度上影响了育人、招考、选才效率。事实上，这种评价体系有合理的一面，比如"统一考试"，是现时现状下的最好选择，没有任何一种形式可以代替它保证考试公平、维护社会稳定的作用。但这一评价体系也有不合理的一面，最终形成了不科学的教育评价导向。第一，不完善的评价内容，使考生形成了欠合理的知能结构。长期以来，中国高考以考查认知能力为主，非认知能力受到忽视，但后者对个体学业成就、批判性思维能力、创新能力的影响也是不可忽视的。

[①]　李远哲.中国文化与教育[N].参考消息,1999-10-12(08).

第二,不合理的评价重点,导致考生投机应试、片面发展。"一考定终身"是评价体系的重大症结,但解决问题的关键并非简单地增加考试次数。考试次数的改变不能避免终结性评价的弊端,这个问题的关键,是评价对象的过程性与终结性,而非评价次数的多与寡。次数的增加只有达到极限才会发生质变,一年两试无法达到预期效果,而一年多试的可比性又在短期内难以达成。第三,中国高考评价体系的问题在于内容与结构的欠科学,但 70 年来的相关改革却落入了重"形式"的窠臼。比如加分制度的实行,本意在于对学科特长突出、道德品质高尚、对社会具有特殊贡献等群体的奖励,或对弱势群体的照顾。但当这一制度过分拘泥于量化的分数、忽略质化的内涵时,就易为形式所困,不仅无法使能力突出者在高考竞争中脱颖而出,还容易滋生腐败、有损高考公平、招致质疑。

(四)招生规模不断改变,高考的竞争性与高利害性不变,基本矛盾在于优质高等教育的稀缺以及社会对高校分类发展的不认同

高等教育是准公共产品,高等教育资源在中华人民共和国成立初期属于稀缺公共资源,在中华人民共和国成立 70 年的今天,优质高等教育资源仍具有稀缺性,而高考是民众获得高等教育的唯一途径,这就决定了高考的竞争性与高利害性。70 年来,中国高考的招生规模在不断扩大,1952 年高考刚建制时招生规模仅有 5 万人,随后逐年递增,1960 年达到 275800 人之后递减。[①] 1977 年高考恢复,当年招生 27.3 万人,而后招生规模稳步增长,1999 年扩招当年招生 160 万人,2018 年高校招生总人数达 790.99 万人。[②] 从理论上讲,招生规模的扩大将促进录取率的提升,从相关统计中也可以看出,1977 年的全国平均录取率仅为 5%,1999 年的扩招使录取率增加至 56%,2018 年达到了 81.13%。但事实上,录取率的攀升并没有改变高考的竞争性。从高考大省(如河南省)近年来的"一分一档表"中可以发现,"提高一分,干掉千人"的现象着实存在。在河北省衡水中学、安徽省毛坦厂中学等等,类似"两眼一睁,开始竞争;两眼一睁,学到熄灯""就算撞得头破血流,也要冲进

---

① 1949—1966 年的数据来源于杨学为先生主编的《高考文献》中的相关文件、报告,作者整理。

② 1977 年以来的数据来源于光明微教育《全国历年高考人数及录取率》,下同。

一本线的大楼"的口号司空见惯。另一方面,高考的高利害性也没有改变。高考的国家治理功能以及高考对考生命运的决定性作用没有改变。甚至可以说,高考的竞争实质上是人们对政治和经济等社会地位的竞争在教育领域的高度"浓缩"。[①]

中国高考面临的一大难题是资源配置的问题,虽然招生规模不断扩大、录取率达到80%以上、高等教育毛入学率即将突破50%大关,但在社会群体的视角下,高考的竞争性与高利害性仍有增无减。一方面,是资源配置不均的问题。以2017年各省(直辖市、自治区)计划本科率为例,全国均值为33.49%,上海市最高(91.76%),吉林、北京、天津、辽宁、江苏超过50%,67.74%的省份(21个省份)录取率介于20%到40%之间,贵州省最低(16.87%)。[②] 资源配置的差异使高考的竞争性在大部分省市,尤其是高考大省、人口大省客观存在。另一方面,是资源质量差异的问题。假设将"原985工程"高校视为优质高等教育资源,以其2016年的录取率为例,全国均值为1.73%,最高者为天津(5.42%),北京、上海、吉林等省份(自治区、直辖市)远高于全国平均水平,最低者为贵州(1.08%)。[③] 已有研究表明[④],在原211工程、一本批次的录取中,也存在此类问题。近年来,将部分二本批次高校划入一本批次招生,在形式上降低了优质高等教育资源稀缺省份的本科一批的分数线,但实质上并未解决高等教育资源质量差异的问题。除此之外,还与资源类别的受认可度不同相关。分支型学制使高职高专院校与本科院校在高考之后才完全区分,长期以来,高考按批次录取导致多数高职高专院校录取的生源在学业表现中不及本科院校,在民众心中便形成了"专科在层次上低于本科"的刻板印象。事实上,二者的差别在于类别不同,但迄今为止,高职分类高考尚未全面开展,录取批

---

① 郑若玲,陈为峰.大规模高利害考试之负面后效——以科举、高考为例[J].华中师范大学学报(人文社会科学版),2013,52(01):147-154.

② 数据来源于阳光高考网、各省教育考试院官方网站。

③ 许长青,梅国帅,周丽萍.教育公平与重点高校招生名额分配——基于国内39所"985"高校招生计划的实证研究[J].教育与经济,2018(02):10-17.

④ 张小萍,张良.中国高质量大学入学机会和招生偏好研究——以"211"高校为例[J].高等教育研究,2015,36(07):28-35;曹妍,张瑞娟.我国一流大学的入学机会及其地区差异:2008—2015[J].华东师范大学学报(教育科学版),2016,34(04):52-65,118.

次的先后顺序强化了考生对本科高校的竞争；高校分类发展也未受到社会的广泛认同，"本科院校优于高职高专院校"的认识在短期内较难颠覆。

三、中国国情下的高考改革

中国高校考试招生制度建立于特殊的历史国情，发展于社会与教育的双重驱动。它的影响力巨大，是任何一项教育考试制度都无法企及的；它的利益关系众多，是任何一个国家的高校考试招生制度都无法与之相提并论的。可以说，高考改革是中国教育领域最大的难题，要进行有理有据、切实可行的改革，就必须立足中国国情、顺应社会民意、尊重教育规律，探索具有可行性的中国道路。

（一）心怀理想、脚踏实地，以高考公平为基本原则，以"有限多样"为改革切入点

中国高考的最基本特征，就是平民色彩、对中国社会的巨大贡献以及民众对它的高度认可，[①]这也就决定了高考改革必须首重公平。这是历史与文化的影响。自古至今，中国人都是"不患寡而患不均"，在考试方面则是"不怨苦而怨不公"。公平选才，以考促学，是科举存续1300年之久的生命力所在，也是科举留下的有益经验。唯有考试能在制度上遵循"分数面前人人平等"的公平规则，可以杜绝"人事因缘"和"属托之冀"。这也是国情与现实的需要。高考不仅事关考生前途命运之大体，而且具有促进教育改革、提升社会文化、稳定政治秩序、促进社会流动等重要的国家治理功能。平等择优的竞争方式是中国高考广为认同的基础，公平与否甚至直接攸关考试制度的兴衰存废，所以，高考在任何一个历史阶段都不能轻视公平。只有在基于公平的前提下稳步推进，才可能使改革的教育与社会成效实现最大化。[②] 具体而言，在高考改革中科目公平、内容公平、区域公平、录取公平等，都应受到重视。但我们又不能为公平所困，也要在公平的基础上兼顾科学与效率。如果说"大一统"是高考形式公平的主体，"有限多样"则可成为一个重要的突破口，努

---

① 郑若玲.高考的社会功能[J].现代大学教育，2007（03）：31-34.
② 郑若玲.高考改革的中国特色与中国道路[N].中华读书报，2019-4-24（04）.

力实现"统考为主、能力测试、多元评价、分类招生"，以适当提升效率。就绝大多数普通本科招生而言，较为可行的是"一次考试、自主录取"。"一次考试"即统一高考，"自主录取"则是由招生院校在高考成绩基础上逐步自主增加对学生学业水平考试及综合素质的考查。[①] 但这一形式的建立要以招考公平、高校招生的多样化意识、高校招生自主性、高校招生能力、专门性考试机构对学业水平考试以及高中对综合素质评价的胜任力等为基础。在中国国情下，一切以牺牲公平为代价的高考改革终将成为一纸空谈，但高等教育全球化以及社会对拔尖创新人才的需求又决定了高考改革不能囿于公平而摒弃对效率的追求。

（二）教育为先、兼顾社会，为高考的教育功能适度加码，为高考的社会功能酌情减负

在中国，高考作为国家教育考试制度，兼具社会功能与教育功能。社会功能是由它对国家与人民的责任决定的，一方面，中国的教育系统在资源上依赖于政府，高校的招生与人才培养要对国家负责、要为国家服务，要发挥促进社会发展、维护社会公平、保持社会流动、稳定社会秩序的作用。[②] 在普及化时代的高等教育，这种依赖是有增无减的。另一方面，提供高等教育对社会民众而言是一种供给，而高考则是高等教育的入门关，高考有义务满足人民对美好生活的需要。教育功能是由它的自身属性决定的，它发挥着为高校选拔新生、促进中小学生努力向学、规范中学办学[③]、衔接大中学教育的作用。可以说，教育功能是高考的本体功能，社会功能是高考的派生功能。但70年来，高考承担了过多的社会功能，这与高考对科举的承袭有关，但高考为高校选才与科举为朝廷选官是有区别的，后者以"用人"为目的，前者还兼具"育人"使命；也与中国建设期的特殊国情有关，但中国的发展阶段不是一成不变的，中国特色社会主义进入新时代，应遵循"人的全面发展"的哲学逻辑。2014年《实施意见》明确指出，考试招生制度改革"要坚持育人为本，遵循教育规律；着力完善规则，确保公平公正；体现科学高效，提高选拔水平；加强统筹谋

---

① 刘海峰.高考改革的教育与社会视角[J].高等教育研究，2002(05)：33-38.
② 刘海峰.高考改革的教育与社会视角[J].高等教育研究，2002(05)：33-38.
③ 张德祥，林杰."高等教育内涵式发展"本质的历史变迁与当代意蕴[J].国家教育行政学院学报，2014(11)：3-8.

划,积极稳妥推进"。为高考的教育功能适度加码,就是在高考改革中要强调它的育人功能,探索"高考指挥棒"的正向作用,引导中小学生全面发展、推动普通教育改革,为大学选拔适宜适性人才、实现本科教育变革,加强大中学教育之间的联系、完善人才培养的连续性。为高考的社会功能适度减负,不是否认高考对国家与社会的责任,而是在其继续发挥维护社会公平与社会稳定等功能的基础上,在考试育人、把握拔尖创新人才"入门关"等方面有所突破,创新高考为社会服务的方式方法。只有高考的教育功能得到了充分的发挥,才能使高考更好地为国家发展与社会建设服务。

(三)立德树人、评价育人,扭转不科学的教育评价导向,建立科学的评价体系

十九大报告指出,"要全面贯彻党的教育方针,落实立德树人根本任务,发展素质教育,推进教育公平,培养德智体美全面发展的社会主义建设者和接班人"。《实施意见》也强调,"全面贯彻党的教育方针,坚持立德树人,适应经济社会发展对多样化高素质人才的需要"是深化考试招生制度改革的重要前提。立德树人是我国教育的根本任务,是教育的任何一个阶段、任何一个环节都必须遵循的。"考试大国"的文化与"考试古国"的历史使考试在中国的教育系统中有特殊意义,在很多情况下,考试内容被视为教育的主要内容,在考试中脱颖而出是教育的目标,甚至有一大部分学生将考试视为学习的主要动力。也就是说,考试作为一种评价方式,在中国还承担了评价导向的作用。当考试被置身于如此重要的地位,它的职责也就不能局限于选拔人才,还应考虑培养人才,即考试的育人功能。高考作为中国最重要的一项考试,它的评价导向作用、评价育人功能是不可忽视的,扭转不科学的教育评价导向是关键。评价理念一元主义盛行、评价理论适宜性欠缺、评价指标的科学性有待加强、评价方式的灵活性有待扩充等,是中国现行高考评价的突出问题。高考改革要探索科学的教育评价体系,要建立多元的评价观、突破"唯分数论"的限制;要建立适于中国国情的评价理论,以广受世界认可的第四代评价(Fourth Generation Evaluation)理论为基础,充分吸收中国考试古国的历史经验、针对考试大国的公平问题进行适应性调整;要建立健全评价指标,在对认知能力考查的基础上,增加对考生创新能力、批判性思维能力、非认知能力等的考查;要使用多种评价

方式,在条件成熟的情况下,突破纸笔考试的限制,增强评价方式的适宜性;要以高考综合改革为契机,以综合素质评价与高校录取的"软挂钩"为切入点、以"硬挂钩"为目标,探索适于中国国情的改革。

（四）立足高教、回望高考,将高考改革统一于高等教育普及化、内涵式建设以及分层分类发展中

高考作为高校招生录取的主要依托,是高等教育的重要组成部分,但长期以来在高校中却未受到应有的重视。事实上,高校考试招生与高级专门人才培养、高等学校教育教学开展、高等教育事业发展等关系密切。立足高教、回望高考,要重视高考、高考改革与高等教育的一致性。在当前情况下,要重点考虑三个问题:其一,高等教育普及化阶段的高考改革。随着高等教育毛入学率的提升,考生进入大学的机会增加。这不是简单地由"卖方"市场向"买方"市场的供需结构上的转变,而是高校考试招生从选拔"学业拔尖人才"向选拔"适宜适性人才"的转变。但考测学生学业水平的纸笔测试难以满足高等教育普及化时代的选才要求,这就要提升高考内容与形式的甄别度,以适应高等教育新的发展阶段的需求。其二,高考改革与高等教育内涵发展。高等教育内涵式发展是以提高质量为核心的"质量、结构、公平以及制度"等各要素统一、协调、可持续的发展模式①,高考是高等教育的入门关,提高生源质量是优化高等教育质量、形成高等教育内涵式发展模式的基础。具体而言,高考改革与高等教育的人才培养模式要相互适应,比如,如何实现从"专业招生、专业培养"向"大类招生、大类培养"的过渡等。其三,高考改革与高校分层分类发展。中国高等教育的生态系统长期处于不均衡的发展状态,资源往往倾向于重点高校,马太效应加剧了优质高等教育资源与普通高等教育资源的差异。在统考统招的制度下,也削弱了普通高等教育,尤其是高职高专类院校的吸引力。高考改革既要注重高等院校类别之间的差异,加速探索高职分类高考,从高等教育入口关将二者区别开来,提高高职院校的社会认同度;同时,对高水平大学应充分尊重其改革意愿、培育其招生能力,赋予其充分的招生自主权。立足高教、回望高考,也不能忽视高考在高等教育中的特殊性,即早发内生型高考制度与后发外生型高等

---

① 李明.新时代"人的全面发展"的哲学逻辑[N].光明日报,2019-02-11(15).

教育的区别、融合、共进问题。

中国高校考试招生制度缘系于延续一千三百年的科举制度,发端于中华人民共和国初期的文化国情,70 年来几经劫波、大浪淘沙,从草创到成熟、从单一到多元,种种变革无一不与中国社会息息相关。它在中华人民共和国建立初期对社会发展发挥了重要影响,对消除"文化大革命"造成的社会乱象、恢复教育的正常发展可谓"功德无量",对新时代的社会变革、加快教育现代化、建设教育强国的功用也"指日可待"。高校考试招生制度 70 年来形成了独特的中国模式,在恪守与突破的背后是深刻的中国问题。高校考试招生制度的改革,必须有中国立场、走中国道路,才能肩负起促进中国社会的发展、提升中国大学的国际竞争力、提高中国人民的综合素养的历史使命。

破除统考迷思　深化招生改革[*]

我国高等教育在经历了十余年跨越式发展后,重心已由量的扩张转移到质的提升。高等教育质量建设因此成为时下的重要议题。普通高等学校考试招生制度(以下简称"高考")因直接关系到高等教育人才培养质量的源头,有重要的改革意义。近年来,国家对高考制度建设高度重视,密集出台了一系列纲领性文件,并成立了国家教育咨询委员会、国家教育考试指导委员会等,对高考改革进行顶层设计并指明方向。但由于高考关涉各方利益、影响重大,且民众对刚性的高考分数长期高度依赖,改革一直难有实质性突破。必须清楚认识高考及其局限,破除"统考独尊"之迷思,在保证公平的前提下,进一步深化招生改革,不断提高考试招生的质量及科学性。

一、高考改革的重要性

"建设人力资源强国和创新型国家"是我国现阶段的战略目标。强国必先强教。为实现这一目标,几份重要的纲领性文件都对教育尤其是高等教育提出了以科学、创新提升质量、促进内涵的指导思想。《国家中长期教育改革和发展规划纲要(2010—2020年)》(以下简称《规划纲要》)指出实现这一目标的工作方针,是"把改革创新作为教育发展的强大动力、把促进公平作为国家基本教育政策、把提高质量作为教育改革发展的核心任务",具体到高考改革目标,则是"分类考试、综合评价、分类录取"。2012年3月16日,教育部印发《关于全面提高高等教育质量的若干意见》,指出要"强化特色、注重创新、全面实施素质教育、创新人才培养模式"等,落实到高考改革上,则是"改革考试评价方式,探索形成高考与高校考核、高中学业

---

　* 原载于《复旦教育论坛》2016年第1期。

水平考试和综合素质评价相结合的多样化评价体系,改革招生录取模式,推进多元录取,逐步扩大自主选拔录取改革试点范围"。2013 年 11 月 12 日,《中共中央关于全面深化改革若干重大问题的决定》也对高校考试、招生、录取各环节改革提出一系列指导思想。2014 年 9 月,《国务院关于深化考试招生制度改革的实施意见》再次强调"到 2020 年基本建立中国特色现代教育考试招生制度,形成分类考试、综合评价、多元录取的考试招生模式"。这些指导性文件提出的高考改革方向与思路,无一不指向创新、多元、科学与公平,既呼应了时代发展对教育提出的新要求,也符合教育发展规律和人才培养需求。

然而,丰满的理想在骨感的现实面前,总是十分脆弱且常受挫败。主要原因在于高考对中国教育乃至社会的影响太过重大。科举考试的历史影响、传统文化的负面效应、"人多底子薄"的资源紧缺、诚信与法制体系的残缺,使得国人将个人、家庭乃至家族的命运几乎完全寄托在高考上,高考被迫承载着自身"不能承受之重"。几乎每年高考季节,中国的舆情都会上演一场"高考世界杯"决赛,赛场一边是高考"砖家",从各自角度对高考进行一番或无情、激愤或戏谑、嘲弄的"拍砖式品评";另一边是高考"粉丝",对高考持"无高考毋宁死"的捍卫态度。全国的"两会"上,也几乎年年都有关于高考的提案与建议。放眼世界,几乎没有哪个国家的民众像中国百姓对"高考"有如此五味杂陈、爱恨交加的复杂情感,更不见哪个国家的政界像中国政界对高考如此"青睐"、如此深涉。①

毫无疑问,高考在过去的 60 年对国家的建设与发展发挥了重要作用。1952 年 7 月 21 日,教育部颁发《关于实现一九五二年培养国家建设干部计划的指示》,强调指出"各地高等学校严格实行统一招生,是实现这一干部培养计划的关键"。这使得统一高考从建制伊始便深深刻上了政治烙印。在此后的国民经济建设中,统一高考为高校培养各行业所需高级专门人才发挥了重要选才作用。1966 年,统一高考作为"文革"在教育领域的突破口遭到废除,高等教育人才培养工作全面瘫痪。虽然"文革"后期通过推荐制招收了一批工农兵学员,但质量根本无法与统一高考选拔的生源相提并论。1977 年统一高考恢复,为当时人才奇缺的各领域"抢

---

① 郑若玲.高考招生改革应与高中教育有机衔接[J].中国高等教育,2014(07):11-14.

救"和补充了大批专门人才,也成为社会"拨乱反正"的突破口。高考曾经发挥的巨大历史作用,兼有"文革"时期几乎沦为"走后门"代名词的推荐制作为负面参照,加之近20年各行业被"钱权力量"干扰日深、腐蚀日重,奠定了高考这一"中国最公平的竞争选拔制度"在国人心目中的神圣地位,被誉为"中国社会的最后一块净土"。确实,统一高考具有诸多优点,不仅公平、公正、公开、可比性强,而且节省人力财力物力,在维护多民族国家统一和社会安定团结方面也发挥了重要作用。[①] 在可见的未来,高考仍将是高等院校选拔新生最重要的途径,高考改革也仍是教育改革最重要的内容。

二、统一高考的局限性

有学者把科举对中国古代社会的影响比喻为锋利的"双刃剑"[②],统一高考对当今中国教育乃至社会的影响同样如此。尽管总体而言,高考的作用利大于弊,影响良多于劣。然而,毋庸讳言,它给教育也造成不少负面影响,带来诸多弊端,有的弊端甚至很严重,例如:智育"一枝独秀"培养出"精致的利己主义者""聪明的精神病患者"乃至更可怕的"害才";"片面追求升学率"导致工具主义与功利主义盛行;学业负担过重、学习偏科造成学生身心片面乃至畸形发展,与"人的和谐全面发展"教育目标背道而驰;招生过程中采取不正当手段"挖墙脚""材料造假""身份造假"等,悖逆于教育的成"人"目的、给年轻的灵魂留下永难抹去的污痕;诸如此类,不一而足。诚然,将所有教育与社会问题都怪罪于高考有失公允,但我们不得不正视它对中小学教育产生的强大指挥与牵制作用。

上述教育负面现象的形成,缘于我们错误地将高考这一"重要"途径践行成"唯一"途径,"神化"和夸大统一高考的功能,弱视甚至无视其局限性。实际上,高考的局限性是显而易见的,主要表现为高等教育入学渠道与录取依据过于单一。因此,

---

① 刘海峰.高考存废与科举存废[J].高等教育研究,2000(02):39-42.
② 刘海峰.重评科举制度——废科举百年反思[J].厦门大学学报(哲学社会科学版),2005(02):5-12,19.

几乎所有社会竞争和教育竞争都高度浓缩为高考竞争,高考背负了太大的责任,被寄寓了太多的希望,就像一只重壳在身的蜗牛爬行艰难一样,高考改革也因瞻前顾后而举步维艰。

从入学渠道看,尽管政府已清醒意识到统一高考造成诸多弊端,一再强调改革要朝"分类考试、综合评价、多元录取"的方向行进。但是,在目前的招生体制下,有关高考改革的诸多美好设想乃至已出台的政策多言易行难。例如,《规划纲要》明确指出"建立健全有利于促进入学机会公平、有利于优秀人才选拔的多元录取机制。……对特长显著、符合学校培养要求的,依据面试或者测试结果自主录取;高中阶段全面发展、表现优异的,推荐录取;符合条件、自愿到国家需要的行业、地区就业的,签订协议实行定向录取;对在实践岗位上做出突出贡献或具有特殊才能的人才,建立专门程序,破格录取"。但实际上,除了极少数特别优秀的高中毕业生通过保送、极少数特殊人才通过专门或破格录取进入大学,绝大多数考生仍需通过统一高考来竞争入学机会。从20世纪80年代中期开始实行的保送生制度,因出现各种诚信丑闻,规模与条件一再缩水;近年来在一些高水平大学试行的自主招生改革,也因公平性与科学性广受争议而呈收紧趋势,更遑论自主招生并非真正意义上的自主,而只是受高考分数线这一"紧箍咒"制约的一种"戴着镣铐的跳舞"。

从录取依据看,尽管各种招生文件中都明确高校录取是"德智体美全面考核、综合评价、择优录取",但在招生实践中无一例外被执行为"唯分是取","高考分数"成为唯一依据。无论是1987年颁布的《普通高等学校招生暂行条例》,或是2004年《暂行条例》失效后每年发布的《普通高等学校招生工作规定》,都规定"根据考生的考试成绩,从高分到低分,按略多于计划招生总数确定控制分数线"或"根据高校的招生计划数和考生的考试成绩,综合考虑并确定各批次录取控制分数线"。除保送生外,对高中思想品德或在全国性学科竞赛表现优异的学生,以及部分少数民族、华侨归侨、烈士子女和退役士兵等特殊人群,虽然给予程度不等的加分,但也没有跳出"分数挂帅"的窠臼。

"唯分是取"影响了高校招生的科学性。须知,统一高考分数只是考生在一次考试中的业绩表现,高考因时间和题量所限,考核范围极为有限,且只有笔试(除外语科目有少量口试),更不要说高考命题本身也存在质量与公平方面的问题,考试的信度、效度、科学性、公平性都亟待提高。试问高考分数能在多大程度上反映考生的学业基础、综合素质、学术潜质以及个性品质？高考再改革，也只是人才考核众多手段之一，无法据此对考生素质与能力进行综合考核与评价。古语曰，人心不同，各如其面。人与人之间的能力、才华、个性、特质各有所异、各有所长。一个健康的社会，其发展所需人才必定是多样的。相应地，人才评价的手段、途径、方法、依据也必须多元多样。如果用同样的标尺去衡量不同的人才，不仅衡量不准确，而且可能让那些潜在的人才，星光还未及闪亮便已黯淡乃至熄灭。[①] 高等教育旨在培养社会各领域高级专门人才，自然需要多元、多样的手段、途径、方法、依据来选拔优秀、适合的培养对象。使用单一的考核手段与录取标准，既不科学也不公平、既不综合也不多元，造成"凭分取人""分分计较"，逼使考生成为"应试机器"和"分数奴隶"，老师也被迫成为这种功利主义和工具主义笼罩下的招生体制的"传声筒"乃至"帮凶"，其才智、时间、精力不自觉地用于以"题海战术"和"机械训练"为表征的"助纣为虐"上。单一的录取依据，不仅无助于高考改革目标之实现，反而成为强大的反推力，与改革目标背道而驰。

近十年来，我国高中阶段进行了综合评价、创新人才培养等多种改革尝试。但受高校招生体制所囿，这些科学合理的高中教育改革及人才评价手段，往往止步于高考录取分数线"画地为牢"的界外，无法深入到高校招生体系内发挥应有的作用，令人深为叹惋。例如，2008 年以来，我国一些发达地区的优秀高中与名牌大学合作，进行了以"高中创新班"为载体的大中学衔接培养创新人才改革试验，取得了良好效果，不仅学生的创造力、各方面素质与能力均显著提升，而且教师的教育教学能力、科研意识与水平也随之提高，学校办学特色与品牌逐渐形成。但面对高考这只"拦路虎"，创新班试验倍感无奈，当学生升入高三、面临高考这一"最终考验"时，很多创新培养项目被迫停止，师生集中力量转向备考复习，从而影响了创新人才培养的连贯性。

---

① 郑若玲.高考局限与招生改革[J].考试研究,2015(02):90-92.

三、招生改革的新突破

近年来的高考改革可谓如火如荼。分省命题、自主招生、新课改高考、阳光工程、平行志愿等新鲜词汇,一个接一个冒出。从各项高考改革文件与举措推出之密集,不难看出整个社会对高考改革的热望与期盼。但如果,我们仍把目光仅仅停留在考试这一环节上,注定要与时代发展相脱节。事实上,高考科目与内容经过十余年的科学化改革,已逐渐从以往的"知识立意"转向"能力立意",考试科目框架也基本成型。我们固然需要继续推进考试的科学化,但更重要的是推动人才评价的多元化与招生录取的多样化,这也是克服高考局限性的"对症下药"之举。

深化人才评价与招生录取改革,可以选取自主招生这一平台。自主招生改革已经试行十余年,且行且新、渐成共识,充分说明这是"大一统"高考中一项行得通且行之有效的制度创新。尽管关于自主招生改革一直都是聚讼纷纭,但近几年,一些名校的自主招生明显散发出较以往更为浓厚的公平气息与科学色彩。例如:日渐完善自主招生面试环节,对学生的评价越来越综合、灵活、生动、立体,力图做到对考生全方位、多角度、多层次的考核;逐年加大对弱势群体及贫困地区学生的招生倾斜与教育援助,因地制宜、因材施教,旨在对因教育资源、社会资本、文化资本等因素造成的竞争起点的不公平状况进行一定程度的纠偏;改革的透明度逐年加大,招生腐败的生存空间越来越小,舆论监督得以充分发挥作用;大学与中学的互动关联更加密切,不同教育阶段得以更好地合作与衔接。得益于这些改革创新,高校的自主招生能力与水平正在不断提高。享有高度的招生自主权也是世界一流大学的普遍特征。自主招生的意义不仅仅在于为试点高校选拔优秀生源,而且在于对高考多元化与多样化改革探索的有力推进、在于对素质教育及德智体全面发展教育目标的有效践行。目前,自主招生改革涉及的范围与数量还非常狭窄和有限,但其弘扬的理念与产生的影响积极而深远。

在没有试行自主招生改革前,人们常常批评高考"一考定终身"。但试行自主招生改革后,尤其是最近几年个别高校自主招生贪腐案件被揭露,不少人又认为自主招生相比于高考,可能存在更大的人为操作空间。而且能在自主招生考试中脱颖而出的考生,往往出身于家庭条件较好的公职人员家庭,并据此认为自主招生会加剧阶层的固化。因此,囿于陈旧的人才观念以及外界对公平公正性质疑的困扰,自主招生改革一直难以摆脱"分数优先"甚至"分数至上"之窠臼,选才仍具有浓厚的"唯分是从"色彩。

笔者认为,仅凭分数评价人才显然有失偏颇,从某种角度看也不公平。公平的实质并非"一刀切"式的整齐划一,而是使真正的人才各得其所、各尽其能、各安其位,都有脱颖而出的机会。的确,能在高校自主招生考试中脱颖而出的考生,往往出身于经济条件或社会资本较丰厚的家庭。这一现象不仅仅存在于自主招生中,也普遍存在于高校录取尤其是名校录取中。由此担心自主招生会加剧阶层固化也不无道理。事实上,在完全实行自主招生的美国高校,生源阶层构成的失衡也是一个长期困扰他们的社会难题。[①] 然而,中国的教育与社会公平问题,全部由高考招生来承担责任既不公平也不合理。我们不能因为纯粹地追求阶层之间的入学公平而忘却自主招生的本原动机。自主招生的原始动机是充分发挥高校招生自主权,招收到综合素质全面、富有多样化与培养潜质的优秀而且适合各高校培养需求的生源。影响阶层之间入学机会的因素有很多,其中社会资源分配不均是最主要的因素,自主招生只是影响因素之一,自主招生对阶层固化的影响,可以通过完善自主招生标准及招生程序等予以弱化甚至消除。再者,虽然自主招生容易滋生腐败不公,但自主与公平并非截然对立,只要程序公正、信息公开、机制透明,自主招生的腐败与不公是完全可以抵御的。

由于自主招生存在一些负面现象,近几年的改革明显力度减弱、政策收紧。其实,进行自主招生改革并没有错,不能因噎废食。政府应该做的,除了加强高考制度改革的顶层设计外,还应改变职能,由以往的包办变为监管和引导,努力下放招生自主权,把原来紧握在手的招生权力归还给高校,并引导高校积极投身于招生制度的改革洪流、在改革中提升自主招生能力。正如抱大的孩子永远学不会走路一

---

① Sarah Ovaska. How Standardized Admissions Tests Fail NC Colleges,Students[EB/OL].[2012-11-16].http://www.ncpolicywatch.com/2012/11/16/how-standardized-admissions-tests-fail-nc-colleges-students/.

样,由政府包办招生的高校,其招生能力也永远没有机会得到培养和锻炼。

针对以往的问题,2015 年的自主招生政策做了一定调整,时间由以往统一高考前调至高考后举行,且不得举行校际联考。笔者认为,自主招生改革的最主要目的是扩大高校招生自主权,2015 年的政策调整并未从根本上改变其"戴着镣铐跳舞"的现状,甚至会被"镣铐"锁得更紧。下一步的自主招生改革应加大步伐、大胆尝试。对于高水平大学,在充分尊重其改革意愿的情况下,可以鼓励它们将高考分数由录取的"硬条件"调整为"软标准",根据高考分数、高中学业水平考试、高中综合成绩、高校自主笔试或面试成绩、考生各种获奖材料或才艺证明、推荐信等进行多元评价与综合录取。对于部分顶尖高校或具有特殊才能的考生,甚至可以完全抛开高考分数进行录取。只有打破高考分数这一冰冷沉重的"镣铐",自主招生才能轻盈舞动、自由选才。与此同时,坚守程序公正、信息公开、机制透明、舆论监督等原则,让自主招生在阳光下摆脱"暗箱操作"与"潜在不公"之顾虑,发挥其科学选才与引导教育的最大功效。今后的自主招生改革,应该在公平、公正、公开、透明的原则下,制定出更加多元、多样的政策,以便真正践行《规划纲要》提出的"建立有利于优秀人才选拔的多元录取机制",并将中小学教育有效引导到素质教育与全面发展的轨道上。

正如统一高考在中国饱受非议一样,标准化考试在美国也是一个备受争议的话题。近 20 年来,不断有学校改革入学政策,取消对 SAT 或 ACT 等标准化考试的成绩要求,实行所谓的"可免试入学"(Test-optional)政策,标准化考试分数不再是必须提交的申请材料。截至 2014 年,已有 800 多所四年制大学(占该类大学总数 1/3)在招生中部分甚至全面实行了"可免试入学"政策,其中不乏高水平大学或文理学院。[1] 实行这一改革主要基于两点理由:一是标准化考试成绩对预测大学学业效果甚微,二是标准化考试强化了社会不平等。已有的试验显示,取消标准化考试分数的要求、主要凭高中成绩并同时参考其他指标来招录新生的"可免试入

---

① The National Center for Fair & Open Testing. Colleges and Universities That Do Not Use SAT/ACT Scores for Admitting Substantial Numbers of Students Into Bachelor Degree Programs[EB/OL].[2014-08-20].http://www.fairtest.org/university/optional/.

学"政策,不仅提高了对学生大学学业和保留率的预测性,而且招录到社会构成更多样、学术能力更强的学生,公平性也得到提升,提高了弱势阶层子女的入学率。因此,越来越多的学者主张抛弃标准化考试这一最初由私立大学设计、旨在将高收入家庭子女尽收囊中、带有社会偏见与歧视而实际上"找不着北"的"黄金罗盘",创新出适合 21 世纪的招生方法。①

虽然美国学术界对"可免试入学"政策尚有许多争议,但其关于大规模标准化统考的反思与破除统考迷信的改革尝试,可以启发我们省思高考制度。现阶段,我国绝大多数高校仍需倚重统一高考成绩作为选拔新生的主要手段,但"只有统考才公平"的迷思必须破除,高考分数"独霸招生天下"的状况必须改变。唯其如此,考试招生才能真正回归本原,出色发挥选拔英才、服务教育的应有功效。

---

① J A Soares.For Tests That Are Predictively Powerful and Without Social Prejudice[J]. Research & Practice in Assessment,2012(07):5-11.

异地高考政策的公平诉求与困境

——以上海市为例*

异地高考是近年来教育领域最受关注的话题,社会争议多,时常处于舆论的风口浪尖上:"非京籍家长"与"京籍非家长"在教育部或北京市信访办等敏感部门门前频频现身、严重对峙;法学界和教育学界专家学者联名上书政府总理或提请国务院审核"户籍地高考招生"政策的合法性并提交异地高考改革相关方案。媒体则对这些动态紧锣密鼓给予追踪、连篇累牍进行报道。教育部权威人士的频繁表态,更使这一问题的讨论迅速升温。然而,异地高考的改革难度极大,尤其是在京沪广等一线城市,民众对异地高考改革有着强烈的公平诉求,但因外来人口压力巨大,这些城市深陷改革困境,难有实质性突破与推进。本文以上海市为例,通过对上海外来务工人员及其子女的访谈调查,旨在了解民众对这一政策的认识与期待、改革深陷困境的原因,并提出对下一步改革的建议。

一、异地高考政策的出台

异地高考问题是伴随我国城市化进程而出现的教育问题。2003 年,《国务院办公厅转发教育部等部门关于进一步做好进城务工就业农民子女义务教育工作意见的通知》(国办发〔2003〕78 号)印发后,各地进城务工人员随迁子女在当地接受义务教育的问题得到初步解决。但这些就地接受义务教育的孩子却无法就地参加高考,而要回到完全陌生的户籍所在地参加很可能内容不同的高考,异地高考问题的解决显得十分迫切。2012 年"两会"期间,教育部部长袁贵仁承诺异地高考政策方案将在年内出台,本着"中央指导、各地决断"的原则,教育部责令各省尽快出台

---

*　本文与郭振伟合作,原载于《全球教育展望》2016 年第 10 期。

政策方案。2012年9月，国务院办公厅转发教育部等部门《关于做好进城务工人员随迁子女接受义务教育后在当地参加升学考试工作的意见》，要求各地因地制宜，原则上应于2012年年底前出台有关随迁子女升学考试的方案。

在中央的统一指导和要求之下，2012年年底和2013年年初，各地密集出台了外来务工人员随迁子女流入地异地高考的政策方案。由于各省区经济发展和教育资源差异巨大，出台的方案呈现出不同的特点，大致可以分为三种类型。第一类是以山东、江西等地为代表的高考大省，这些省份的特点是人口多，高等教育资源相对贫乏，高考竞争十分激烈。因此，这些省份出台的异地高考政策较其他省份而言门槛较低，一般不设"家长门槛"，只要随迁子女在流入地有连续就学的经历就可以报名参加当地的高考。例如，山东省规定："从2014年起，凡在我省高中阶段有完整学习经历的非户籍考生，均可在我省就地（所就学的高中段学校所在地）报名参加高考，并与我省考生享受同等的录取政策。"第二类是以新疆、西藏、青海和内蒙古等省区为代表的政策优惠区，这些省区地处西部，又是少数民族聚居地，教育相对比较落后，长期以来享受国家给予的政策倾斜和照顾。因此，这些地区虽然不是人口的流入省，但是其异地高考政策也设立了相当高的门槛，主要是为了防止高考移民的出现。例如，内蒙古的异地高考政策对外来务工人员的合法稳定住所、纳税和缴纳社保以及随迁子女的学籍等都做了诸多详细的规定和要求。第三类是社会各界最关注、争议最激烈的北京、上海等地。北京、上海作为我国的政治、经济中心，拥有得天独厚的城市条件和发展机会，教育资源集中且丰富，一直以来，户籍人口都享受着优质的教育资源和较高的录取率。但随着数以千万计的外来务工人员涌入，随迁子女也面临着教育和升学问题，在流入地接受义务教育之后，让这些随迁子女返回户籍地就学的做法既不人道也不符合民主开放社会对教育公平的要求。由于这两地的政策关系到众多外来务工人员随迁子女的高等教育机会，无论是出台还是执行都分外艰难。

2013年5月、6月，上海市政府相继发布了《上海市居住证管理办法》（上海市人民政府令2013年第2号）、《关于印发〈上海市居住证积分管理试行办法〉的通知》（沪府发〔2013〕40号）、《关于印发〈上海市居住证申办实施细则〉的通知》（沪府发〔2013〕41号）等相关文件，对上海市异地高考政策进行详细解读。文件规定：

"自 2014 年起在沪高中毕业且积分达标的居住证持证人同住子女可在沪参加高考,并与本地考生享受同等的录取待遇;积分未达标且参加本市中职自主招生并完成中职阶段学习的毕业生,只可参加本市专科层次自主招生考试。"①文件的出台,标志着上海市对国务院提出的各地制定随迁子女升学考试政策的要求做出了基本回应。那么,这一回应对于异地高考问题的解决是否起到了积极作用?

二、异地高考政策的公平诉求

2014 年是上海市实行新的异地高考改革方案的第一年。该政策要求,外来务工人员必须具有上海市居住证且达到一定积分,其随迁子女方可参加本市的高考及录取。居住证积分管理办法的推行,表明上海市已经打破户籍制度长期以来对外来务工人员随迁子女在升学和考试方面的制约作用,具有重要意义。但从 2014 年上海市秋季高考报名情况来看,符合条件的外来务工人员随迁子女仍然与政策推行前相持平,说明绝大多数外来务工人员随迁子女依然无法在上海接受普通高中教育和参加普通高考,其相关利益诉求依然无法得到满足。

为了解外来务工人员及其随迁子女对上海市异地高考政策的意见与看法,笔者对上海市徐汇区某中学 10 名非沪籍初三学生及其家长进行了访谈调研(访谈对象情况如表 1 所示)②。调查发现,上海市外来务工人员及其随迁子女对异地高考政策的意见和诉求主要集中以下几方面:

———————

① 沪府办发〔2012〕75 号.进城务工人员随迁子女接受义务教育后在沪参加升学考试工作方案[EB/OL].[2012-12-27]. http://www.shmec.gov.cn/html/xxgk/201212/420042012004.php.

② 由于外来务工人员的子女初中毕业后一般都返回原籍读高中,故在沪外来务工人员高中生子女非常难以寻访,只能退而求其次,对初三学生及其家长进行访谈。

表 1　访谈对象基本情况及背景资料一览表

类型	编号	职务	访谈地点	访谈日期	访谈时间
不符合条件的外来务工人员	F1	医用精密仪器公司经理	公司办公室	2015/01/13	102 分钟
	F2	自由职业者	家中	2015/01/14	46 分钟
	F3	汽车装潢从业人员	电话访谈	2015/01/14	10 分钟
	F4	个体工商户	电话访谈	2015/01/14	16 分钟
	F5	个体工商户	电话访谈	2015/01/15	12 分钟
	F6	运输业从业人员	电话访谈	2015/01/15	18 分钟
随迁子女	H1	徐汇区 K 中学初二学生	访谈对象校内	2015/01/10	——
	H2	徐汇区 K 中学初二学生	访谈对象校内	2015/01/10	——
	H3	徐汇区 K 中学初二学生	访谈对象校内	2015/01/10	——
	H4	徐汇区 K 中学初二学生	访谈对象校内	2015/01/10	——
	H5	徐汇区 K 中学初二学生	访谈对象校内	2015/01/10	——
	H6	徐汇区 K 中学初二学生	访谈对象校内	2015/01/10	——
	H7	徐汇区 K 中学初二学生	访谈对象校内	2015/01/10	——
	H8	徐汇区 K 中学初二学生	访谈对象校内	2015/01/10	——
	H9	徐汇区 K 中学初二学生	访谈对象校内	2015/01/10	——
	H10	徐汇区 K 中学初二学生	访谈对象校内	2015/01/10	——

说明：随迁子女的访谈采取笔者给定问题、访谈对象将感想作答在纸上的形式。

（一）"家长门槛"尤其是学历要求过高

从《上海市居住证积分管理试行办法》来看，相关的积分指标体系和条目都是对随迁子女家长（持证人）提出的，包括家长的年龄、教育背景（学历层次）、专业职称和技能等级、在本市工作及缴纳职工社会保险年限以及其他一些加分条目。各积分项目差异较大，比如就家长的学历层次而言，积分管理办法规定："持证人取得大专（高职学历），积 50 分；持证人取得大学本科学历，积 60 分；持证人取得大学本科学历和学士学位，积 90 分；持证人取得硕士研究生学历学位，积 100 分；持证人取得博士研究生学历学位，积 110 分"。其中，学历层次是积分指标体系当中所占比重最大的一项。

在调查中我们发现,外来务工人员尤其是农民工大多集中在 40 岁左右,来沪年限基本上是 8～10 年,有 20％超过 10 年,绝大多数的文化程度是高中以下。接受访谈的家长均表示,家长的学历和其他条件虽然能够在一定程度上体现其对上海的贡献,但绝不是唯一标准,单纯以家长的教育背景来衡量孩子是不科学不合理的,孩子能否在上海继续接受高中教育并且在上海参加高考,完全应该看孩子的个人素质和综合能力,以分数作为衡量的标准。例如,某家长在谈到积分制度时表示:

> 对政策挺失望的,原先以为能够解决小孩在上海的读书问题,但是积分制出来以后发现跟以前人才引进时候没什么大的变化,我仔细研究过这个积分制度,我们这些学历低的家长怎么算都不够 120 分的,政策就没什么进步嘛。(F1:2015/01/13)
>
> 我们在上海已经生活了十几年,小孩从出生到现在都在上海成长,但是没办法啊下学期就初三了,肯定是要回老家了,我们积分肯定不行,我们一个学历不够,一个职称不够,这两个是硬伤啊,小孩是女孩又不想让她上职校什么的,所以只能回去了。(F2:2015/01/14)

学历是笔者在访谈中听到的最多的关键词,大多数人被卡在异地高考政策之外都是由于学历不够。

目前,符合上海市报名参加高考的基本条件是家长积满 120 分,访谈当中大部分家长均已办理上海市居住证,并且按规定缴纳了一定年限的社会保险,有的甚至在上海有产权房,但是无奈学历不符合要求,其子女仍然无法在沪接受高中教育以及参加高考。

(二)应设"学生门槛",综合考察随迁子女的各方面素质并适当加分

《居住证积分管理试行办法》的加分项目都是依据持证人(随迁子女父母)列出的,鉴于城市承载能力的有限性,要求持证人(随迁子女父母)满足相关条件是合理的。然而,在接受教育上,直接参与者并非持证人而是其随迁子女。因此,不少人认为,随迁子女个人情况和综合素质应纳入加分指标体系并且适当给予加分,比如随迁子女在沪接受教育和居住年限、考试成绩和平时表现、道德素质和奖惩情况等等。

接受访谈的家长多数是没有达到积分要求的外来务工人员，他们一方面将积分不达标的原因归于学历所占比重太大；另一方面则认为孩子的教育机会完全根据家长的得分，有很大程度"拼爹"的成分，有失公允。其中有家长认为：

> 虽然现在我在上海也有房产，但是光我这个学历也达不到积分要求，缴一年社保才积 3 分，有房产也没有多少分，开公司还要求你用 10 个以上上海人，我现在这边的条件还没有达到这个要求……相信很多在上海务工的都是普通人，我们这个年龄，有学历和专业职称的就没几个，他设了这么一个门槛，几乎就把我们这批人堵死了。(F1:2015/01/13)

有家长认为，他们这个年纪的人大多没有学历，把学历作为主要的积分指标，实际上和"堵"没有区别。

> 这个政策还是对极少数人有用，对绝大多数人来说是没有任何用的，因为我们这个年纪拥有大学学历的只有很小一部分，我记得以前班里只有一两个人能考上大学，不像现在大学本科学历满大街都是，都不值钱了，还要读研究生和博士生……积分指标里，学历所占的积分是最高的，大专学历积 50 分，大学本科能积 60 分，你想想这就占到 120 分的一半，你要没有规定的积分，没有相应的职称，想积满 120 分是不可能的。(F2:2015/01/14)

他们希望设立"学生门槛"，把孩子的个人情况纳入积分的指标体系，适当增加孩子的加分项目，让受教育者和学校都参与其中，减少"拼爹"成分。

> 积分制规定的所有项目都是针对我们家长的，但是真正接受教育和考试的是学生本人，学生在学校学知识，自己的命运自己不能掌握，完了家长如果没达到要求，自己就要滚蛋回老家，孩子一点主动性都没，很委屈，这个年纪他

也懂一点事了,心里面也难受,久而久之也没有学习的动力了,觉得自己反正努不努力都不可能继续留在上海,小小年纪就留在了阴影,这对孩子成长特别有害,这个制度很不合理! (F4:2015/01/14)

最主要是小孩啊,我们小孩也挺要强的,回来有时候跟我们说为什么不是按照我们的成绩而是看父母的条件啊,他自己也感觉到很不公平。 (F2:2015/01/14)

用流行一点的话来说,这完全是拼爹嘛,接受教育和考试本来就是小孩自己的事情,你现在全部要靠爹妈的情况来决定,于公于私、于情于理都说不过去的,看来别人总结的没错,上海需要的不是我们这些人,而是高学历、高收入的人。(F1:2015/01/15)

(三)应将来沪年限纳入指标体系,在居住证上有所体现

调查发现,除对学历的要求过高外,居住证积分管理办法的另一个不合理之处是没有真正把外来务工人员来沪年限考虑在内。唯一能够体现来沪年限的是在本市工作及缴纳职工社会保险的年限,文件规定:"持证人在本市工作并按照国家和本市相关规定按月缴纳职工社会保险费,每满一年积3分,持证人因未正常缴纳本市职工社会保险费而补缴的、职工社会保险缴费单位与签订劳动(聘用)合同单位不一致的,不作为计算在本市工作及缴纳职工社会保险年限的依据。"然而,调查发现,外来务工人员(随迁子女家长)的来沪年限基本都是8~10年,有20%的人超过10年,有少数在15年以上,他们的孩子甚至就在上海出生。这部分外来务工人员大都是来沪打工的农民工或者个体工商业者,由于以前国家制度不完善和个人公民意识的缺失,大部分没有按规定缴纳社保。虽然近年来由于孩子的教育问题和居住证制度的出台,都主动连续补缴了社会保险,但因不作为计算年限的依据,导致还是无法突出其来沪年限长的优势。

在访谈中,不少随迁子女家长表示他们已经来上海工作了十几年,也能拿出连续居住和工作的证明,为上海同样做出了贡献,已经是"事实上的上海人",理应享受与上海本地户籍人口同等的权利和待遇,他们的孩子也理应同户籍人口享受相同的受教育和考试升学的权利。

我从1997年和她妈妈留在上海打拼，到现在已经有十七八年的时间，这其中也没有回老家，女儿也在上海出生，她自己都不会讲老家话的，她觉得自己就是上海人而不是浙江人，孩子也没回过几次老家……我们在上海市辛辛苦苦发展这么多年，哪一件事没有为上海做贡献，平时的吃穿、消费、工作都是贡献啊，十几年的贡献就不如有学历的人的贡献大吗？这些我觉得都应该考虑的，毕竟孩子从出生就在上海上幼儿园，之后上小学，上初中，上到现在你说她不满足条件，让她回老家读，这对孩子感情上也是伤害嘛，对小孩子心理上也不好，肯定会自卑啊。(F2:2015/01/14)

（四）放开高职尚不能满足随迁子女升学要求

上海优质的教育资源和优厚的升学待遇，是随迁子女留在上海继续接受高中教育和参加高考不可忽略的主要诉求之一。虽说，上海市新出台的异地高考政策当中也考虑到将不符合条件的随迁子女分流到中高职教育，而且打通中高职贯通和升本的通道，满足其继续留在上海并且接受高等教育的愿望，但是鉴于我国现在职业教育体系尚不完善，管理有待加强，加上长期以来思想观念上的偏见，因此绝大多数的外来务工人员子女并不认可这条职业教育的途径。受访结果显示，只有22.8%的非沪籍初中生会选择中职校考试，其余的均选择回乡上高中，参加普通高考考大学。

成绩好的孩子的家长认为，他们的孩子在班上成绩优异，将来完全有考上重点大学的可能，如果选择读中职校既是人才浪费，孩子也不甘心，因此坚决不会为了继续留在上海让孩子委屈读中职校；孩子成绩不好的家长也不同意孩子读中职校，认为孩子成绩不好是因为不努力，但是接受"正规教育"（即普通教育）至少不会让小孩品行变坏，如果过早让孩子知道自己不能读高中而只能参加中职校的考试，可能会导致孩子更加不努力甚至堕落变坏，而且中职校的风气不好，也容易让孩子学坏。

我是坚决不会让我女儿上职校的，宁可我们全家回老家，我放弃我在上海的事业，职业学校说是学技术的，你看有几个职业学校能学到技术，上那种学校孩子除了学坏没有第二种可能,那种地方就是你交了钱不去上课也行,男生抽烟喝酒打架,女生谈恋爱,有的从小就走上邪路毁了……(上正规普通高中)不可能发生这种事情,大家都在学习,没人理你,而且整体氛围好……即使满足条件也不会上(中职校)的。(F1:2015/01/15)

我小孩自己也不愿意去,他学习成绩很不错,班里能排前三吧,我们也没考虑让他去读中专,你刚才说了虽然国家有一个规定,不可能让所有的人都上高中,但是至少大家都是优先考虑高中的,考上大学,毕业之后出来也好找工作。(F6:2015/01/15)

在对学生的访谈中,大部分学生也表示希望将来"考上重点大学"(H1:2015/01/10)、"上一所理工科大学"(H3:2015/01/10),而不愿意上职校。

调查表明,能留在上海读书并不是外来务工人员及其随迁子女的唯一目的,在上海接受优质教育,继而通过高考享受更加优质的高等教育才是他们的真正诉求,放开中职校虽然显示了上海的诚意,但是无法满足外来务工人员随迁子女的升学期望,这也是目前他们认为教育不公平最重要的影响因素。

三、异地高考政策困境及原因分析

高考改革是教育领域诸多改革中当之无愧的"焦点",而异地高考又是高考改革中最引人关注、难度最大的问题。自20世纪90年代至今,高考领域的许多改革都有程度不同的进展甚或突破,唯异地高考问题依然是"一块难啃的硬骨头",困扰着考生、家长和各级各类教育部门。这是因为,异地高考不仅仅是一个在哪里参加考试的教育问题,而是一个与政治稳定、经济发展、教育资源、文化基础、就业流向、地方投入等多方面密切相关的社会问题。异地高考政策要制定合理并具有良好的执行效果,必须清楚了解政策的诸多制约因素。那格尔认为,"政策由目标、对象和手段三个要求构成,一个好的政策应该目标明确、对象界定清楚、手段有效而可行。"[①]当前,社会各界对随迁子女异地高考政策的反响不一。本文基于对目标群体的调查,发现上海市进城务工人员随迁子女异地高考政策主要面临以下几个困境:

（一）难以平衡各方利益

异地高考政策难以最大限度地接纳外来务工人员,主要原因之一是因为本地户籍居民认为这样会损害到当地考生的利益。因此,每一次关涉到当地考生利益的改革总会有户籍人口反对,甚至出现一些沪籍人员和非沪籍人员在此问题上的"约架"和"约战"现象。[②] 透过现象看本质,其争议背后的焦点是在教育资源有限的现实情况下抢占优质教育资源和更加有利的地位。

公共政策学关于改革的内在规律理论告诉我们,如果一个现存的局面让所有各方都不满意,那么改革将有望突破;反之,若其中一方特别满意维持现状或者特别不满于现状,改革则面临着利益平衡的困境。允许一部分符合条件的外来人员参加上海的高考,不可避免会减少了户籍考生的相关利益。因此,找到顾及双方利益的平衡点,是改革决策者面临的最大难题。

（二）政策目标与对象需求不一致

2013 年 6 月,上海市《居住证积分管理试行办法》颁布,除了以居住证的人口管理形式代替户籍制度外,似乎并没有给热切盼望政策出台的人们带来多少惊喜,对居住证持证人条件限制的苛刻,让外来务工人员及其随迁子女深感失望。从积分的指标体系很容易看出学历和纳税所占的分值极高,人们由此总结出上海需要的是"三高"人群——高学历、高收入、高能力,这让相对处于底层的外来人员无形之中有了被排斥感。调查中了解到,所谓的"三高"人群在外来务工人员中占比不高,并且,这类为数不多的"三高"人才在政策出台之前就已享受到人才引进制度的

---

① 斯图亚特·S.那格尔.政策研究百科全书[M].林明,等,译.北京:科学技术文献出版社,1990:112.

② 陈立鹏,郭晶.我国现行异地高考政策分析[J].国家教育行政学院学报,2013(04):30-34.

相关优惠。政策的目标依然是在保障城市的发展及其承载能力的前提下,不损害户籍人口的相关权益,最大限度地杜绝高考移民、保障教育公平。因此,这一政策并没有满足大部分随迁子女升学和考试的需求。换言之,大部分外来务工人员及其随迁子女由于门槛太高仍旧被排除在政策范围之外。例如,笔者所调查的徐汇区某初中校,属于市教委划归接纳农民工子弟的学校,80%以上的学生为外来务工人员随迁子女。该校初三某班主任表示,一个班符合条件参加上海市中考的人数寥寥无几,不愿参加中职校考试的学生大部分面临着返乡的难题,对此老师们也十分无奈和惋惜。

(三)政策缺乏顶层设计

从各省酝酿出台关于异地高考的政策伊始,教育部就在"中央指导、地方决断"的方针下提出了"坚持以人为本、促进教育公平""坚持有利于保障和改善民生、加强和创新社会管理、维护社会和谐""保障随迁子女受教育的基本权利和升学机会""坚持有利于促进人口合理有序流动""统筹考虑异地务工人员随迁子女升学考试需求和人口流入地教育资源承载能力"[①]等具体指导原则,各地在教育部的统一指导下结合本地实际出台异地高考相关政策。

但在改革实践中,由于各地实际情况差异较大,本来由各自制定和实施的随迁子女异地高考政策符合因地制宜的原则无可厚非,但对于少数如上海市这种外来人员众多、牵涉利益巨大的省市,由于缺乏顶层设计,交予各地相当大的自主权,造成为保护地方利益而排斥外来人口利益的地方保护主义。事实上,北京、上海等地在异地高考改革上是"拖后腿"的。例如,北京市今年只放开了随迁子女在京参加高等职业学校招生录取,且需要满足在京缴纳社保满6年、子女在京连续就读高中三年等五项条件。这样的异地高考方案,本地户籍人口不会有太大意见,外来务工人员也不会产生太大兴趣,地方政府根本没有触及异地高考相关群体的核心利益诉求。上海市异地高考政策的出台,主要是以居住证为基础,采取"有条件准入、无

---

① 国办发〔2012〕46号.国务院办公厅转发教育部四部委关于做好进城务工人员随迁子女接受义务教育后在当地参加升学考试工作的意见的通知[EB/OL].[2012-08-30].http://old. moe.gov.cn//publicfiles/business/htmlfiles/moe/moe_1778/201208/141376.html.

障碍考试"的方法，通过积分实现外来人口在上海参加中考和高考。然而，在现实中，由于积分要求比较苛刻，现有政策除了可以制止高考移民的违法行为外，也把绝大部分外来务工人员随迁子女挡在就地接受教育与考试升学的门外。

坦率地讲，地方政府在异地高考问题上的解决能力其实是有限的，无法协调开放异地高考所带来的高考录取指标和资源调配问题，长此以往，只会增加地方政府的改革惰性，对于问题的解决毫无益处。如果没有中央层面的顶层设计来引导，仅靠地方政府来解决异地高考这一棘手问题，很难真有作为。

四、异地高考改革政策建议

关于异地高考问题，当下社会各界不仅清醒意识到解决的重要性，而且正在设法解决它，这是好事却非易事。异地高考这一根源于社会发展不均衡、关涉各方面改革与利益重新分配的重大问题，不仅需要相当长的时期来逐步解决，而且也无法达到绝对的公平。对于高考这种牵涉面广、规模巨大的高利害考试，怎么改都可能会让部分群体认为不公平。但是，打破地域界限、破除地方保护主义是一种必然，更是一种必须。这是我们面对异地高考问题必须持有的清醒认识。相较于其他省份，北京、上海、广州等地异地高考方案的出台与实施倍显艰难。客观地说，上海市异地高考政策的出台，在解决进城务工人员随迁子女教育与升学问题、提升教育公平的进程上迈出了相当重要的一步，也给其他省市的人口管理和教育改革提供了有益的经验。即便如此，上海市仍然没有彻底解决异地高考的问题，绝大部分农民工群体和外来务工人员仍无法享受到改革带来的成果。笔者在调研中可以清楚地看到，进城务工这一群体中的绝大部分人员仍在观望和等待，交谈中家长和学生所传递出来的那种紧张和急迫感让我们感同身受又无可奈何。尽管异地高考政策一定会呈现越来越开放的态势，也尽管目下的改革十分迫切，但作为一项受政治、经济、教育等多种因素影响且关涉到本地与外地人员双方切身利益的重大政策调整，异地高考改革又必须把握全局、审慎推进。笔者认为，解决异地高考既要采取权宜之计，更要制定治本之策。综合改革、稳步推进、逐步放开，是解决这一问题的理性选择。要妥善解决好异地高考问题，必须考虑以下主要方面：

（一）统筹协调、分步实施

进城务工人员随迁子女异地高考的问题并不单单是教育问题，是我国城市化进程的大背景下各种制度矛盾在教育上的反映，因此仅由教育部门来解决此类问题是不现实的，除了制定教育改革方案，还需要对户籍制度进行同步改革，"需要从国家和中央政府层面统筹，以省级政府为主体，协调包括教育行政部门在内的政府各相关部门共同参与配合"。[①] 可按"先易后难""先地方后中央"的顺序，结合各地的实际情况和教育资源承受能力来制定具体细则，将具体决策权交给地方，有限放开或者完全放开异地高考。如果要求各地"一刀切"地贸然放开，对流动人口子女随迁就读京、沪等地的行为乃至对未来的务工流向等，都将产生极大的刺激作用，从而可能给流入地的教育、经济、就业、人口管理等带来很大压力，造成在地与流入双方人士的矛盾。即使在不损害流入地户籍学生教育机会的前提下，采取增量的办法给随迁子女分配招生指标，在高等教育规模不变的情况下，增加随迁人口子女的招生指标，必然意味着减少其他地方学生的升学机会，从而可能带来新的不公。因此，各地在制定异地高考方案时，应当倾听公众呼声、回应百姓关切，进行民主与科学决策，避免因政策失当引发新的社会矛盾，与改革初衷背道而驰。异地高考问题的复杂性决定了解决这个难题不可能一蹴而就、一劳永逸。就上海市而言，当前最主要的任务是研究更为细化的政策方案，将外来务工人员及其随迁子女进行分类，制定针对性更强的解决措施，切实解决那些有迫切需求的随迁子女群体的教育机会问题，同时可以将来沪年限、纳税证明等硬指标加入到积分考核范围，逐步扩大符合条件人群的范围。

（二）采取多元考试录取的方式

2014 年 9 月 4 日发布的《国务院关于深化考试招生制度改革的实施意见》，明确提出要改进招生计划分配方式，提高中西部地区和人口大省高考录取率，促进区域间的教育公平。在具体的举措中提出了改革招生录取机制，完善和规范高校的资助招生，完善高校招生选拔机制，同时启动高考综合改革试点。随后，上海市和

---

① 吴霓.进城务工人员随迁子女在流入地参加中高考的现实困境及政策取向[J].清华大学教育研究,2012(02):107-112.

浙江省率先公布高考改革方案,其中,《上海市深化高等学校考试招生综合改革实施方案》提出不分文理科、外语一年两考、学业水平等级考试代替自选科目考试、在自主招生环节使用高中生综合素质评价等新举措。[①] 多元考试录取的改革思路可以为解决异地高考问题开辟一片新天地,例如:改革高考考试录取制度,在全国普通高校招生统一考试的前提下,优化考试遴选方式,参考上海、浙江做法,与多元化考试评价和多样化选拔录取相结合;以省为单位,按各省高考实际报名人数统一分配招生指标,尤其是部属院校,要适当增加"高考大省"的招生名额,确保区域间录取率差距保持在合理范围之内;加快推进统一高考,扩大高考的国家统一命题试卷范围,使试卷内容、评价标准和录取标准趋于一致,减少在分省命题制背景下的地方保护主义[②];在试卷相同地区实行异地借考,借此可扩大异地借考的范围;等等。

(三)深化职业教育改革,完善职业教育发展体系

对于不符合条件在上海进行中考和高考的随迁子女,考虑到他们想继续留在上海的愿望,上海市的异地高考政策打通了中职校的贯通教育,规定凡是连续有本市初中阶段 3 年学籍的应届毕业生,均可在本市参加中等职业学校自主招生(包括"中高职贯通培养模式"招生)。给随迁子女人群职业教育升学机会,是对其接受完义务教育后可选择的一条有效的通道。目前,民众之所以不情愿接受职业教育,首先是由于思想观念的影响,其次是因为当下我国职业教育体系发展还不完善。因此,建立中高等职业教育协调发展的现代职业教育体系,为农民工随迁及其他流动人口随迁子女提供一条在流入地参加升学的暂行通道,既可以满足他们接受下一阶段教育的需求,也可以兼顾到经济社会发展对高素质劳动者和技能型人才的广泛需求。

(四)促进区域间优质高等教育资源均衡发展

允许随迁子女在流入地参加高考,固然是出于尊重流动人口教育现状的一种

① 沪府办发〔2014〕57 号.上海市人民政府关于印发《上海市深化高等学校考试招生综合改革实施方案》的通知[EB/OL].[2014-09-18].http://www.shmec.gov.cn/html/xxgk/201409/420032014012.php.

② 伍宸,洪成文.我国异地高考问题、原因及解决对策——基于新制度主义的分析[J].中国教育学刊,2012(11):22-26.

人性化考量,但异地高考之所以被高度关注,并不仅仅缘于这一考量,其背后有更深层的原因,即异地高考将可能成为调整不同省市的高等教育入学机会乃至社会发展水平高度失衡状态的突破口。京、沪等地由于经济与文化相对发达,社会生活水平相对较高,吸引了大量流动人口。更重要的是,高等教育资源尤其是优质资源高度集中的京沪等地,成为最吸引随迁子女就地高考的地区,也是异地高考问题解决难度最大的地区。所以,异地高考问题产生的深层背景,是各地经济、文化、教育发展的不均衡,尤其是优质高等教育资源分布不均。截止到 2014 年 7 月 9 日,全国高等学校(不含独立学院)共计 2542 所,其中普通高等学校 2246 所(包括民办普通高校 444 所)。① 按照区域分布统计,75 所教育部直属的高校当中,有 50 所地处东部沿海地区,其中北京的数量又占到一半,达 24 所。由于随迁子女高考问题长期存在、积弊甚深,眼下只能先以逐步和有限放开、划拨增量等治标之策以对付其紧迫性。但强化资源均衡、加大扶持弱势地区各级教育尤其是高等教育的规模与质量、改变目前优质高等教育资源高度集中的局面以及改革高考制度等,才是解决异地高考和高等教育机会地域失衡的治本之策。这就要求逐步平衡国内一流大学在各省的招生比例,同时加大扶持资源弱势地区各级教育尤其是高等教育的规模与质量,改变目前优质高等教育资源尤其是京沪等地优质高等资源高度集中的局面。②

需要强调的是,高考毕竟只是高校选拔新生的一种手段,其功能是有限的,不能指望高考来解决教育乃至社会存在的所有不公平问题。高考面对教育资源失衡这一复杂问题,其实很无力,也很无奈,这也正是异地高考问题成为"难啃的硬骨头"原因之所在。

---

① 2014 年全国高等学校名单(截至 2014 年 7 月 9 日)[EB/OL].[2014-07-09].http://www.moe.edu.cn/publicfiles/business/htmlfiles/moe/moe_634/201408/173611.html.

② 郑若玲.异地高考:为何千呼万唤难出来[N].光明日报,2012-11-28(B14).

下 编

史外借鉴

科举学：考试历史的现实观照 *

在中华民族的历史文化中,科举可谓是历时最久、影响最深的遗迹之一。科举考试在中国历史上存在了 1300 年,是当时最为重要的一项政治、社会和教育制度。至今,古老的科举仍是徘徊在中国大地上的一个历史文化"幽灵"。作为一项以选拔官员为主旨的考试制度,科举在考试领域更是留下了深刻的印痕,其对当代考试的影响波及文化、制度与技术各个层面。由于古代科举性质复杂,现代各种考试制度差不多都能在其复杂多样的形式和性质中找到自己的雏形或粗坯,想要追溯自己的历史渊源,就不得不回到科举那里去,这便是为什么现代各类考试改革都要研究"科举学"的缘故,"科举学"因此具有强烈的现实性。作为一门研究过往考试制度及其运作历史的专学,"科举学"既包括制度考订和史实钩沉等较微观具体的研究,也包括而且强调探寻考试发展内在规律及对现实考试改革影响等较宏观的研究。对高校招生考试制度(以下简称"高考")、自学考试、国家公务员考试等几种现代考试制度与科举考试的渊源与借鉴关系作一番历史与现实的观照,便可明显看出"科举学"研究的现实意义。

一

同为大规模的社会竞争性考试,古代科举与现代高考颇多相似,故后者受前者的影响也颇为深重。在"学而优则仕"的科举时代,办学的目的是"储才以应科目",科举遂成为当时整个教育制度的重心和人文教育活动的首要内容。虽然百年前科举考试很不光彩地退出了历史舞台,声息已然缥缈,但具有深厚历史底蕴的科举考试所形成的一些传统与文化,却并未因此断绝,至今仍以潜在的形式顽强存留于现

---

* 原载于《厦门大学学报(哲学社会科学版)》2000 年第 4 期,《新华文摘》2001 年第 2 期转载。

实中。科举文化对学校教育的影响，诚如李远哲先生在香港中文大学作的专题演讲中所形容的"科举幽灵"，"它以学业成绩至上的方式，如幽灵一般从后门溜进了新式的'学校'教育"。[①] 而这种影响最集中的表现便是现代高考。与科举的革废是时人议论的焦点这一历史情形有着"惊人的相似之处"的是，被喻为"现代科举"的高考制度之存废与改革亦成为当代社会关注的焦点。

十余年来，每逢高考前后，学界和广大百姓都会自觉或不自觉地掀起一股讨论高考的热潮。近几年，随着"素质教育"的提倡，关于高考存废与改革等问题的争论更是空前激烈。对于高考存废这一考试研究领域中至为根本的问题，学界一直存在着"统派"与"独派"的针锋相对。20 世纪 90 年代中期以前，对抗的天平基本上倾斜于"统派"一边。但随着"应试教育"弊病的加剧，整个社会都激愤地抨击着"片面追求升学率"，并对高考的指挥棒作用群起而攻之，矛盾双方遂逐渐势均力敌。1998 年春夏之交，由对语文高考试题的不满引发了一场对高考自建制以来最为激烈的批判，坚持了数十年的统一高考制度似乎"四面楚歌"。而"在批判高考、主张废除高考的论著中有一共同特点，即不约而同地将高考与科举相提并论，似乎科举在人们印象中是十恶不赦的封建取士制度，而高考既然可以与科举作类比，则可等量齐观，高考也不是什么好东西，应该加以废除了"[②]。

西方学者桑塔亚那说过："不读历史的人，注定重犯历史的错误。"对高考这样一种与古代科举有着基本相同的精神实质、兼具教育性与社会性的现代大规模竞争考试，其存废与否仅靠考试或教育理论的指导显然远远不够。欲避免"重犯历史的错误"，唯有将高考的存废问题放置科举的历史背景中加以考察，方能得出符合考试自身发展规律的结论。

纵观中国历史上的各种制度，可以发现，科举是其中历史最久、变化最小却又影响最大的一项。经过隋朝科举建制前数千年的孕育与尝试和建制后千余年的运行，科举已成为一部结构精细复杂的制度机器，其整体运作设想之周延已达至相当惊人的地步。由于科举取士关系重大，且历时久远，其积极功能与消极影响都十分

---

① 李远哲.中国文化与教育[N].参考消息,1999-10-11.
② 刘海峰.高考存废与科举存废[J].高等教育研究,2000(02):39-42.

巨大，有如一把双刃剑，磨砺得越久越锋利，科举因此在其漫长的历程中遭遇了各种议论，其中影响较大的是发生在封建社会最高决策层的六次争论或改制。[①] 争论的结果是科举数次被废。但科举总似有"神灵"相庇，旋废旋复。而佑护科举之"神灵"正是科举自身。因为旨在选拔"精英"以治国的科举制与儒家政治理论十分吻合，在崇尚儒家文化的中国古代，有非常适宜科举制生存的文化土壤。而且，由于科举是普通知识分子获取政治特权、经济利益和社会地位的最佳乃至唯一渠道，对士子的利诱力非常大，科举选拔出来的各级官员一般都对朝廷忠心不二，从而使封建统治机器运行达千年之久。与此同时，封建统治者为使"天下英雄入吾彀中"，又不惜代价精心保养和维护着科举这部精细繁复的人才筛选机器。

如果说，在科举具有强盛生命力的诸多原因中，与儒家理论相适应这一原因是封建时代所特有的，那么，"一切以程文为去留"的公平竞争、择优录取这一因素则超越了封建时代，而且是科举制得以长期存在的根本原因。科举（考试）之公从一开始即为人所识。早在唐末五代时，就有人感叹科第之设，使有才干的草民得以出人头地，无其才的王孙公子沉迹下僚。[②] 到明代，科举已被人们视为天下最公平的一种制度，以至于时人有"科举，天下之公；科举而私，何事为公？"之说。[③] 到近代，孙中山先生更是将科举誉为"世界上最古最好的制度"。历史实践一再说明，在古代中国这样一个深为人情、关系、面子所累的国度，以荐举为核心的任何一种选才方法或制度最终必然出现权贵把持、徇私舞弊之弊病。唯有以考试为核心的科举制度，方从制度上堵住了"任人唯亲""血而优则仕"之漏洞。科举虽存在不少问题，但"圣人不能使立法之无弊，在因时而补救之"。[④] 故立法取士，不过如此。一千多年间虽经许多尝试，却没有任何人找到一种更为有效的能够取代科举这种考试选才方式的制度。

然而，科举毕竟在风雨飘摇的清末走向了命运的终结。究其因，外部原因是清政府的内忧外患，内部原因则在科举自身，而且是缘于考试内容和操作者而非制度

---

① 刘海峰.科举制长期存在原因析论[J].厦门大学学报（哲学社会科学版），1997(04):1-6.

② 卷三:后论[Z]//王定保.唐摭言.上海:上海古籍出版社,1978.

③ 张萱.卷44:礼部（选举科场）[Z]//西园闻见录:第8册.南京:哈佛燕京学社,1940.

④ 卷一〇八:选举志[M]//赵尔巽,等.清史稿.北京:中华书局,1976.

本身。"如果把(科举)制度比喻为一条流水生产线,那么需要由这项制度来操作的具体内容就像投入流水线上的原料。……产品的优劣并不仅仅取决于流水线本身,还与投入的原料及操作人员有关。"①科举之所以到后来无法正常发挥其积极功用,就是因为其内容数百年僵化不变。的确,自始至终,人们在非议科举时,很少甚至几乎没有人否定其制度本身,而将讨论或改良集中到考试内容、考试形式以及录取的地域均衡等方面。千余年考试内容僵化的积重难返,是科举终结之根本原因。

重揭历史的伤疤是痛苦且需要勇气的。当历史的"负面剧本"面临着重被搬上当代舞台的危机之时,当坚持了数十年、对促进人才的成长和推动全民族文化的发展"功德无量"的高考制度处于生死攸关之际,我们又不得不忍受揭痕之痛。因为在高考制度恢复已逾二十年、弊端亦日渐严重的今天,"某些人似乎更多地看到了考试制度的各种弊病,因而患了'历史健忘症',忘记废除考试制必然带来的更大的弊病,甚至荒诞不经、费尽心机要为当年的'推荐制'寻找某种'合理性',想再以此来补考试之弊,的确是吃错了药。"②就算古代的科举离我们太远而容易被"健忘",那么"文革"中的"推荐制"和"文革"后的"保送生制度"实行不久即被异化为"走后门"的情形,谁又不是历历在目呢? 更何况,这些清晰的往事或现状无不是科举建立之前的推荐制和科举被废之后无序的人才选任制度等历史在当代的重演。当历史的教科书被翻到科举这一页时,本文已无详论高考存废孰是孰非之必要了,因为历史已将答案呈现在读者面前。

不止如此,现代高考中的录取公平问题,也可借鉴于古老的科举。探讨科举考试中有关分区取人与凭才取人的争论,以及分区定额录取制度的形成与演变,对我们认识和改进现代高考分省定额划线招生办法也颇有益处。

从制度层面来说,科举不愧为中国传统文化的一个"杰作"。但和其他任何传统文化一样,科举文化所形成的深厚的历史积淀仍被分为清晰的黑白两半。同样,

---

① 葛剑雄.科举、考试与人才[C]//人才与经济、社会、文化发展.南京:东南大学出版社,1996.

② 雷颐.珍惜考试[J].大学生,1997(10).

"科举学"的研究价值亦不仅仅在提供正面借鉴上，对其消极面的揭露批判也具有同等甚至更大的价值。科举因制度而存，因内容而亡。观照科举考试内容对其制度存废的影响，于当今高考内容与形式的具体改革亦不无借镜。①

二

如果说现代高考与古代科举仅仅是在考试形式和作用影响上有一定的相似性，那么，高教自学考试与科举的血缘关系则要亲近许多。创立于 20 世纪 80 年代初、具有十足中国特色的自学考试制度，是科举考试文化在当代社会的明显存留与升华。

中国建立高教自考制度是世界现代教育史上的一个创举。它是顺应"文革"结束后社会需才急迫而普通高校招生规模严重不足，且有大批青年迫切要求自学成才的需要而诞生的。试想，在当时的条件下，中国为什么没有像许多国家那样大办开放大学或走私人办学的路子，而是发明出国家考试这种教育形式？应该说有传统文化这只"看不见的手"在起作用，因为中国有"以考促学"的古老传统。换言之，这种独特的教育考试制度出现在中国而不是其他国家，有其深层的历史文化渊源。教育部考试中心主任、全国高教自学考试办公室主任杨学为研究员就认为，"自学考试制度直接源于我国古代的科举考试制度"，"自学考试继承和发展了科举考试的传统"。②且不论自考制度本身直接源于科举与否，也无论自考制度的建制者在当时想到借鉴古代的考试形式与否，有一点却毋庸置疑，即科举考试文化作为民族传统的一部分已在传统文化中积淀下来，生长在此文化中的个体或群体多少都带有考试传统的遗传因子。因此，旨在"以考促学"的自考制度就是中国传统文化的深刻烙印在新时期的显现。

按国务院 1988 年 3 月颁布的《高等教育自学考试暂行条例》第二条的定义，"高等教育自学考试，是对自学者进行以学历考试为主的高等教育国家考试，是个

---

① 郑若玲.科举启示录——考试与教育的关系[J].清华大学教育研究,1999(02):15-19.

② 胡家俊,刘生章,等.自学考试管理研究(杨学为序)[M].北京:外文出版社,1994.

人自学、社会助学和国家考试相结合的高等教育形式。"从科举应试者的年龄和考试内容、自学与助考风气以及考试的开放性、权威性和教考分离等特点看，科举完全具备个人自学、社会助学和国家考试三个基本要素。科举就是中国古代的高教自学考试，而高教自学考试在一定意义上则有如古代的科举。[①]

正是由于自学考试根植于科举，而且两者同为各自时代"以考促学"的大规模社会性考试，在"考"和"学"的各个环节都面临诸多相似问题，故研究科举可以为健全和完善当今的自学考试提供正反两方面的借鉴。这也正是教育部考试中心这样一个非科研机构却花大力气来组织研究中国考试（科举）史、各省自考委下达的考试研究课题中考试（科举）史部分占据着重要地位的原因所在。在教育部"九五"规划重点课题中就有以中国考试史为专题的课题，全国教育考试"九五"科研课题中也有"科举考试的作用与影响研究"。另外，全国自学考试办公室、山东省自考办正在进行"科举与自考比较研究"课题，福建省自考委 2000 年也下达了"科举考试与自学考试的比较"和"海峡两岸科举考试的比较研究"两个课题。除资助课题外，自考实际部门的工作人员也积极撰写有关科举的论文。至今在各类自考刊物和论文集中已发表科举研究论文数十篇，这些论文多从自学考试与科举考试比较的角度研究科举对自考的借鉴。

自考界的科举研究不仅取得了丰厚的理论成果，而且产生了实实在在的效应。自学考试建制之初，大到开放性、国家考试、教考分离等宏观特点，小到命题入闱、考试题型、防弊规制等微观操作，或直接继承科举的做法，或在科举基础上进行与现代社会相适应的改良。面对普通高校逐年扩招、学历文凭试点学校日渐增多以及成人学历教育日益红火的严峻竞争局面，自学考试要能够长远健康地发展，除了逐渐完善原有的各项制度外，继续在广博的"科举学"研究领域挖掘历史与文化资源应是有效的途径之一。例如，在处理自学考试与学校教育的关系、改革考试内容、进一步拓展考试功能、严明考试纪律等方面，科举研究都可以给我们以深刻的历史启示。

---

① 刘海峰.科举：中国古代的高教自学考试[J].高教自学考试，1998(01).

三

作为过往社会的"抢才大典"，科举对中国历史上的政治、经济、军事、社会、文化、教育等各方面都产生过不可估量的深远影响。上述高考与自学考试的建立与运作便富含科举考试的文化因子。相比之下，科举对国家公务员考试的影响则更为深远，既有文化与精神上的明显存留，亦有政治制度上的鲜明痕迹；既与本土现、当代公务员制度有承继关系，亦与西方近、现代文官制度有渊源关系。因此，无论从哪个角度或从何种层面，研究科举对于当代中国政治体制尤其是公务员制度的建立与改革都大有裨益。

科举的首要功能是选拔国家后备官员，故其对政治产生的影响最大也最直接。科举实际上就是中国古代的文官考试制度（除选拔少量武官外）。到近代被废前夕，科举已开始朝现代文官考试性质转变，但科举的命运就像它所依附的政治舞台一样，来不及完成这一转变，便在强大的压力下戛然而止，科举终于在它的故乡悲壮地走向了命运的终结。然而，仅仅废制数年后，部分曾在科举废初欢欣雀跃的人士就已痛苦地意识到，科举之废使中国的官员选拔陷入无序状态，更遑论在科举即将迎来其百年祭的今天，人们远距离"冷眼旁观"时对其蕴含的考试精神之深切怀想。余秋雨在谈到科举对文学的影响时所发出的感悟，便是一种代表性心声。"科举以诗赋文章作试题，并不是测试应试者的特殊文学天才，而是测试他们的一般文化素养。测试的目的不是寻找诗人而是寻找官吏。其意义首先不在文学史而在政治史。中国居然有那么长时间以文化素养来决定官吏，今天想来都不无温暖。"①

不过，怀念科举精神的人们仍感到些许欣慰，因为科举虽"失之华夏"，却"得之四夷"。19世纪，当科举制度在其故乡垂垂老矣时，却西传欧美，以一种全新的面貌出现在世人面前。欧美国家巧妙地将科举的考试选才平等竞争精神学了过去，建立起现代文官制度，从而有效地抵御了官场的腐败及任人唯亲的宗法原则，极大地提高了政府的行政效率，为欧美国家的政治制度开创了全新的局面。为此，一些

---

① 余秋雨.十万进士[J].收获，1994(03).

西方学者对科举赞誉有加。西方学者卜德将科举制誉为中国赠予西方的"最珍贵的知识礼物"。美国著名汉学家 H G Creel（中文名顾立雅）更是认为科举制影响的重要性要超过物质领域中的四大发明，是"中国对世界的最大贡献"。[①]

尽管西方学者对科举"多彰其功"甚至"好评如潮"，但科举的千秋功罪至今难以"盖棺论定"。之所以如此，与人们考察它的视角、距离以及立场的不同密切相关。辩证地看，科举的利弊相随相依，且都十分明显。但科举首先是一种选任官员的政治制度，若仅从这一角度看，科举对中国官僚政治产生的影响利无疑要大于弊。与以前的各种官吏选任制度相比，科举制可谓是一种实实在在的"精英再生产机制"。[②] 它第一次撇开了血缘、门第、出身、家世等先赋性因素，而将无法世袭的学问作为官员录用与升迁的基本标准。这种机制改变了官员的社会地位来源，极大地促进了社会阶层的流动，更新了官员的成分结构，有利于澄清吏治，在一定程度上减少了官场请托、植党营私的机会，起码在政府机构的入口处限制了任人唯亲的腐败现象发生。而且唯才是取的原则，保证了官员队伍具有较高的文化素质。从一定意义上说，中国的古代文化之所以成为世界上唯一的延续数千年不断的文化，古代中国之所以成为世界上唯一能够在两千年间大体维护统一的广大疆域的国家，科举制度功不可没。但另一方面，科举又强化了官僚政治，使"做官第一主义"在中国根深蒂固，客观上助长了唯官、唯书、唯上的习惯和心理定式的形成，对中国社会有着长远的消极影响。[③]

当这种运行了 1300 年的"精英再生产机制"被连根拔去后，当时的中国社会出现了怎样的情形呢？有的学者认为，废科举有如发生一场社会大地震。作为清王朝自发进行的一次变法，废科举深刻地影响着其后近百年的国运兴衰与社会变迁，可谓是唐宋以后、民国以前中国历史上最重大的一次制度革命。作为社会重要支柱的文化与政治两个层面所产生的震荡便清楚地说明了这一点。从文化层面看，

---

① H G Creel.The Beginning of Bureaucracy in China：The Origin of the Hsien[J].Journal of Asian Studies,1964(23).

② 孙立平.科举制：一种精英再生产的机制[J].战略与管理,1996(05).

③ Liu Haifeng.The Double-edged Sword：The Merits and Demerits of the Imperial Examination System in China[M].Beijing：Foreign Language Teaching and Research Press,1998.

科举的废止导致了中国历史上传统文化资源与新时代的价值之间的最重大的一次文化断裂。而从政治层面看,科举之废使得人心与政局都迅速陷入混沌状态。作为过往科举社会的主角,知识分子在科举被废后的政治舞台上出演了一幕幕令人心酸的悲剧,从此不得不面对一种起伏跌宕的命运。于是,在清末新政时期出现了大批既无法进入新式学堂又无法通过科举取得功名的"无根人",成为对社会政局稳定极具破坏力的"游民阶级"。就制度而言,废科举亦非有效的改革。因为罢废科举非但没能达到"补救时艰"、挽救政局的目的,反而出现了一种可怕的官员选任制度真空。这样,在新旧规制之间本该有的过渡的锁链被突然断开,正如严复所言,"非新无以为进,非旧无以为守"。这种"先破后立"的"休克疗法"没有充分考虑到新旧制度整合时所引发的问题,从而导致严重的社会脱序和社会整合危机。①因此,废科举所带来的社会震荡之强烈、政局之混乱远远超出时人的估计与想象。

在科举被废后较长的一段时期,近代中国一直未能重新建立起一种公开、刚性和程序化的选官制度。不止于此,当时中国的官员选拔制度实际上倒退到了科举制以前诸形态。废科举这项重大的社会工程,也由于操作衔接环节的失误,向政府的效绩索取了高额代价。直至南京临时政府建立后孙中山先生下达了系列文官考试的批令和咨文,干部选任制度的真空才得到填充。因此,有的学者认为,成熟期科举制度在严肃科场纪律、实行规范竞争方面,的确是我们现行的考试制度所不能及、更是"察举征辟"色彩浓厚、身份与"关系"背景强烈的我国现行干部制度应当借鉴的。②

在经历了近一个世纪的政坛风云与官制兴革后,中国的政治面貌已焕然一新。人们欣喜地看到,改革开放二十多年来,各项体制都已进入改革的攻坚阶段。政治体制改革正是其中最重要也最难啃的一块"硬骨头",而建立国家公务员制度又是我国政治体制改革的重中之重。20世纪90年代我国建立公务员制度之初,人们很少关注本国悠久的官员选任制度史,主要是仿效西方的现代文官制度。但事实是,现代西方文官制度源于中国的科举制。孙中山先生早在1921年所作的《五权

---

① 萧功秦.从科举制度的废除看近代以来的文化断裂[J].战略与管理,1996(04).
② 秦晖.科举官僚制的技术、制度与政治哲学涵义[J].战略与管理,1996(06).

宪法》讲演中就指出，西方各国用以选拔官员的考试制度都是源自中国的"古法"考试。这一点也得到了西方人士的认可，几乎所有的西方政治教科书都将文官制度的创始者归于中国。因此，曾任美国联邦人事总署署长的艾伦·坎贝尔教授在 20 世纪 80 年代初应邀来华讲学时，得知要在其发源地讲授文官制度后深感惊讶。诚然，西方文官制度在中国科举制基础上进行了很大程度的改良，有许多先进的因素值得我们吸纳，但其奉行的公平竞考、择优录用原则均取法于科举制。因此，当我们致力于建立和完善国家公务员制度时，无论从吸收国外文化抑或从吸收本土文化的角度，研究科举都是我们无法绕过的课题。当然，我们不能指望仅靠考试取官就能解决政治体制现代化的出路问题，但作为一种精巧的政治录用方式，考试选才可以减少用人方面的腐败，其平等择优的精神具有恒久的价值。

综上所述，同为大规模社会性考试，现代高考、自学考试和国家公务员考试，或在考试性质、考试功能、或在考试产生的社会影响上，都与科举有着某种程度的直接承继或间接渊源关系。不仅如此，与科举考试的性质、功能差异甚大的现代社会各类专业资格证书考试，也可从考试题型、考试组织、防止作弊等方面吸取科举考试方法与技术之精髓。至于科举时代所形成的在成绩面前人人平等、"读书至上"等社会价值观念和某些心理、习俗，在今天也有明显的遗存，虽不在本文讨论范围之内，但也反映出了"科举学"的现实意义。

人们常说，"过去的是历史，但历史没有过去"。古代中国因科举之故而成为名副其实的"科举社会"。如今，科举虽已停罢，但深含公平精神的考试选才方式却没有而且也不能够废止。在日益追求公平竞争的市场经济条件下，中国正逐渐朝考试社会发展。从"科举学"的视角进行考试历史与现实的观照，有助于我们探寻考试发展的内在规律，并能为今天的考试改革提供丰富的历史素材，使考试制度沿着正确的轨道健康发展。这便是"科举学"的现实意义之所在。

科举对清代社会流动的影响

——基于清代朱卷作者之家世分析[*]

科举制度建立后,随着用人标准向"以文取人"的转变,统治阶层原有的单一封闭的社会成分结构开始受到冲击。尤其是宋代以后,科举在社会政治生活中地位日重,统治阶层社会成分结构也发生了前所未有的变化,并对其时的政治、教育和文化产生了重大影响。科举与社会流动的关系,因此成为历史学界和社会学界研究的兴奋点。关于科举对社会流动的影响,古今中外已有大量定性或定量研究,大致归为三派,即流动派、非流动派和中间派。流动派认为科举促进了阶层的上下流动,以潘光旦和费孝通、柯睿格(E A Kracker)、何炳棣等人的研究影响较大。以海姆斯(Robert P Hymes)、哈韦尔(Robert A Hartwell)和艾尔曼(Benjamin A El-man)等人为主要代表人物的非流动派,则认为科举并未造成多大的社会流动。中间派则更具弹性,一方面肯定科举改变了社会结构,另一方面又认为其对社会流动的作用和影响非常有限,中间派人数可能最众,且观点多在流动与非流动间徘徊,张仲礼、贾志扬(John W Chaffee)、李弘祺等人均持此论。

上述三派观点之所以笔争不断,舌战不辍,盖因受史料时代和地域差异、样本大小、研究方法不同等因素影响。同样的史料,从不同角度或取不同方法分析,可能得出不同结论,这也许是"科举促进社会流动的功能和结果既没有流动派所说的那么大,也没有非流动派所说的那么小"[1]等观点占主流的原因之一。"科举到底引起了多大的社会流动"一直是科举学界的热点与公案,[2]由于观点截然对立,仍不断引发后学者的好奇,笔者也因此加入这一行列。本文选取《清代朱卷集成》[3]为研

---

* 原载于《厦门大学学报(哲学社会科学版)》2007年第5期。

① 刘海峰.科举学导论[M].武汉:华中师范大学出版社,2005:242.

② 刘海峰."科举学"的世纪回顾[J].厦门大学学报(哲学社会科学版),1999(03):15-23.

③ 顾廷龙.清代朱卷集成(全420册)[M].台北:成文出版有限公司,1992.

究史料,试图通过对有清一代近八千份朱卷的作者之家世调查,得出自己的看法。

一

　　《清代朱卷集成》是一套总数达 420 册之巨、弥足珍贵的朱卷大集,收集了进士、举人、贡生卷共计 8364 份。取其为研究史料,主要受潘光旦和费孝通的朱卷研究之启发。[①] 朱卷,即举子的考试卷,一般由三部分组成:一是考生履历,包括考生姓名、字号、出生年月、籍贯、世居地、师承、同谊,以及本族、姻亲和母系等谱系情况;二是科份页,载有本科科份、考生中式名次、考官的姓氏、官阶和批语等;三是考生文章。本研究所取乃考生履历的部分内容,包括考生籍贯、世居地、父祖上五代以及岳父和外祖父之功名与官阶情况。

　　除朱卷外,各种科举录和传记材料(包括个人传记和各地方志所撰传记)等,也是史学界研究科举与社会流动惯用的研究材料。相比而言,朱卷不仅所载家族史料详细具体,而且由于使用场合的严肃性,信息的准确度较高,其研究价值不言而喻。科

---

　　①　就笔者视野所及,迄今为止,取朱卷为史料对科举与社会流动关系进行研究较有影响的成果,主要有潘光旦、费孝通的《科举与社会流动》(载《社会科学》1947 年第 1 期,1～21 页)和张杰的《清代科举家族》(北京,社会科学文献出版社,2003)两项。潘光旦和费孝通的研究主要以朱卷履历为调查对象,但其利用的仅有当时所能收集到的全部朱卷 915 份(盖因样本较少,对进士、举人和贡生卷未作区分)。尽管如此,潘、费之研究仍因开先河而具有重要的学术价值,本文的研究方法便直接得益于之。区别之处在于本研究样本数量更大,且依举子功名高低做了分层归类,以便考察各层举子社会阶层流动的差异性。此外,本研究所考察的举子外祖父和岳父之功名情况,也是潘、费研究所未及。但因角度与方法基本相同,潘、费研究成为本研究的极佳参照。张杰的《清代科举家族》一书,也是以《清代朱卷集成》所载朱卷为基本史料,对一些有典型意义的科举家族进行研究。在与本研究直接相关的该书第五章《社会流动》中,作者分别从"应试中的水平流动""中举者的垂直流动"和"由乡村向城市的迁移"等方面,对科举与社会流动作了定性和定量研究。其中,所作的阶层垂直流动主要根据陕西 23 份举人履历,来统计非科举家族实现整个家族垂直流动(变成科举家族)所需时间。可见,其重点是放在少而又少的科举家族而非普通家族上;由乡村向城市的迁移,则主要从清代顺天乡试外地考生与外地官员人数的对应关系,来看科举对士人居住地的迁移影响。张杰的研究与本研究虽取同一史料,研究角度却颇有不同,所用方法亦归趣甚异。就量化研究而言,此项与本研究不具有可比性。

举录则因受篇幅所限记载较为简单,而传记性材料通常又存在一些漏洞或缺陷,如何炳棣所指出:一是缺乏传主的个人家庭背景资料(除非其祖先是高官显贵或有特别的才能和贡献);二是传记材料的选择通常带有偏见,传主的材料有可能被夸大或刻意隐瞒,或者受编撰者个人主观因素影响。① 朱卷研究因此越来越为史学界所青睐。

本研究在剔除全部 8364 份朱卷中仅存文章的无效残卷后,共得有效卷 7791 份,其中,会试卷 1568 份,乡试卷 4869 份,贡生卷 1354 份。这样的一个样本量是多是少呢?关于朱卷数量,刘海峰认为,假如每位进士、举人和贡生都有一份朱卷,那么从理论上说,清代至少应有朱卷 18 万份以上,但各地现存朱卷仅余 15000 种左右。② 假如这一推算大体准确的话,相比于理论上应有的朱卷数量,本研究的取样无疑只是非常小的一部分,若以整个科举时代举子数量而论,则更微不足道,以此来考量科举与社会流动之关系,不免管窥蠡测,难见全貌。但由于各种原因特别是近代以降中国社会变革频仍,朱卷类史料绝大多数已烟消云散、了无踪迹。若以现存朱卷数而论,则本文的统计量还是不算少的。何况,《清代朱卷集成》的朱卷数在迄今同类文献中已为最多者。本文冀望通过《清代朱卷集成》这扇不小的窗户,能清晰透视科举与社会流动的关系。

研究科举对社会流动的贡献,最常用的方法是分析科第人物的家世出身。本研究亦取此法,并采用 Excel 做分项统计。在科举时代,科考功名对于普通民众所处阶层起着至为关键的作用,即便是那些达官显贵家庭,也需借由功名维持乃至提升其家族地位③,所谓“科第之设,草泽望之起家,簪绂望之继世;孤寒失之,其族馁矣;世禄失之,其族绝矣”。④ 因此本文的阶层划分主要以功名为据,将功名类型分

① Ho Ping-ti. The Ladder of Success in Imperial China:Aspects of Social Mobility,1368—1911[M].New York:Columbia University Press,1962:95-97.

② 刘海峰.科举学导论[M].武汉:华中师范大学出版社,2005:249.

③ 如贾志扬所认为,南宋的官员们往往选择以考试而非其他因素(如武力)来维持其家族地位,因为他们意识到,不是由考试竞争得来的家庭财富往往缺乏安全和保障(详情请参阅 Chaffee John W.The Thorny Gates of Learning in Sung China:A Social History of Examinations [M].New York:Cambridge University Press,1985:187-188)。

④ 王定保.唐摭言校注[M].姜汉椿,校注.上海:上海社会科学院出版社,2003:180-181.

为进士、举人、贡生、生员、其他①和无功名共计六类。

二

统计科举所造成的社会流动,尽管一般都是计算各类中式者出身于平民或各级官员(包括各级功名)家庭的比例,但在具体的统计口径上又略有不同,例如,何炳棣的统计口径较为宽粗,是以"人次"计,即无论上三代先祖出了几个功名(含官职),均计为 1 人次。潘、费之统计则以"人数"计,较前者更为精细,但他们仅将功名分为上、中、下级和无功名四类,"无功名"范围较宽,包含了"其他"类,笔者的统计口径则将这二者做了区分。与此同时,笔者也采用潘、费的口径,试图通过不同口径统计结果的比照,对科举造成的社会流动作出更全面的估算。以下分别从祖上功名、姻亲和母系功名、城乡分布等维度来看科举对清代社会流动的影响。

(一)祖上功名

笔者先依自己的统计口径(即"无功名"与"其他"分别统计),得出各层举子上行五代均无功名的比例,进士、举人、贡生分别为 5.36％、6.72％、4.73％,平均为 6.10％,说明出身于上五代均无功名家庭的举子要想实现向上流动是相当艰难的。6.10％这个依笔者口径统计而得的科举对社会流动的贡献比率不到潘、费所得 13.33％②的一半,概因统计口径的宽严不一所致。

---

① 由于大量举子先祖的身份只有官阶或封典,并无功名记载,而我们又无法根据官阶或封典来判断其功名大小,只好将这样的情况专门划出"其他"类。但可以明朗的是,但凡有官阶或封典者,无论其官阶是用钱买来还是以功名换来,也无论其封典是荫承其祖先之功劳还是因自己的努力而得,都与朱卷作者的功名无关,因而可将之归入有一定社会地位或经济地位的家世之列。当我们的目光投向无功名阶层时,那些功名不明者并不会影响数据统计的准确性。另一方面,若其先祖没有任何功名、官阶或封典记载,以科举时代唯名是重的特点,说明他们实在是找不到可以挂靠的实名或虚名,因此,可视无功名阶层为完全的布衣出身。

② 潘、费所界定的社会流动是举子从上五代父祖中没有获得任何功名的布衣家庭而得功名。经过层层筛选统计,得出五代之内均无功名者的比例为 13.33％,认为这一比例便是科举考试对社会流动的基本贡献率,并据此认为,科举并非完全由已有功名的世家垄断,虽然科举成为社会流动的渠道也并不见得很宽大。

笔者认为,潘、费取举子上五代计算过于苛严,也不一定符合家族发展的实际情况。虽然中国的传统是以五服之内为亲族,但族内的庇荫并非定数。俗话说,"人无三代富"。除极少数名门望族,一般家族若无功名可继,是难以维持五代而不衰的。因此,笔者认为统计上三代功名便足以反映阶层的流动情况。事实上,除潘、费研究外,其余的定量研究基本上都是以三代为据的。对于普通家族而言,家道中落的情况多数时候甚至就发生在一两代之内。对出身于上两代均无功名家庭而考取功名者,视之实现了阶层流动亦无不可。基于这一考虑,笔者依潘、费的统计口径,分别统计了各层举子上行二代、三代和五代均无功名者的比例。

统计表明,上五代均无功名者,进士、举人、贡生的比例分别为 10.65%、10.68%、7.31%,平均为 10.09%;上三代均无功名者,进士、举人、贡生的比例分别为 13.27%、13.41%、9.45%,平均为 12.69%。笔者认为,上三代均无功名者这一接近 13% 的比例,可以认为是清代科举开放给平民上升的道路宽度,或者说是科举在社会流动上所产生的力量或贡献。考虑到举子们在记录家世时可能牵强附会或夸大事实,这一比例实际上是一个可以确信的最小值,科举对社会流动的实际贡献很可能高于这一比例。上两代均无功名者,进士、举人和贡生的比例则分别为 17.22%、17.66% 和 13.07%,平均为 16.78%,说明有近 17% 的举子来自父祖均无功名、绝大多数可被视为布衣之家庭,实现了阶层的向上流动。

若严格按社会阶层流动的定义,只要举子自身获得的功名高于其父祖辈的功名,例如,只要举人和贡生是来自父祖为生员及其以下功名之家庭,便可视为实现了向上流动,进士则更如此。事实上,生员阶层因经济地位低微,也可将其划归于一般平民(何炳棣的研究便如此划分)。这样的统计口径虽然可能稍嫌宽泛,但作为参照还是有其统计意义的。表1便是按这样的划分得出的各层举子上三代均为平民的人数及比例。

表 1　各层举子上三代均为平民的人数及比例 *

		进士		举人		贡生		总计	
		人数	％	人数	％	人数	％	人数	％
父亲	生员	226	14.41	790	16.23	271	20.01	1287	16.52
	无	429	27.36	1419	29.14	333	24.59	2181	27.99
	小计	655	41.77	2209	45.37	604	44.61	3468	44.51
祖父	生员	81	5.17	323	6.63	108	7.98	512	6.57
	无	330	21.05	1070	21.98	243	17.95	1643	21.09
	小计	411	26.21	1393	28.61	351	25.92	2155	27.66
曾祖	生员	40	2.55	159	3.27	60	4.43	259	3.32
	无	275	17.54	892	18.32	198	14.62	1365	17.52
	小计	315	20.09	1051	21.59	258	19.05	1624	20.84
总人数		1568		4869		1354		7791	

　*祖父和曾祖分别是基于前一代或两代也为生员或无功名者的统计。

　　统计表明，若仅计父亲一代，所有举子中有44.51％的人实现了向上流动；若以父祖两代计，有27.66％的举子实现了向上流动；若以上三代计，则也有20.84％的人实现了向上流动。其中，对进士而言，本文只统计了其出身于生员及以下家庭的人数，若将出身于举贡家庭的人员计入，其实现向上流动的比例则更大。

　　值得注意的是，无论基于何种口径来统计，出身于布衣家庭的各层举子中，贡生的比例始终是最低的。一般认为，功名越高，所需文化、社会和经济资源越多，布衣家庭在这些资源的占有上显然处于弱势，因而平民子弟考中功名的概率与功名大小理应成反比。由此推之，出身于布衣家庭的举子应以进士最少，贡生最多。但笔者的统计却与这一推论恰恰相反。原因何在？是否可以归因于贡生的家庭背景？贡生是从生员中经考试选拔优秀者贡入国子监者，但这种由学政主持的选拔考试远不及政府组织的乡、会试严格，人为因素的侵扰可能更多。再者，有些贡生头衔可以通过捐纳而得。如此，获得贡生资格所需的各种资源反倒可能较进士、举人为多，来自较高阶层的贡生自然也多于后者，来自较低阶层者则相应地少于后者。

（二）姻亲和母系功名

非流动派针对流动派的主要攻击之一，便是认为后者没有考虑婚姻关系和母系家族对举子升迁的作用。为探究姻亲和母系因素对阶层变动的影响，笔者按潘、费的口径，统计了所有举子岳父和外祖父的功名情况，得出岳父为布衣的进士、举人和贡生比例分别为43.88%、45.27%和39.00%，平均为四成左右；外祖父为布衣之进士和举人比例则都超过了一半，分别为53.13%和51.80%，贡生依然最少，但也几近一半，为45.72%。

为进一步探究姻亲和母系对布衣家庭出身举子功名之影响，笔者还专门统计了上三代均无功名举子之岳父和外祖父功名情况（表2）。

表 2　上三代均无功名举子岳父和外祖父功名情况

			进士	举人	贡生	生员	无功名	总计
进士	岳父	人数	5	9	33	12	149	208
		百分比	2.40	4.33	15.87	5.77	71.63	100
	外祖父	人数	0	1	19	9	179	208
		百分比	0.00	0.48	9.13	4.33	86.06	100
举人	岳父	人数	8	17	123	41	464	653
		百分比	1.23	2.60	18.84	6.28	71.06	100
	外祖父	人数	4	3	71	30	545	653
		百分比	0.61	0.46	10.87	4.59	83.46	100
贡生	岳父	人数	3	0	25	12	88	128
		百分比	2.34	0.00	19.53	9.38	68.75	100
	外祖父	人数	2	1	8	9	108	128
		百分比	1.56	0.78	6.25	7.03	84.38	100
总计	岳父	人数	16	26	181	65	701	989
		百分比	1.62	2.63	18.30	6.57	70.88	100
	外祖父	人数	6	5	98	48	832	989
		百分比	0.61	0.51	9.91	4.85	84.13	100

表2显示,出身上三代均无功名之布衣家庭的各层举子中,岳父亦为白丁的比例相当高,其中进士和举人的都在70％以上,贡生的也几近这一比例;从母系家世看,各层举子外祖父亦无功名者的比例均超过八成。以上各项若将生员视为平民而计入,则岳父和外祖父之平民比例会更高。

(三)城乡分布

通过举子的城乡分布,可大致了解士子中举几率的城乡差异,科举所造成的地域流动规模,以及影响社会流动的因素等。

举子履历中所标明的世居地,分为城、镇、乡三类。[①] 在 7791 份朱卷中,记载了世居地的有 6516 份,将世居地"不详"者剔除后,城、镇、乡举子比例分别为53.96％、22.70％、23.34％。这一结果和潘、费得出的 52.50％、6.34％ 和 41.16％ 的比例分布有所不同(盖因笔者的划归标准与其略有不同),但在"城"项上的比例还是基本接近的。考虑到笔者所划归的"镇"与"乡"之间的模糊性,若将"镇"项划出二分之一并入"乡"项[②],则"乡"项的比例至少在 35％ 以上。单从数据上看,举子的城乡分布比例相差不到 20％。但若将城乡人口基数考虑进去,举子获取功名概率之城乡差距就大了许多。以其时城乡人口比为 9∶1 算,占总人口仅 10％ 的城市人口,享有 53.96％ 的中举几率,而占总人口 90％ 的乡镇居民,却只享有 46.04％ 的中举几率,城乡差异之大不难想见。

再具体来看若干省份的城乡分布。我们仅取举子来源最多的前八省即浙江、江苏、安徽、江西、山东、湖南、八旗、河南作分析。笔者统计了这八省剔除世居地不详的举子之城乡分布。从"城""乡"两项的比较看,"城"项以八旗、江苏和浙江为最高,尤其是八旗,来自"城"的举子比例高达 88.06％,江苏和浙江分别为 62.73％ 和58.82％,位列最后的三省分别是湖南、安徽、江西,比例各为 14.69％、39.45％、45.42％。"乡"项则以安徽、湖南、山东为最高,比例分别为 47.07％、43.13％、

---

① 世居地为"城""乡"者,一般都有明确记载,"镇"则未明,笔者将标为城外的非乡村类都归于"镇",无特别标识的则归于"不详"。

② 潘、费研究中,将"镇"项的五分之二并入"乡"项加以统计。笔者以为,在以农业为主要支柱的清代,"镇"上的居民无论是生计来源还是生活水平,其实与乡间居民无甚差异,且大部分人还是业农的,"镇"项至少可以划出二分之一并入"乡"项。

41.55％,位列最后的三省则恰好是"城"项的前三省,比例分别为 4.48％、5.83％、20.48％。这八省中,八旗和江苏两省的城乡差异尤其大。这一统计结果与潘、费的结果非常一致。潘、费得出的"城"项比例也以江苏、直隶①和浙江等为大,以山西、安徽、山东、河南为小,而"乡"项的比例分布则正好相反。

那些家世不同的举子,有无城乡分布的明显差异?我们可从上三代和上五代均无功名②且剔除了世居地不详的举子之城乡分布中寻找答案。总体来看,在城乡分布上,笔者得出了与潘、费大致相同的结果,即:上三代和上五代均无功名者之城、镇、乡比例分布相当接近,上三代者分别为 52.25％、19.05％、28.70％,上五代者分别为 52.27％、18.67％、29.06％。而无论是上三代还是上五代均无功名者,其"城""镇""乡"的分布比例与所有举子的城乡分布比例也大致相同,说明举子的城乡分布并未因家世的不同而改变。

三

上文各分项统计,可以支持以下结论与分析:

(一)科举是促进清代社会流动一条公平且重要的渠道

关于祖上功名的统计表明,出身于上五代均无功名家庭的举子想要实现向上流动相当艰难。然而,对这些几乎没有其他社会资源的底层而言,科举却是他们唯一的升迁途径。尽管获得功名者大多数出身于较高社会阶层,但一定比例的布衣借由科举得以升迁的事实,说明他们仍有一条较为公平的上升渠道。比起世卿世禄或任人唯亲的用人制度,科举不问家世阀阅、凭才取人的做法,显然具有超越等级森严的中国封建时代之现代性特征。科举给各阶层子弟提供了基本公平的社会地位竞争机会,所谓"有其才者,縻捐于瓮牖绳枢;无其才者,讵系于王孙公子!莫

---

① 在潘、费研究中,举子省别分布最多的是直隶,可能与其收集的材料局限在当时的北平有关。但这并不影响我们对城乡分布的分析。

② 为便于和潘、费研究作比较,此处统计亦取他们的口径而做。

不理推画一,时契大同。"①因此,它使社会阶层得以"洗牌",在使门第力量日渐式微的同时,让真正的人才出人头地,而不论其出身于草根阶层抑或上流社会。"好学者则庶民之子为公卿,不好学者则公卿之子为庶民","朝为田舍郎,暮登天子堂"等,都是对这种社会流动的生动写照。从这一点来说,我们显然无法忽视和否认科举的公平性及其对社会流动的影响,恰如美国学者费正清所感慨:"在一个我们看来特别注重私人关系的社会里,中国的科举考试却是惊人地大公无私。"②当然,在阶级社会,所有的公平都只能是相对的,科举也概莫能外。

这一结论也进一步支持了柯睿格和何炳棣等流动派的观点。在关于科举促进社会流动的几项影响较大的量化研究中,1947 年,柯睿格统计了南宋绍兴十八年(1148 年)《题名小录》和宝祐四年(1256 年)《登科录》,得出半数以上的进士来自平民家庭,认为科举是有才能者进入官员阶层的重要途径和促进社会流动的重要因素。③ 十余年后,何炳棣通过调查明清举子近四万人的家世,得出来自平民阶层的举子比例在四成以上,认为科举考试在帝制时期发挥了重大的促进社会流动和保持官僚阶层稳定的作用,官僚阶级的内部构成处于流动状态,不断有新的血液输送到统治阶层。④ 本文统计出有 12.69％来自上三代无任何功名或官阶之布衣家庭、20.84％来自上三代均为平民(含生员)之家庭的举子,借由科举实现了自身乃至整个家族的向上流动。

需要说明的是,笔者得出的这些比例之所以远不如柯睿格的南宋数据高,乃因宋朝统治者出于扩大统治基础的考虑,大大增加了科举尤其是进士科的取士人数,使得宋代的年均取士数为历代之最,加之取士过程中有意裁抑子弟、奖进寒士,⑤故其平民出身进士比例惊人。本文所得的以晚清举子为主体的流动比例与何炳棣

---

① 王定保.唐摭言校注[M].姜汉椿,校注.上海:上海社会科学院出版社,2003:81-82.

② 费正清.美国与中国[M].孙瑞芹,陈泽宪,译.北京:商务印书馆,1971:41.

③ Kracke E A.Family vs.Merit in the Chinese Civil Service Examinations During the Empire[J].Harvard Journal of Asiatic Studies,1947(10):103-123.

④ Ho Ping-ti.The Ladder of Success in Imperial China:Aspects of Social Mobility,1368—1911[M].New York:Columbia University Press,1962:92-125.

⑤ 刘海峰.科举考试的教育视角[M].武汉:湖北教育出版社,1996:50-55.

得出的明清两朝的综合数据也有一定差距，一则可能因为科举越到后来竞争越激烈，由此导致考试难度加剧，并带来制度运作中的腐败，从而大大强化了钱权皆无的平民子弟之竞争劣势；二则可能因何氏的统计口径较为宽粗，有重复计算的情况，导致比例较高。但无论如何，在科举制度已然腐败、售官数额越来越大的晚清，仍能有超过两成的平民子弟实现家族和自身的向上流动，说明科举的大门的确是向各阶层普遍开放的。

（二）姻亲和母系家族对于举子提升社会阶层几无助力

针对流动派所考证出的科第人物之家世出身，非流动派进行了反向考察，认为科举并未造成多大的社会流动，从而引发了这一学术领域两种观点的激烈对峙。① 20 世纪 80 年代中期，海姆斯对柯睿格的观点进行了尖锐反驳，认为考察科举所造成的社会流动，不能仅以直系父祖三代家世为据，而应将母系、旁系乃至五服以外的亲属之家世以及庇荫等因素都考虑进去。他通过对江西抚州地区进士家世的分析，认为其家族成员或有做官史，或曾与科第中人及官宦之家有联姻或交往史，因此认为柯睿格大大高估了平民通过科举的向上流动率，并认为宋代抚州地区基本上不存在通过科举实现的向上流动。相反，当地官员产生的家族延续性表明，即使

---

① 针对非流动派的反驳，若干年后，何炳棣在其自传《读史阅世六十年》（北京，商务印书馆 2004 年版，第 23～29 页）第一章附录中，以《家族与社会流动论要》为题，专门作文回应。认为海姆斯对"家"和"族"的定义松散含糊，将抚州志书中所列百年及百年以上同姓同乡者都视为同"族"，而根本不顾官方及世俗之以"族"为一个五服之内的血缘组织。而且认为海氏对抚州地区"精英"的界说也过于广泛，即举凡官员，乡贡，一切寺庙的主要施主，创建或扩充书院、修桥补路、倡修沟渠水道、组织地方自卫者，甚至与以上任何一类人士有婚姻或师生关系者，皆被视为"精英"。在这样的界定下，新进士由于泽惠于同姓同乡之"族人"（甚至泽惠于百年以前的同族进士），或者上述精英再考中进士，自然都不能视为社会阶层的向上流动。何氏以自己家族一门四房为例，说明族人的经济支援是有限的，即使是族中最成功者，都无法保证本房本支每一世代都能通过科举而延续其成功（事实上大多数都是不能的），更不要说泽及嫡堂、再堂、五服内外的同姓者。因此，他认为两宋以降，族对族人向上流动的功能绝对不会大到海氏未明言，却几乎相信的"一人得道，鸡犬升天"的程度。对于艾尔曼的反驳，何氏则采取"以子之矛攻子之盾"的方法，指出艾氏对明清三千多个进士和举人的祖上三代履历分析所得出的统计结果，表明平民出身的中式者之百分比与自己所做的同期统计大都符合，甚或稍高。

这些家族在相当长时期内没有出过进士,他们也可以轻松保持对当地的控制和影响。① 1989年,哈韦尔在对宋代官员的传记资料进行研究后也认为,科举造成的社会流动并不大,宋代朝廷经常由数个或数十个大家族所垄断,科举出身不过是锦上添花而已。② 几乎同期,艾尔曼的研究亦认为,何氏和柯氏之研究低估了家族、婚戚对阶层流动的作用,官僚阶层内部所存在的优秀分子的轮转,基本上是发生在统治阶层内部,科举制度在很大程度上不过是统治阶层政治、社会、文化的"重生产"而已。③

可见,姻亲和直系以外的旁系(尤其是母系)对社会流动的作用是流动派和非流动派最主要的分歧所在。本文统计所得的出身于上三代均无功名之布衣家庭举子中,七成以上的岳父和八成以上的外祖父亦为布衣(在岳父或外祖父有功名的其余举子中,不排除有一部分是世家姻亲或权门显贵而家道中落者之后裔),这样高的比例除验证了古代联姻讲求"门当户对"外,也说明借助姻亲或母系家族力量实现阶层升迁的人数比例其实是非常小的,出身布衣家庭的大部分举子并没有可以襄助的外在力量,主要还是靠竞争机会的开放和自身努力实现阶层的向上流动。因此,笔者不敢苟同非流动派将姻亲和母系等家族力量加以泛化的解释,并认为海姆斯和哈韦尔等人所持"财政官僚机构乃至整个政府都被一小群贵胄世族所统治,没有一个例子可以说明向上流动完全是由于在文官考试中取得了成功,相反,登科都是发生在跟一个已经形成的权贵缙绅世族通婚之后"④的观点过于片面和偏激。

(三)尽管举子向上流动的机会城乡差异很大,但家世比居住地对社会流动的影响更大

对不同省份举子的城乡分布统计表明,城市经济较发达的东部沿海省份如江苏和浙江,或以满人为主的八旗,举子上升机会的城乡差异甚大,而在农业经济较

---

① Hymes Robert P. Statesmen and Gentlemen: The Elite of Fu-chou, Chiang-His, in Northern and Southern Sung[M].Cambridge:Cambridge University Press,1986:34-48.

② 刘海峰.科举学导论[M].武汉:华中师范大学出版社,2005:241.

③ Elman Benjamin A.Political,Social,and Cultural Reproduction via Civil Service Examinations in Late Imperial China[J].Journal of Asian Studies,1991(01):7-28.

④ 贾志扬.宋代科举[M].台北:东大图书公司,1995:16-17.

发达的内陆省份如安徽、湖南等,则举子上升机会的城乡差异要小许多。笔者十分认同潘、费对此的解释,他们认为,江苏、浙江等由于离地地主极为发达(地主集中在城市),直隶又是官吏聚集之地,而山东、河南、山西等却是自耕农比较发达的地域(地主分散在乡间),因而,前者城市举子的比例较高,后者乡间举子的比例较高,说明有资格读书应举、借科举而上升的,大多限于不必依劳力为生、有一定经济基础的地主阶级或经商家庭。笔者所统计的八旗之城乡差异也佐证了这一点。不过,尽管举子与地主在城乡分布上有一定相关性,但我们却不能忽视这样一个事实,即乡居平民的确也有一定的机会借由科举实现阶层的向上流动和地域的水平流动。

总体来看,住在城市的举子实现阶层向上流动的机会要比乡间举子大得多。但举子的城乡分布却并未因家世的不同而改变。对那些有机会读书应举的乡居举子而言,比之举子有无功名的家世差异,其城乡差异要小得多。换言之,只要有读书应举的条件,乡居举子的中举几率与城市举子无甚差异,二者有基本相同的上升机会。

这一结论一方面说明科举考试需要一定的资财作支撑,另一方面,也可从科举"凭才取人"原则惠及社会各阶层尤其是各地域民众的事实得到解释。科举在一定意义上可以说是古代中国一种颇具平民色彩的自学考试制度,举子无需入学,可以通过自学径直参加科考博取功名,不像日后的学堂,须支付巨额教育费用,"科举办法,士子自少至壮,一切学费,皆量力自为。亦无一定成格"。[1] 因此,即使是对科举痛加批判的民国著名教育家黄炎培,也将科举喻为由贵族教育移到平民教育上一个"过渡的舟子"。[2]

然而,科举毕竟是一个漫长且难度颇大的学习和考试过程,"一般贫苦子弟较难有受教育的机会,也较难有经济条件请到高水平的教师和支付应考的费用,与家道殷实者相比显然处于不利的竞争位置"[3]。在长达十余年的"晋级式"考试过程

① 故宫博物院明清档案部.清末筹备立宪档案史料:下[M].北京:中华书局,1979:982.
② 黄炎培.中国教育史要:序[M].北京:商务印书馆,1930.
③ 刘海峰.科举考试的教育视角[M].武汉:湖北教育出版社,1996:260.

中,考生不仅因专心备考而需付出巨大的机会成本,购买考试出题用书、各类参考资料、稿本、闱墨等以及房屋租赁,也构成一笔不菲的开支。显然,没有一定的家资财力做保障,想要赢得科场竞争绝非易事。

再者,科举考试从明初颁布程式后,由于考试内容数百年不变地出于"四书""五经",且奉行"一切以程文为去留"的刚性录取标准,使科举受外界环境、氛围或其他社会条件的影响不太大,加之其时的城乡差距远非现代社会的城乡二元结构如此显著,举子无论居处热闹的都市,抑或僻壤的乡村,只要有一定的经济条件,勤学苦读,便皆有脱颖而出的可能性。是故,在社会流动特别是阶层流动中,家世起着远比居住地更大的作用。

科举至公之道及其现实启思*

在数千年来的中国社会,考试一直是人们获取社会资源、追求上进机会的重要手段,大规模竞争性考试尤其如此。科举制度的长期运行,更将考试这一选才手段的功能发挥尽致,并极大地强化了考试选人的观念。历朝历代统治者都意识到科举具有重要的社会功能尤其是有着巨大的政治治理功能,为了使这一考试制度具有长久生命力并使其功能得到有效发挥,围绕"追求至公"这一主旨,不断完善科举制度,终将公平的重要性强调到无以复加的地步。科举制度的公平性可谓是科举学领域最具现实意义的研究课题。以往学界对科举的公平性虽有不少探讨,但多集中于论证其为公平之制度,鲜见系统阐述科举诸方面公平建设及其得失之成果。本文拟通过梳理科举在报考资格、取士标准、考试录取、考试规制等方面的变革,探寻科举变革的走向,总结考试发展的规律,从科举的"至公之道"提炼出对当今高考改革的启思。

一、报考资格：从封闭到开放

作为竞争的起点,报考资格直接决定着取士范围的大小与考生数量的多寡,制约着取士质量的优劣,是关系到考试制度公平与否的首要环节。从隋唐到明清,科举对报考资格的限制越来越少,竞争机会也越来越公平,与科举之前各种选士制度报考资格的封闭性形成鲜明对照。

在春秋以前,选官实行世卿世禄制,用人标准是"学"而优则仕,政治体制处于全然封闭的状态,平民子弟根本没有入仕的机会,公平的理念与实践都无从谈起。汉代建立察举制后,由于"举主"具有颇大的选择权,并与被举者结成恩主与故吏的

---

* 原载于《厦门大学学报(哲学社会科学版)》2010 年第 5 期,人大复印资料《教育学》2011年第 1 期转载。

深厚关系,各种错综复杂的社会关系与社会利益由此获得渗透的途径,察举制逐渐沦为把持权势的工具,这一良法美意也被异化为徇私舞弊、以族举德。特别是到东汉晚期,察举制度遭遇了严重危机,群僚举士"名实不相副,求贡不相称,富者乘其财力,贵者阻其势要,以钱多为贤,以刚强为上"①,以致当时士大夫以不应辟举为荣。在这样的环境下,无权无势、无依无靠的贫寒子弟得到举荐的机会微乎其微,他们纵有满腹经纶,也只能望"仕门"兴叹。

到了曹魏时期,等级森严的门阀制度有所松动。曹操在《举贤勿拘品行令》中淋漓尽致地表达了"唯才是举"的用人原则。② 从表面上看,"唯才是举"破除了以往"血统论"的封闭体系,"'血'而优则仕"变成了"才高则用",但此中的"举贤者"与前代察举制中的"举主"一样,成为一把"筛子",将出身卑微的寒门子弟筛出"贤能之士"的圈子外,终难摆脱"血统论"之桎梏。曹丕主政时期实行的九品中正制亦难幸免于此。九品中正制成为拦截在平民与政治体系之间一道无形的高墙,"其始造也……犹有乡论余风。中间渐染,遂计资定品,使天下观望,唯以居位为贵",③从而造成"上品无寒门,下品无势族"的结果。这些做法无一例外地限制了人才参选的开放性,除少数符合统治者或选拔者要求的人外,大多数人被拒之门外。

而科举与前代取士办法最大的不同,在于其给予天下读书人平等的竞争机会。从隋炀帝大业元年(605年)颁发的有关振兴选举和学校的诏令,便可看出其平等开放性:"诸在家及见入学者,若有笃志好古,耽悦典坟,学行优敏,堪膺时务,所在采访,具以名闻,即当随其器能,擢以不次。"④对"见入学者"和"在家"者一视同仁,无需出身显贵、功勋卓著或出于官学,只要"笃志好古、耽悦典坟,学行优敏,堪膺时务",均可参与选举的竞争。但客观地说,隋制科举尚未摆脱前代选士制度之窠臼,对选举对象仍有一定的限制,如:工商者不得与考入仕,对品级不同的官员也待之有别,"文武有职事者,五品已上,宜依令十科举人。……其见任九品已上官者,不

---

① 卷2:考绩[M]//王符,汪继培,笺.潜夫论.上海:上海古籍出版社,1978:75.
② 卷1:武帝纪[M]//陈寿.三国志.北京:中华书局,1982:49-50.
③ 房玄龄,等.晋书[M].北京:中华书局,1974:1058.
④ 魏征,等.隋书[M].北京:中华书局,1982:64-65.

在举送之限",①应选者必须由地方州县或高级官员举荐,即所谓的"州举"或"郡举"。因而,和察举制一样,隋制科举在举荐过程中也难免瞻徇私情、爱憎由己,"在外州县,仍踵弊风,选吏举人,未遵典则。……犹挟私情,不存公道"。②

及至唐初,科举进行了一个历史性的变革——举子可"怀牒自进",自由报考。怀牒自进也是科举区别于前代取士制度的重要特征之一。这种做法不分贫富贵贱,基本上没有门第的限制(工商除外),将参政机会向平民开放,在人才选拔史上意义重大。也正是这种开放性,使唐代形成士人"觅举"风尚,"策第喧竞于州府,祈恩不胜于拜伏。或明制适下,试令搜扬,则驱驰府寺,请谒权贵,陈诗奏记,希咳唾之泽,摩顶至足,冀提携之恩。故俗号举人为觅举。夫觅者,自求之称,非人知我之谓也。察辞度材,则人品可见矣。故选曹授职,喧嚣于礼闱;州郡贡士,争讼于陛闼"。③觅举即毛遂自荐,觅举之人在当时多为无特殊社会关系的"不为人知"者,所以才需"陈诗奏记",奔走于权贵之间,希望得到他们的赏识和提携。④毛遂自荐之举在隋唐之前虽偶有所见,但始终未被纳入取士制度中,更遑论产生广泛的社会影响。唐代的"怀牒自进"对于激发士人奔竞求仕之心、扩大取士制度的社会基础之功效,由"觅举"之风可见一斑。

唐代举子虽可"怀牒自进",但由于在府州解试和中央级省试之间存在行卷(公卷)、公荐、通榜等环节,带有明显的前代荐举痕迹,使得科举的开放性与公平性均受到一定局限。到唐代后期,声誉在录取中起着越来越重要的作用,乃至于"先声夺人",尤其是随着应举人数的增多,没有一定声誉者,会大大增加被"遗漏"的概率,诚如柳宗元所言:"所谓先声后实者,岂唯兵用之,虽士亦然。若今由州郡抵有司求进士者,岁数百人,咸多为文辞,道今论古,角夸丽,务富厚。有司一朝而受者几千万言,读不能十一,即偃仰疲耗,目眩而不欲视,心废而不欲营,如此而曰吾能

---

① 魏征,等.隋书[M].北京:中华书局,1982:68.
② 魏征,等.隋书[M].北京:中华书局,1982:1545.
③ 卷17:选举五[M]//杜佑.通典.上海:商务印书馆,1935:94-95.
④ 吴宗国.唐代科举制度研究[M].沈阳:辽宁大学出版社,2001:222.

不遗士者,伪也。唯声先焉者,读至其文辞,心目必专,以故少不胜。"①由此而造成唐代科场请托奔竞之风盛行,"收入即少,责争第急切,交驰公卿,以求汲引,毁誉同类,用以争先",其结果,不仅"浸以成俗,亏损国风"②。而且请托关节带来的权贵干扰、垄断科场也损害了科举的公平性,以致"贡举猥滥,势门子弟,交相酬酢,寒门俊造,十弃六七"。③ 出身寒微的平民子弟若无显贵相荐,则难入杏门,只能发出"空有篇章传海内,更无亲族在朝中"之愤慨。为了从制度上堵住权势干扰取士的漏洞,唐代科举不得不增设覆试环节。到了宋初,为杜绝科场"因缘挟私",遂"诏礼部贡举人,自今朝臣不得更发公荐,违者重置其罪",④宋代科举的开放性与公平性自此得以增强。自隋唐至明清,科举对报考资格的限制越来越少,宋代已允许工商、"杂类"人等报考,清代除倡优、皂隶之家与居父母丧者外,原则上所有人均可报考。

自由报考意味着报考资格从封闭走向开放,使选拔对象的范围从少数人扩大到社会各阶层,几乎所有的知识分子都被纳入其轨道,选拔出真才的概率自然比封闭的体制要高得多。更重要的是,自由报考使人人享有了平等竞争的机会。早在唐末五代时,就有人感叹科第之设,使有才干的草民得以出人头地,无其才的王孙公子沉迹下僚。⑤ 比起世卿世禄或任人唯亲的选官制度,不问阀阅、凭才取人的科举制度,可以说是在等级森严的中国封建社会中难得的一项具有公平精神的制度。⑥

二、取士标准：从主观到客观

在科举时代,取士标准直接关系到考试录取的结果与考试制度的成效,同时也

---

① 卷23:送韦七秀才下第求益友序[M]//柳宗元.柳河东集.上海:上海人民出版社,1974:398-399.

② 卷17:选举五[M]//杜佑.通典.上海:商务印书馆,1935:97.

③ 卷164:王播传[M]//刘昫,等.旧唐书.北京:中华书局,1975:4278.

④ 李焘.续资治通鉴长编:卷4[M].北京:中华书局,2004:105.

⑤ 王定保.唐摭言:卷三后论[M].上海:上海古籍出版社,1978.

⑥ 刘海峰.科举制长期存在原因析论[J].厦门大学学报(哲学社会科学版),1997(04):1-6.

与公平攸关。取士标准的划分大体上有两个维度:主观与客观。主观的取士标准难以量化,对其把握受到人为主观因素的影响,因而可能产生个体判断上的差异;客观的取士标准则可量化,便于进行刚性的衡量与取舍,不受个体主观因素的影响。中国历史上的官员选任制度,大致可划分为世袭任官、推荐选举与考试选拔三大类。其中,世袭任官的标准是单一的"'血'而优则仕",无所谓选拔。以察举为代表的推荐选举(荐选)和以科举为代表的考试选拔(考选)则分别与主观标准和客观标准相对应。取士标准从主观的荐选走向客观的考选,且越来越刚性,是科举制度公平诉求的必然结果。

在科举建制前的官员选任办法主要是荐选,如周代的选士制度、汉代的察举制、魏晋南北朝的九品中正制等。即使到了隋唐,科举的有些环节如"行卷""公荐"等,如前所述,也带有前代荐举遗风。荐选的依据主要是士人的德行、道艺与才能,如周代选士制度评选人才的标准分为三等:"德行为上,其次治事,再次言语,一律皆采取平日的素行。"①九品中正制也同样,人才品第的高下,主要依其资历与品德,而品德所依据的仍是人才所在地的群众舆论与公共意见。荐选固然可以将人才分为三六九等,官吏的任用黜陟表面上看好像有了客观标准,但分等的过程却难以量化,无论是德行、治事抑或言语的高下,都取决于评定者的个人判断,受制于主观因素的影响。

隋炀帝大业元年(605 年),置进士科,策试诸士,遂开考选之先河。其实早在北朝,已出现门资比重日益降低、才学比重越来越大、察举制逐渐朝"以文取人"方向发展的趋势,考试日渐成为察举的中心环节。但北朝的察举选士仍须先由州郡保举,然后由朝廷策试,并非自由竞争。而隋选进士,是州郡策试在前,朝廷策试在后。所以,从程序上看,后期的察举是选举与考试并行,其基本精神仍难脱选举之窠臼,科举则是纯粹的举行考试了。② 相应地,隋朝以后,取士标准也发生了变化,"主要以考试成绩决定取舍",宋代以降,更是"一切以程文为去留",③取士标准越

---

① 沈兼士.中国考试制度史[M].台北:台湾商务印书馆,1995:7.
② 沈兼士.中国考试制度史[M].台北:台湾商务印书馆,1995:87.
③ 陆游.老学庵笔记:卷 5[M].上海:上海书店,1990:5.

来越刚性。

　　荐选与考选这两种办法本无所谓高下优劣，而是各有短长。荐选由于看重"平日之素行"而非一时之表现，与"选贤与能"的初衷有较高的一致性，因而，比之以单次考试来评定举子的做法有更高的效度。事实上，荐选使用之初，也确有其效。例如，中正初设，"所论惟在德行，重清议，据行实以登下其品第，以是立名教之防，使知名勇功之士，不敢有裂冠毁冕之为"①。然而，言采易见，德行难知；策试可凭，考察难见。荐选的流弊如前所论，由于无法量化，极易困于人情。

　　荐选与考选最大的不同在于，前者是"人对人"，后者是"人对文"。"人对人的好处是常能看到人的全部：不仅文章、学问，还有德行、才干；也不仅一时表现，还有平日作为，乃至于家世根底，但假如推荐者私心膨胀而又外无制约，荐选也易生营私、结派、请托、谬滥的流弊。"②因此，荐选的效果完全取决于评选者的素质。"人对人"的主观性，容易造成荐选实践中"泥沙俱下"，与才干相关的学问、德行、能力以及与才干无关的门第、奔竞、请托，都可能影响荐选的过程及结果。荐选的目的本来在于举荐贤才，非俊莫用，但从史实来看，各种荐选制度无一例外地陷入人情的泥潭不得自拔，造成荐选结果名实不符、唯在门第。"据上品者，非公侯之子孙，则当涂之昆弟也。二者苟然，则荜门蓬户之俊，安得不有陆沉者哉"③，这种不公平极大地挫伤了广大平民上进的积极性。

　　荐选与考选互有短长，可相得益彰。正是由于荐选流弊重重，取士制度在隋唐有了历史性的突破，由以往"人对人"的荐选变成"人对文"的考选。考选有效地避免了荐选易羁于人情之流弊："用一种客观的测验方法，来判断各方面所举的人是否贤能？这一作用，不独可以判断贤否，而且可以避免恩怨，就成为考试制度的精神所在了。"④"人对文"的考选有如当今的高考，评判者面对的是考卷而非考生本人，从而过滤了"人对人"办法中荐举者对于被荐者爱憎、好恶的私见与偏颇，有利

---

　　①　沈兼士.中国考试制度史[M].台北：台湾商务印书馆，1995：54.
　　②　何怀宏.选举社会及其终结：秦汉至晚清历史的一种社会学阐释[M].北京：三联书店，1998：93.
　　③　房玄龄，等.晋书[M].北京：中华书局，1974：1347.
　　④　沈兼士.中国考试制度史[M].台北：台湾商务印书馆，1995：35.

于客观公正地选拔才俊之士。尤其到了明代,考试文体变为八股文后,衡文的刚性又迈上了新台阶,取士办法更加客观、公平、公正,"科举取人用考试的方法,完全依据客观的尺度做取舍的标准,考官丝毫不能任意出入。所以自唐代奠立科举制度以后,凡属具有真才实学的人不难有脱颖而出的机会,这是用人唯才主义的实际应用,实足以救'乡举里选制度'之穷,防'九品中正制度'之弊,这又是中国政治发展史上的一种大改革。"[①]

当然,考选办法采行客观、刚性的取士标准也有一定的局限性,在克服荐选流弊的同时,也丢弃了荐选"重平日素行"之所长,并因此屡遭非议。千余年的科举史上,在提议改革或废止科举时,曾屡次尝试以德行荐举人才,取士标准常在"以德举人"与"以文举人"之间"拉锯",但结果总是客观的"文才"标准胜出,主观的"德才"标准无疾而终。例如,明朝朱元璋政权建立伊始,即下诏"特设科举,务取经明行修、博通古今、名实相称者。……使中外文臣皆由科举而进,非科举者毋得与官",但三年后,朱元璋发现"所取多后生少年,能以所学措诸行事者寡"。[②] 这让对科举寄予厚望、"以图至治"的朱元璋大失所望,遂诏令罢废科举,"别令有司察举贤才",并提出"以德行为本,而文艺次之"[③]的荐举标准。由于荐举结果无法量化,"所举者多名实不称,徒应故事而已",[④]因此,在停罢科举十年后,明政府又不得不恢复采用它。

科举考试文体的变迁也反映出取士标准的这种走向。科举考试文体在唐代重策与诗赋,宋代重策论、经义,明清只重八股制艺,放在明清科举三场考试中头场的八股文是科举的首要内容,成为举子跻身仕途的"敲门砖"。之所以如此,不仅因为文兼众体的八股文能满足科举对举子进行多方面考核和必须有相当难度与区分度等要求,而且因为它具有"规范竞争,防止作弊,客观衡文"[⑤]等功用,从而使作文这种主观性很强的文体变成一种标准化考试文体,以便最大限度地降低因主观评分

① 沈兼士.中国考试制度史[M].台北:台湾商务印书馆,1995:105.
② 张廷玉,等.明史[M].北京:中华书局,1974:1695-1696.
③ "中央研究院"历史语言研究所校勘.明太祖实录[M].上海:上海书店,1983:1443.
④ "中央研究院"历史语言研究所校勘.明太祖实录[M].上海:上海书店,1983:2122-2123.
⑤ 刘海峰.八股文百年祭[J].厦门大学学报(哲学社会科学版),2001(04):90-97.

误差而导致的结果不公平。

正是由于人的道德品质较难客观评量，以德行取士无法保障公平公正性，科举每次都旋罢旋复，最后不得不回到标准刚性的"以文举人"的老路上来。刚性、客观的标准有利于排除人为因素的干扰，使"'科甲'面前人人平等"成为可能。取士标准的变革越来越朝向客观的考试方向发展，实在也是选才发展的规律所使然。

三、考试录取：从追求考试公平到兼顾区域公平

考试录取既是一个关系到考生竞争结果的技术问题，也是一个影响到社会稳定的政治问题。科举在考试录取上存在着考试公平与区域公平孰轻孰重这一千古难题。考试公平是指依据考试成绩公平录取考生，区域公平是通过区域配额来控制地区之间考中人数的悬殊差异；考试公平倚重考试结果，区域公平则偏重地域均衡。总体而言，科举录取从开始阶段单纯追求考试公平，逐渐演化为在注重考试公平的同时，兼顾到区域公平。[①]

隋代和唐初的科举中，地方级别的州郡考试沿袭东汉以来的"均衡举额制"，按人口比例举送考生，但在全国一级考试则不分地区取中，完全奉行"自由竞争"的考试公平原则。盛唐以前，由于考试内容以经术为主，北方士子往往更守先儒训诂，质厚但不善文辞，而南方士子正好相反，好文学而轻经术，致使北方人在科场竞争中占有绝对优势。例如，唐代357名宰相中，北方人占91.3%，南方人仅占8.7%。及至唐朝后期，科场开始崇尚文学性质十分突出的进士科而冷落以儒家经术为主的明经科，加之经济、文化、教育重心因战事而逐渐南移，北方士子在科场竞争的优势逐渐减弱，南方士子的优势则明显增强。

到了宋代，科场录取人数比例开始出现南北倒置现象，从北宋可考的9630名进士中4.8%为北方人、95.2%为南方人这一事实便可见一斑。由此，引发了宋英宗治平元年（1064年）一场分别以朝廷重臣司马光和欧阳修为代表的科举取才南北地域之争。司马光力主在考卷上"各以逐路糊名，委封弥官于试卷题以在京

---

① 郑若玲.大规模考试录取公平诉求的历史考察与启思[J].教育与考试,2009(06):5-9.

师、逐路字,用印送考试官,其南省所放合格进士乞于在京、逐路以分数裁定取人",①并提出逐路取人的具体比例。欧阳修则认为,科举比于前世"最号至公"的原因即在于其"不问东西南北人,尽聚诸路贡士,混合为一,而惟材是择"。而且,由于东南之士初选已精,故至省试合格者多,西北之士学业不及东南,初选已滥,故至省试不合格者多。若一律按统一比例录取,则东南之人应合格而落选者多,西北之人不合格而得者多,这样是取舍颠倒、能否混淆,会造成另一种不平等。因此,他主张"且尊旧制,但务择人,推朝廷之至公,待四方如一,惟能是选,人自无言"。② 结果仍依成法,一切以程文定去留。这场争论既包含朝廷政治势力博弈的因素,也反映了科举录取的考试公平与区域公平之矛盾。

明初,南方举子在科场的压倒性优势依然如故,考试公平与区域公平的矛盾愈积愈深,以致爆发了充满血腥味的"南北榜事件"。明洪武三十年(1397 年),刘三吾主考会试,"榜发,泰和宋琮第一,北士无预者。于是诸生言三吾等南人私其乡。帝怒,命侍讲张信等覆阅,不称旨。或言信等故以陋卷呈,三吾等实属之。帝益怒,信蹈等论死,三吾以老戍边,琮亦遣戍。帝亲赐策问,更擢六十一人,皆北士"③。在这一事件中,刘三吾所取皆南士其实是坚持"择优录取"和"考试公平"原则的结果,而朱元璋处死或发配考官和状元、亲自主考和阅卷且所取皆为北士,则明显带有地域笼络的政治色彩。明仁宗洪熙元年(1425 年),这一问题再次被提出,仁宗认为"科举之士需南北兼取⋯⋯比累科所选,北人仅得十一,非公天下之道",④遂令大臣讨论具体名数。大学士杨士奇提出南北分卷的设想。两年后,南北卷制度正式实施。

到了清初,会试取中分为南卷、北卷和中卷。例如顺治九年(1652 年),会试取进士共 400 名,其中,从浙江、江西、福建等地取南卷 233 名,从山东、山西、河南等地取北卷 153 名,从四川、广西、云南等地取中卷 14 名,南、北、中卷的取中定额占

---

① 司马光.司马温公文集:卷 5[M].上海:商务印书馆,1936:22-23.
② 欧阳修.欧阳修全集:卷 17[M].北京:中国书店,1986:894-895.
③ 张廷玉,等.明史[M].北京:中华书局,1974:3942.
④ "中央研究院"历史语言研究所.明仁宗实录:卷 9[M].台北:"中央研究院"历史语言研究所,1962-1966:290.

总定额的比例分别为 58％、38％、4％。但这样的划分还是比较粗糙，省区之间的录取机会仍有很大差距。所以，到了康熙五十一年(1712 年)，"以各省取中人数多少不均，边省或致遗漏因废南、北官、民等字号，分省取中。按应试人数多寡，钦定中额"①。

显然，按区域录取且区域划分越来越细并最终被分省定额取中制度所取代，在很大程度上是出于追求区域公平的政治考虑。分省定额取中、注重区域公平的做法虽然与"唯文是论"的考试绝对公平原则有某些矛盾之处，但明显缩小了地域间人文教育水平的差距，对于调动落后地区士人的学习积极性、维护中华民族统一等都有积极意义。例如，清政府为安抚孤悬海外的台湾，于福建乡试的录取名额中专为台湾士子设立了保障名额，台湾考生的举人配额从康熙时的 1 名逐渐增加到咸丰以后的 6 名。在会试一级，从乾隆以后规定在福建省名额内专门编出"台"字号，如果台湾籍会试举人在 10 名以上，就至少取中 1 名进士。这种优待办法使台湾士子欢欣鼓舞，更加热衷于渡海来大陆参加乡、会考试，增加了台湾读书人对中央政府的向心力，有利于国家的统一和民族凝聚力的加强。② 科举录取从追求考试公平走向兼顾区域公平，有其深远的政治意图，有利于均衡地域教育文化水平差异，扶持弱势地区的社会发展。

四、考试规制：从简疏到繁密

科举除了在报考资格、取士标准、考试录取等几个主要方面进行了划时代的公平变革外，在考试规制与防弊技术方面也日臻严密。如果说，科举在唐代主要注重"以法治考"，规制也尚显简疏，到了清代，从规制的颁行到贡院的形制则已繁密周详，对弊窦的惩处也异常凌厉，直至成为一种各环节"滴水不漏"的"至公"之制度。

为防范科举中的舞弊现象，保证科举活动的公正性和制度的严肃性，历朝历代都颁行了详略不同的考试规制。唐代颁布了"废举者""坐州长"等诸多法令，对考

---

① 卷 108：选举志[M]//赵尔巽，等.清史稿.北京：中华书局，1976：3158.

② 刘海峰，等.高校招生考试制度改革研究[M].北京：经济科学出版社，2009：9.

试不实者作出详细的法办规定。在《唐律疏议》《唐六典》《册府元龟》等典籍中均可找到有关科举的法令规制,并实行了入场搜检、考官锁院、别头试、覆试等关防弊窦的手段。宋元两代也各有不少科举条规或法令,如《宋大诏令集》便收录了35条科举诏令,在宋代编敕中也有不少关于科举的单行法,如《天圣礼部考试进士敕》《至和贡举条制》等;《元典章》之《礼部·学校》和《大元通制条格》之《学令·科举》中,也有许多关于科举的法令,其中《科举程序条目》对元代科举的考试程序、考官选试、取中数额、科场规则等都作了详明的规定。① 宋代创建的殿试制度、糊名法、誊录法与双复位等第法,对后世科举乃至现代考试都产生了重要影响,极大地提升了科举的严密性与公平性。明代科举在考官选任、考场、阅卷以及取录各环节已形成一套严密的规制,还形成了明远楼、号舍等独特的贡院形制,从明远楼到至公堂,从外帘到内帘,贡院的所有建筑布局谨严有序,蕴含着统治者力求维护考试权威和保证考试公平的良苦用心,使明代科举赢得"天下之公"的美誉,时人亦认为"我朝二百余年公道,赖有科场一事"。② 到了清代,由于清廷乃"部族政权"入主中原,出于稳固统治基础的考虑,将科举作为"羁縻牢笼"手段之意图格外急迫,"乡会两闱,乃国家抡才大典,必须防范周密,令肃风清,始足以遴拔真才,摒除弊窦"③。所以,清代不仅承袭明代的贡院规制,而且频频立法,以严防弊窦,死守公平,笼络人心。由杜受田等修、英会等撰的《钦定科场条例》便是清代考试规制的最集中体现,洋洋大观达60卷之多,对科举各层级、各环节的考试事宜以及违纪惩处都作了非常细腻的规定,可谓密于凝脂、不厌其详,而且还根据实际发展需要每十年增修一次。

明清两代尤其是清代的科举考试与防弊规制可谓集历代之大成者,"没有研究过贡院规制和科举程序的人很难想象其严密精细的程度,研究过贡院规制和科举程序的人则很难忘却其严密精细的程度"④。例如,为防举子夹带,对举子在试场的服式、用具等都做了严格规定:"帽用单层毡,大小衫袍褂,俱用单层,毡衣去里,裤袜绸布皮毡听用,止许单层,袜用单毡,鞋用薄底,坐具用毡片,其马褥厚褥,概不

① 刘海峰.科举学导论[M].武汉:华中师范大学出版社,2005:280-282.
② 卷84:科试考[M]//王世贞,撰.魏连科,点校.弇山堂别集.北京:中华书局,1985:1604.
③ 昆冈等修,刘启端等纂.续修四库全书[M].上海:上海古籍出版社,1995:391-392.
④ 刘海峰.科举学导论[M].武汉:华中师范大学出版社,2005:290.

许带入,至士子考具卷袋,不许装里,砚台不许过厚,笔管镂空,水注用瓷,木炭止许长二寸,蜡台用锡,止许单盘,柱必空心通底,糕饼饽饽,各要切开。……至考篮一项,或竹或柳,编成玲珑格眼,底面如一,以便搜检。至裈裤既用单层,务令各士子开襟解袜。"①可见,贡院关防之缜密、监视之严厉,"几有鸟飞不下蝇萤不入之势"②。

再如,明清科举阅卷环节有"搜落卷"之法,主考官除阅读分房考官的荐卷外,还对未中式的落卷尽数搜阅,以防考官"误抹佳文"甚至"挟私妄抹",造成遗珠之憾;不仅如此,还在乡、会试开榜后,由礼部、顺天府等处出示,十日内令落第士子阅看或领回落卷,旨在令士子信服,防止弊窦,以示至公。此举既可督促考官严谨判卷,又可平反冤案和安抚落第士子,以杜绝科场舞弊、维护科举公平。更重要的是,可以促使政府将所有阅卷过程出现的问题及制度上的漏洞在发领落卷之前尽最大努力加以解决,以保持社会稳定。③ 这一环节不仅前无古法,也为当今考试所不及。

除了颁行周密的规制,清朝还对科场舞弊事件刀挥斧砍,制造了一起起惊心动魄的科场案。清廷正是通过严密规制、严肃法纪和严惩舞弊,来维护科举作为"抡才大典"的公平与权威,以实现其奉为圭臬的"至公"理念。是故,清代科举"立法之周,得人之盛,远轶前代"④。

五、现实启思

从科举变革的历史梳理不难看出,无论政权如何更迭,帝制政府始终不遗余力地以公平为依归对选才制度进行改革,换言之,公平始终是科举变革的"关键词"。

① 昆冈等修,刘启端等纂.续修四库全书[M].上海:上海古籍出版社,1995:173.

② 邓嗣禹.中国考试制度史[M].国民政府考选委员会,1936年影印版:332.

③ 贺晓燕.试论清代科举制度中的"发领落卷"政策[C]//第六届科举制与科举学国际学术研讨会暨中华炎黄文化研究会科举文化专业委员会第一次会员大会论文汇编.杭州:杭州师范大学人文学院,2010:150-160.

④ 卷108:选举志[M]//赵尔巽,等.清史稿.北京:中华书局,1976:3149.

科举正是通过千余年的公平变革,最终成为一种不仅有广泛世界影响而且有深远历史影响的制度,在追求公平方面,更是一个永恒的典范。同样,在当今中国,高考改革的公平问题也可谓是一根牵动社会的"敏感神经",高考哪怕一个小小的改革,也会经由民众的关注使其社会影响被无限放大。"公平是社会大众对高考最为关注的一个方面,也是高考制度的基本功能和精神之所在。"①是故,高考自建制以来的几乎每一项改革,都与"公平"二字紧紧捆绑在一起,尤其是近年来,教育部在提升高考的公平性上可谓不遗余力。

由于历史、传统、观念、文化、制度、现实国情等诸多原因,高考改革仍存在诸多不如意与不公平,其考试形式、考试科目、考试内容、录取机会、志愿填报、高考加分、综合评价、自主招生等方面的改革,无一不在公平、科学与效率之间徘徊取舍,在各种矛盾或两难中百转千回。但高考改革的一些新举措,在克服传统弊端的同时,又带来了新的不公平。因此,高考作为一项规模大、牵涉广、难度高的改革,非常需要"瞻前顾后"、放眼权衡。这就要求高考改革既要置身于宏阔的现实与国际背景,又要有辽远的历史视域。然而,在当下高考制度的公平建设过程中,有一种需要检视的现象:越来越多的人热衷于推介"他山之石"如美国、日本等国家的先进经验,不乏"往外看",确使改革的视域日益宽广,让人欣慰;却鲜有"回头看",缺乏对我国考试历史与考试文化的淘沙与探寻,令人惋叹。而历史与文化对高考改革的影响力,实际上远大于域外的影响力。在我国这样一个有着悠久考试历史传统与深厚考试文化积淀的国度,高考改革"回头看"尤其重要与必要。

"观今宜鉴古,无古不成今。"同为大规模竞争性考试,古代科举与当今高考有许多相通、相似乃至相同之处。科举的公平理念与措施不仅在历史上具有先进性与现代性,在当今社会仍具有普适性,有些做法的公平程度至今未被超越,有相当丰厚的历史遗产值得今天的高考所继承。我们不能因为科举废止百年来社会对它"一边倒"的批判而患上"历史健忘症"。科举虽已停罢,但深含公平精神的考试选才方式却没有而且不可能被废弃。

考试改革须首重公平,是科举给高考最重要的启思,也是科举留给当今社会最

---

① 刘海峰.高考改革首重公平[N].光明日报,2005-06-22.

宝贵的文化遗产之一。历朝历代有关科举的变革与争议，无一不以"公平"为重心，正如美国学者费正清所说："在一个我们看来特别注重私人关系的社会里，中国的科举考试却是惊人地大公无私。每当国势鼎盛、科举制度有效施行时，总是尽一切努力消除科场中的徇私舞弊。"虽然从变革动机的深处看，科举制度的公平建设因与权贵的既得利益相冲突，可能并非基于改革者内心真正的公平理念和"以民为本"思想，而是出于统治者维护和稳固政权的需要，但从变革的结果看，科举的公平建设产生了实实在在的社会效益，使这一制度日臻完备，长存千余年之久，成为帝制统治秩序坚如磐石的重要支柱和中国古代文化绵延不绝的重要基石。这样的社会效益理应冲破时代与政治的藩篱，为当今中国社会所追求。作为当今中国影响最重大、最广泛的教育制度之一，高考的不公平可以说是我国一个潜在却不容忽视的社会安全隐患。因此，高考改革必须首重公平。这既是保护民众个体权益的需要，也是维护国家政局稳定的需要。①

再者，由于科举与高考有诸多惊人的相似，它的许多规制可以成为高考改革的重要参考。例如，近年来高校自主招生、保送生制度、高考加分、综合素质评价等改革，都与招生标准的取舍密切相关，改革中引发的公平争议，与科举取士标准中关于荐选与考选孰优孰劣、"德行"与"文艺"孰轻孰重之争如出一辙；高考录取的地域歧视之争，与科举录取中考试公平与区域公平之争有本质的相似，与之相关的"高考移民"则是科举"冒籍"的现代版；高考标准化考试题型僵化与内容局限等非议，与八股文（标准化试题之滥觞）考试的优劣利弊之争也有颇多共性；当今高考一些主观题阅卷的"秒杀"速度，与科举阅卷的谨严认真形成强烈反差；等等。这些问题、争议及其改革，都可以直接或间接从科举中吸取经验教训。此外，科举考试的覆试、磨勘、双复位等第法、考试立法、"搜落卷"等措施，对高考的形式改革、考试严密性、考试法制建设、高考评卷等也不无启思与借鉴。

---

① 郑若玲.高考公平的忧思与求索[J].北京大学教育评论,2010,8(02):14-29,187.

科举考试的功能与科举社会的形成[*]

在中国这个历史悠久、底蕴深厚的文化大国,若欲从富庶厚重的传统文化中寻找承传至今、历久弥新的制度文化遗产,科举考试无疑是最为人所熟识的一种。古老的中国亦因发明了科举考试这一选才办法并为西方国家借鉴创立了文官考试制度,而被尊为考试的故乡。此后,科举虽多沐风雨,却仍实行了 1300 年之久,对当时中国社会的政治、经济、军事、文化、教育等各方面都产生过不可估量的深远影响。科举制在长久实行的过程中,逐渐形成教育、文化、政治等多项功能,并因此造就了一个科举社会。

一、科举考试的功能

科举作为一种根据统治者的要求而进行的有组织、有目的的测度或甄别人才的考试活动,必然和社会母体的各要素——教育、文化、政治等发生密切关系——既受制又反作用于它们。一般而言,考试受社会制约是发挥其反作用(即功能)的前提条件。但科举却由于其在官员选任中的不可替代性以及在长久实行中所形成的稳固地位,使得其社会功能常常凌驾于社会母体的制约之上。

(一)教育功能

科举考试的教育功能主要体现在牵制教育目的、引导教育过程和评价教育结果等方面。科举在本质上虽是中国封建社会的文官选拔考试制度,但其"学而优则仕"的观念,也深深影响着其时的教育,以致形成"储才以应科目"的办学目的。旨在选任人才的科举制和旨在培养人才的学校教育,本是分途而行的两种制度,且后者的产生至少先于前者两千多年。但科举制的建立,却使中国古代的学校教育走

* 原载于《厦门大学学报(哲学社会科学版)》2005 年第 2 期,《新华文摘》2000 年第 11 期论点摘编。

上了一条命运多舛的不归路。自唐至清，各朝学校教育与科举考试的轻重存废，总是遵循着重学校轻科举——科举与学校并重——重科举轻学校的一般规律。在这种矛盾互动中，看似势均力敌，实则有其轻重，结果是科举制取得了决定性中心地位。① 虽然科举也曾面临着衰落甚至停罢的危机，但在与学校教育的角逐中，多数时候仍处于主流地位，对学校教育产生了强大的制约和导向功能，并最终形成其时学校教育"储才以应科目"的教育目的。

如果说科举考试对教育目的具有牵制作用，那么对教育过程则起着直接的引导作用。前者正是通过后者来实现。在封建时代，科举官僚体制造就了"朝为田舍郎，暮登天子堂"的政治现象。科举及第入仕由于对于绝大多数人的利诱力实在太大，而对学校教育产生了强大的制约和导向功能，并使后者直接成为其附庸，学校教育内容都是围绕科举考试而设置。例如，唐代科举常科中及第人数最多的明经科和地位最高的进士科为重。明经科考试内容不外乎大经、中经、小经等儒家经典，与此相对应，唐代官学如国子、太学和四门学等，其教学计划完全根据科举九经取士的要求而制定。随着以诗赋考试为主的进士科崛起，科举考试一度重视书判、策论和诗赋，学校也随之注重习字、习时务策和作诗赋，乃至乡学也都普遍学习作诗。② 明洪武十七年(1384年)颁布科举成式后，明清八股文考试的命题范围局限在《四书》《五经》中。中央官学国子监的教学内容亦以《四书》《五经》为主，并专门开设了制义(八股文)课程，"以《钦定四书文》讲授，学生每三月诵读制义一篇，不但诵读，且得练习写作，'以清真雅正为宗'"。③

考试是评价教育结果的重要手段。与前两个教育功能的"后发外生性"相比，科举考试的评价教育结果功能是自然的、技术的，因而也是其最本质的教育功能。由于考试成绩是评价教育结果一个最明确的指标，追求好的考试成绩成为科举教育施行过程中的一个直接目标。在科举时代，朝廷衡量州县学的优劣和对学官的奖励标准，主要是根据各校的科举及第率。宋代蔡京罢科举实行三舍升贡之时，升

① 郑若玲.科举启示录——考试与教育的关系[J].清华大学教育研究,1999(02):15-19.
② 毛礼锐,沈灌群.中国教育通史(2)[M].济南:山东教育出版社,1987:515.
③ 毛礼锐,沈灌群.中国教育通史(3)[M].济南:山东教育出版社,1987:406.

贡率(升学率)遂成为判断各校办学成绩好坏的主要标准。当时对各地学官考课的四项指标中第一项就是贡士当官率,所谓教官考课"第一项,教育有方。注谓贡士至辟雍升补推恩者多"①。对及第率的追求即确立了科举考试在教育中的轴心地位。

(二)文化功能

科举考试的文化功能主要表现为选择文化和提升文化。从宽泛意义上说,考试本身就是一种文化,经过长期实践而形成的考试制度,即是制度文化的重要组成部分。然而,考试与文化的关系绝非单向、被动的关系,而是双向、互动的关系。考试既是文化的产物,要受文化的制约,又能促进文化的发展,成为文化的动因。从这一点来看,考试的文化制约性与其文化功能是无法截然分开的,比如,考试制度和考试内容的选择,看起来是受到文化的制约,是文化的产物,但反过来也可以说是一种对文化的选择结果。

在中国选官制度史上,为什么科举能力挫他法且雄踞千年?此种倚重客观标准的考试制度,便是对中国自古追求"至公"理念的文化选择结果。科举考试被认为是中国古代"贤能治国"理想的一种具体体现,而"贤能治国"本身即包含着公平的因子。科举不仅奉行"一切以程文为去留"的公平取录标准,而且在制度上也严格奉行"程序公正"。此外,由于入仕和受教育机会在各地之间并不完全均等,故超越于考试技术上的公平与公正外,科举的解额分配制之建立所体现的区域公平性也不容忽视。科举在历史上的长期实行,正说明其对公平理念文化的选择功能是极其强大和持久的。

和考试制度相比,考试内容的文化选择功能则表现得更为直接。考试内容所选择的文化,往往是强势文化,或是先进文化。科举之所以长期以儒家经典为考试内容,是因为强调"修齐治平"的儒家文化在维护和稳固封建皇权统治方面,具有佛家、道家以及技术文化所不可比肩的优势。而它在科举考试内容中的唯一性,又反过来进一步强化了其强势地位。因此,考试内容的选定,就是对文化的一种选择。不过,支撑考试内容的选择文化功能之发挥的,仍是考试制度本身。制度越重要,

---

① 刘海峰.科举考试的教育视角[M].武汉:湖北教育出版社,1996:163.

其考试内容的文化选择功能也越强大。

科举考试的提升文化之功能则与"以考促学"的传统直接相关。以考促学对于提升社会和个体的文化水平，其作用是不言而喻的。科举由于对读书人有巨大的利诱力，所谓"书中自有千钟粟""书中自有黄金屋"，使得科举时代读书重学的风气长盛不衰，加之宗族学田、义田、义学的存在，有力地推动了当时教育的普及和文化的发展。而且，科举长期的上下阶层流动，"造成了一个弥漫着书香的世界，使中华民族成为世界历史上一个最具书卷气的民族，甚且不识丁者也知'敬惜字纸'，普遍有一种对于文字、文献的崇拜"。[①] 故而"四海仰文明"的古代中国，在当时堪称"文化大国"。

科举停罢后，时代在前进，而社会整体文化水平却有所下降。据罗斯基的研究，1880 年清代识字率男性为 30%～45%，女性为 2%～10%，平均识字率在 20% 左右，这一比率不亚于英国和日本在现代化以前的识字率。但从 1895 年到南京国民政府成立期间，全国平均识字率却一直在下降（直到 20 世纪 30 年代，具有小学文化程度的人数只占总人口的 17%），以至于梁启超曾在 1915 年批评新政时说，20 年来办现代教育使得全民不识字。[②] 这无疑是对科举考试之提升文化功能的极好反证。

（三）政治功能

科举考试制度的创建和实施，无不体现着国家和统治者的意志。而国家意志恰恰是政治的一种体现。从这个角度看，科举考试属于政治制度的范畴，其政治功能是不言而喻的。科举考试的政治功能主要体现在影响社会地位结构、稳定社会秩序、提高行政绩效等方面。

社会地位结构是指社会成员在具体的社会活动和社会关系中所处的位置结构，包括静态和动态两种状态；社会地位的静态结构通过社会分层来反映，动态结构则通过社会流动来反映。隋唐至清，科举成为士子们仕进的主要乃至唯一阶梯，

---

① 何怀宏.选举社会及其终结——秦汉至晚清历史的一种社会学阐释[M].北京:三联书店,1998:34.

② 何怀宏.1905 年废除科举的社会涵义[J].东方,1996(05).

考取功名便意味着获得了进入权力阶层的入场券,身份和财富亦随之而来。即使只是考取举人以下的下等功名,还没有资格成为官员,身份也是大不相同的,而且,科举的开放性,也能让他们有机会拼搏更高功名。更重要的是,科举进行社会分层,是得到自上而下、冠冕堂皇的鼓励和响应的。宋真宗在《劝学文》中,便以科举登第后的社会地位和经济利益为诱饵,对广大士子进行赤裸裸的劝诱:"富贵不用买良田,书中自有千钟粟;安居不同架高堂,书中自有黄金屋;出门莫恨无人随,书中车马多如簇;娶妻莫恨无良媒,书中有女颜如玉。"

科举影响社会分层又是通过促进社会流动来实现的。促进社会流动并非采行考试的原始动机,而只是其副产品。然而,这个看似不经意的副产品,却撼动了社会的根基。为什么隋唐以后,中国社会很少能看到其他文明社会中存在的数百年乃至数十代延绵不绝的世家贵族,所谓"世家无百年之运"? 根源在于科举实行自由报考,将参政机会向大多数人开放。由于科举是获取地位、权力和经济财富等社会稀缺的最主要乃至唯一途径,一旦中举,便可山川变色,天地为宽,正所谓"十年寒窗无人晓,一举成名天下知",使普通百姓对它的参与热情与耿耿忠诚达到前所未有的高度,从而为社会流动奠定了广泛而坚实的社会基础。

科举考试稳定社会秩序之功能早在一千多年前的中国古代即为统治者所识。科举考试体现的是国家的意志,奉行的是公平公正原则。人们参加科举,不仅可以认同国家意志,而且通过公平的竞争获得一种满足感。因而,"考试制度的运用,可以加强全国人民对政府的向心力。无论他们属于哪一个种族,亦不论他们居住何方,皆可经由考试而加强他们与政府间的关系,使他们对国家更为忠诚"①。因而,历代统治者在打下江山、政权初定后,所做的第一件事便是重开科考,以笼络民心,网罗人才。

促进政治统一,是考试稳定社会秩序的前提。钱穆认为,自汉以来到清末,无论何种考选办法,都采取分区定额制度,使各地举子一度集中中央。此种人才大集合,"不仅政府与社会常得声气相通,即全国各区域,东北至西南,西北至东南,皆得

---

① 廖平胜.考试学原理[M].武汉:华中师范大学出版社,2002:155.

有一种相接触相融洽之机会，不仅于政治上增添其向心力，更于文化上增添其调协力"①。而科举之所以能促进政治统一，乃缘于其所具有公平精神及其所带来的高度认同感——既能得到君王的认可和支持，又能得到民众的接受和赞同。

此外，科举由于能选拔出合格人才和有效防止腐败而具有提高行政绩效之功能。历史已经证明，和其他选才办法相比，科举是选拔真才最有效可行的办法。科举建制前，历代实行过的"养士求贤""军功赏爵""察举征辟""九品中正制"等，由于对选拔对象范围作了严格限制，基本上是从统治阶级尤其是贵族子弟中选拔才俊，结果，造成裙带之风盛行，人才素质低劣，如东汉末年竟有"举秀才，不知书""察孝廉，父别居"的奇怪现象。而科举则几乎把选拔对象扩大到整个社会，几乎所有的知识分子都被纳入其轨道，选拔出真才的概率比之封闭的体制无疑要高得多。再者，科举采取多层次、多科目的考试方式，经过如此严苛的竞争、淘汰机制而筛选出来的知识分子，都是既有广博的知识和高度熟练的运用能力，又有坚韧毅力的社会精英。正是由于科举制的这种"瓶颈效应"，才能最广泛地动员社会各阶级、阶层知识分子进入政治录用的竞争行列，而最终选拔出"德才兼备"的政治精英。②

由于科举选拔出的都是重重竞争的最后赢者，整体素质以及对行政腐败的"免疫力"比不经考试者无疑要高。而且，由于以考试这一相对客观的标准作为用人的依据，和非考试标准相比，从理论上说，能消除用人过程中的徇私舞弊。因此，科举还有减少和防止行政腐败的功能。学者屈超立在《科举制的廉政效应》一文中认为，在科举制度以前的秦汉魏晋南北朝以及元朝的贵族政治时期，世家大族利用其世袭的特权，贪赃枉法，腐败之风延及社会生活的各个方面，是中国古代最腐败的时期。而在科举制度鼎盛的宋明清时期，是科举制度全面推行的时代，也是吏治相对清明的时期。③ 所以，当 1905 年废科举后，政府用人由于无标准可依，知识分子退居社会的边缘，导致人事奔竞、派系倾轧、结党营私、偏枯偏荣等种种病象的出

① 钱穆.国史新论[M].北京：三联书店，2001：293.
② 房宁.科举制与现代文官制度——科举制的现代政治学诠释[J].战略与管理，1996(06).
③ 屈超立.科举制的廉政效应[J].政法论坛，2001(05).

现,以致钱穆悲痛地认为这是聚九州铁铸成的一个"大错"。①

二、科举社会的形成

科举社会是指科举在政治生活和社会结构中占有重要的地位、科举影响无所不在的社会。② 由于科举考试在教育、文化、政治方面的功能日益强大,而逐渐渗透到社会各个层面。尽管它有明显的局限性,也曾遭遇过历代重臣的反对,但1300 年的封建统治对它仍"欲罢不能"。科举考试正是以其漫长的存在时间和巨大的历史影响,成为中国封建社会的显著特征。多数学者认为,宋朝以后,中国基本上是一个科举社会,朝廷、士大夫及学术文化经由科举而紧密结合。钱穆曾说:"科举进士,唐代已有。但绝大多数由白衣上进,则自宋代始。我们虽可一并称呼自唐以下之中国社会为'科举社会',但划分宋以下特称之为'白衣举子之社会',即'进士社会',则更为贴切。我们亦可称唐代社会为'前期科举社会',宋以后为'后期科举社会'。"③因此,可以认为,科举考试的功能与科举社会的形成是相维相因的,但前者只是促成后者的一种隐晦动力。在人们看来,科举社会之所以形成,乃源于考试一步步从社会边缘走向中心。因此,科举社会是以"凭才取人"的人才选拔标准和能力本位主义的价值取向为表征的。回眸选拔人才方式的发展历史便不难看出这一点。

科举考试的出发点是以考试的方法来选拔治理国家的各级人才。而这在春秋以前官僚政治体制全然封闭的"'血'而优则仕"时期几乎是不可想象的。到了春秋战国时期,随着"学而优则仕"主张的兴起,"学"渐渐取代"血统",成为许多庶民仕进的阶梯。但那时的仕进之途尚未制度化,带有相当大的机缘与刺激性。有时可能因与君主有只言的投机而飞黄腾达,亦可因片语的不合而招来横祸。及至汉武

---

① 钱穆.国史新论[M].北京:三联书店,2001:293.
② 刘海峰.多学科视野中的科举制[J].厦门大学学报(哲学社会科学版),2002(06):19-26.
③ 钱穆.中国历史研究法[M].北京:三联书店,2001:46.

帝元光元年(前 134 年)，"初令郡国举孝廉各一人"，^①选举才开始制度化——由地方官察访人才、举荐朝廷的察举制由不定期到定期举荐。

不过，两汉的选举由于是地方官以"孝悌""廉正"的标准察访并荐举所谓的人才，被察访者并无自荐的可能，因而本质上仍是一种自上而下的推荐，与社会下层几无关系。荐选与此后的考选最大的不同在于，前者是"人对人"，后者则是"人对文"。"人对人"的主观性，容易造成推荐中的"泥沙俱下"，与才干相关的学问、德行、能力，以及与才干无关的门第、奔竞、请托，都可能影响荐选的过程及结果。发展到东汉晚期，荐举制度遭遇了严重危机，如《后汉书》言道："汉初诏举贤良、方正，州郡察孝廉、秀才，斯亦贡士之方也。中兴之后，复增敦朴、有道、贤能、直言、独行、高节、质直、清白、敦厚之属。荣路既广，觖望难裁，自是窃名伪服，浸以流竞，权门贵仕，请谒繁兴。"^②

为革除弄虚作假、奔竞请托之流弊，汉顺帝阳嘉元年(132 年)，尚书令左雄倡议"儒者试经学、文吏试章奏"。从此，察举孝廉在地方官推荐这个重要环节之外，又多了一个关键环节——考试。考试环节的设立，意味着察举制在原有的"以德取人""以能取人"基础上，又增加了"以文取人"的因素，这对于此后的人才选拔机制和人才价值取向的影响无疑是历史性的。钱穆认为，中国历史上汉代以下的政府，"既非贵族政府，也非军人政府，又非商人政府，而是一个'崇尚文治的政府'，即士人政府"^③。尽管察举制总的说来还是以推荐举送为主，以考试为辅，但"崇尚文治的政府"注定是要和考试发生密切关联的。

"左雄改制"使察举制处于一个十字路口：一条路是把开启的门关小，使统治层相对封闭，使上升之途更加缩小，客观上可以减少觊觎之心与奔竞之势；另一条路则是索性让门完全敞开，使统治层向所有人开放，只是每个人都要经过一套严格的、同等的考试程序才能达到高位。"左雄改制"似有意走后一条路，但当时社会的

---

① 汉书.武帝纪.卷 1-12[M].北京：中华书局，1962：160.
② 后汉书.左黄周列传.卷 54-62[M].北京：中华书局，1965：2042.
③ 钱穆.中国历代政治得失[M].北京：三联书店，2001：16.

发展却似趋向于前一条路。^① 曹魏初期,为应对当时制度紊乱、援用私人、用人无度的政治危机,创设了九品中正制,由中正官对所辖区内人士加以品评,以为登用黜陟之依据。但随着士族名门的出现和对政治的把持,客观的品状已无可能。九品中正制逐渐"尊世胄,卑寒士",转为门阀士族服务,并成为制约察举制的铨选主体,因而形成当时"上品无寒门,下品无世族"的门第社会。

尽管如此,作为九品中正制下一条入仕途径的察举制,仍也得以坚持下来,而且按某种规律演进发展。察举的中心环节,也逐渐由先前的举荐转移到考试上。经由魏晋南北朝的发展,到隋初,察举制已基本完成其历史使命,以考试选才的科举制度呼之欲出。隋朝建立后,出于稳定新政权的需要,隋文帝开皇年间正式废除了九品中正制,收回了地方辟举权,并一再下诏举行特科,选拔各类人才。隋炀帝大业元年(605 年),始置进士科,标志着中国的选举制度从此进入一个新时代——科举时代。值得提出的是,"大业年间的进士科仅具有古词新用的用义,与当时并存的秀才、明经、孝廉科似乎没有根本差别。隋炀帝创设进士科时并未有意识地加给其什么特别重大的意义,进士科设立的重要性实际上是唐以后此科迅速发展并逐步取代包容所有科目、科举成为进士科的一统天下之后赋予的。"^②

尽管科举在唐代开始走上正轨,但唐初科举在选官制度中的地位还是很低的。唐中后期,进士科在各取士科目中地位的迅速上升,乃至形成"缙绅虽位极人臣,不由进士者终不为美"的"唯进士是贵"之风气。但受选拔人数的局限,科举出身者在中下级官员中仍然只占很小比重,考试选拔对中下层的触动并不大。加之考录程序中"行卷""公荐"环节的存在,使得唐代科举中仍存留了两汉重行、魏晋重名之遗风。这些因素多少影响了"以文取人"的考试制度在选举社会中的地位。到宋明两代,科举出身者在官僚政治中的影响有所加强。明中叶以后,更是出现"非进士不入翰林,非翰林不入内阁"的情况。清代沿用明制,尽管有不少满人未经科举便入仕升迁,但终不得与科第出身者相比,且高级官员仍以进士出身者居多。

---

① 何怀宏.选举社会及其终结——秦汉至晚清历史的一种社会学阐释[M].北京:三联书店,1998:95.

② 刘海峰.科举考试的教育视角[M].武汉:湖北教育出版社,1996:26.

宋代以后,科举时加改革。发展到清末,科举制已成为一部结构精细复杂的制度机器,其整体运作设想之周延已达至相当惊人的地步,如邓嗣禹所言:"明清方法之严密,不惟足以冠古今,亦并足以法中外。……历代继绳,时加改革,积千余年之心思才智,殚精竭思,兴利除弊,制度严密,良有以也。"①科举制度的完备,是其在政治上的重要地位和对社会的重大影响所使然,反过来又强化了其政治地位和社会影响。考试就这样一步步从社会的边缘走向中心。实际上,自读书人"始觉文章可致身",深切体会到社会身份和地位的高低不再以血统和出身为划分,而代之以是否考中科名并以科第的高低为依据后,科举社会便已形成。而一旦形成,上至朝野下至百姓,便无不为科举所累。历代科举的革兴、科场案的处理,以及科举的废止,都成为当朝最高统治者的中心议题。对百姓而言,"满朝朱紫贵,尽是读书人"的社会政治现象则产生了极大的刺激作用,所谓"浮名浮利过于酒,醉得人心死不醒!"尽管科举在任何社会都只能是一种选拔少数人的精英性质的活动,但绝大多数士人仍皓首穷经终不悔,在中国选举史上出演了一幕又一幕令人心酸的悲剧。

上述历史述要表明,科举创制之前,人才选拔以门第为重。隋唐虽行科举,但由于其对中下层触动极小,可以看作是门第与科第并存相争的社会。及至取士不问门第,"一切以程文为去留",且因取士数量大,各阶层对应举趋之若鹜,加之公卿大夫多出自草根白屋,以贵族世家为象征的门第社会已无存在之基础,更无"复辟"之可能,代之而起的是靠读书而崛起的"科举世家"和科举社会。可见,科举社会的价值取向是能力本位主义,能力和学问而非出身和血统成为决定一个人成功的最关键因素。尽管影响个人能力和学问的高下有多种因素,但起码能力是无法先赋的。而封建中国之所以从门第社会走向科举社会,其背后有极其深刻的社会文化根源——摆脱人情请托困扰,追求社会公平正义。在选拔人才过程中饱受人情困扰的先人们,发明了考试这把客观公正的"量才尺"。他们当初或许并没有想到考试带来的公正会有如此大的社会效益,一旦意识到,便以"至公"作为首要目标来建设考试制度,力图使之"止于至善"。

---

① 邓嗣禹.中国考试制度史[M].台北:台湾学生书局,1982:332.

当然,考试有如一把锋利的双刃剑,科举社会所形成的传统,既是中华民族一笔巨大的文化遗产,又是一个沉重的历史包袱。正是这笔遗产,制造了中国社会至今解不开的"考试情结"。当今中国堪称是一个考试大国,和古代科举一样,高考成为现代中国的"举国大考",高考期间几乎成为"高考节",民众对其他各种社会考试的热情也在持续上升,说明考试具有长久存在的社会基础。考试固然有其局限,但在公平公正区分选拔人才方面还是利大于弊。中国过去是一个科举社会。为了制衡讲究人情关系的消极影响,解脱人情困境,现在和将来仍须以考试作为社会生活的调节阀。① 随着各行各业越来越多地采用考试手段来测量、评价人才,考试社会离我们已越来越近。

① 刘海峰."科举学"——21 世纪的显学[J].厦门大学学报(哲学社会科学版),1998(04):54-60.

再论科举学研究的现实意义[*]

科举学是以中国和其他东亚国家历史上存在的科举考试制度及其运作的历史为研究对象的一门综合性专学,与红学、敦煌学的性质相似,但内涵更加丰富、外延更加宽广。自 20 世纪 90 年代初刘海峰教授首倡建立科举学[①]以来,学界对科举学的研究热情逐年上升、研究成果日益丰盛、研究影响渐趋扩大。科举作为历史上影响最大的一种人才选拔制度早已在百年前退出历史舞台,但考试选才这种方式依然存在,现实考试中出现的许多问题与科举有惊人的相似之处。因此,"科举学研究的意义不仅仅在于客观还原历史真相,同时甚至更重要的意义在于鉴古知今,通过挖掘科举学这座'学术富矿',探寻对当今教育和社会发展具有借鉴意义的'历史珍宝'"。[②] 笔者曾撰《科举启示录——考试与教育的关系》《科举学:考试历史的现实观照》拙文数篇,论述科举利弊存废对高考改革、对自学考试制度建设的现实观照。[③] 本文从科举公平改革、科举促进社会流动、科举立法等角度阐释其对当今高考改革的历史借鉴,进一步论述科举学研究的现实意义。

---

[*]　原载于《江苏高教》2020 年第 1 期。

[①]　刘海峰."科举学"刍议[J].厦门大学学报(哲学社会科学版),1992(04):89-95;刘海峰.科举学发凡[J].厦门大学学报(哲学社会科学版),1994(01):65-71.

[②]　郑若玲,刘盾.科举学教学推广初探——基于科举学课程效果之分析[J].教育与考试,2016(04):21-27,38.

[③]　详情请参阅:郑若玲.科举启示录——考试与教育的关系[J].清华大学教育研究,1999(02):15-19;郑若玲.科举学:考试历史的现实观照[J].厦门大学学报(哲学社会科学版),2000(04):90-95;郑若玲.科举与自考:历史与现实的观照[J].清华大学教育研究,2000(03):61-66;郑若玲.考试公平与区域公平:高考录取中的两难选择[J].高等教育研究,2001(06):53-57;郑若玲.高考改革的科举史观照——考试存废的视角[J].科举学论丛,2007(02):26-31;郑若玲.科举至公之道及其现实启思[J].厦门大学学报(哲学社会科学版),2010(05):58-66.

一、科举"追求至公"具有超越时代的先进性与普适性

追求"至公",是科举成为中国历史长河中罕见的存在千年之久并继续对现代中国社会与教育产生深厚影响的制度之根本原因。与此前所有的人才选拔制度不同,科举制度奉行"一切以程文为去留"的选才原则。更为难得的是,科举在制度设计上还对寒门才俊有某种程度的倾斜,尤其是宋代,许多科举改革都旨在消除权力干预、给贫寒士子创造更公平的竞争环境。虽然其中有些做法在今天看来甚至有"逆向歧视"之嫌,但在等级森严的帝制时代,这一"合理纠偏"行为反映了科举制度在公平理念上的先进性与超阶级性,这一理念在当今社会仍具有普适性。因此,科举制度的公平性可谓是科举学领域最具现实意义的研究课题。

科举作为一部运转了 1300 年的制度机器,在报考资格、取士标准、考试录取等环节历经变革,公平性日臻完善。[①] 从报考资格看,科举对报考资格的限制越来越少,体现出"考试机会面前人人平等"的开放性。春秋以前,选官实行世卿世禄制,平民子弟根本没有入仕的机会。历经汉代和魏晋时期的发展,虽然等级森严的门阀制度有所松动,但除少数符合统治者或选拔者要求的平民子弟得以选仕外,大多数人仍被拒之门外。行至唐代,由于行卷、公荐、通榜等环节的存在,科举的开放性与公平性受到一定局限。到了清代,除倡优、皂隶之家与居父母丧者外,原则上所有人均可报考。科举实行"怀牒自进"的做法,准许考生自由报考,将参政机会向平民开放,是科举区别于前代取士制度最重要的特征之一。从取士标准看,科举从主观的荐选走向客观的考选且越来越刚性。科举初建的隋唐时期,"行卷""公荐"等环节明显带有前代荐举遗风,容易为人情所困。宋代以降,取士标准转为考选、越来越刚性,"一切以程文为去留"。从考试录取看,科举从开始阶段单纯追求考试公平,逐渐演化为在注重考试公平的同时,兼顾到区域公平。清康熙五十一年(1712年),全国一级的考试录取已由明中期以前实行的不分区域的完全自由竞争,发展

---

① 郑若玲.科举至公之道及其现实启思[J].厦门大学学报(哲学社会科学版),2010(05):58-66.

为分省取中，"按应试人数多寡，钦定中额"①。此举对于科举时代教育、文化与社会发展相对处于弱势的地区无疑具有明显的扶持意蕴。

公平是人类社会发展的永恒主题，无论在哪一社会中、何种制度下，追求公平都是进入文明进步时代的重要标杆，社会资源的分配、职场晋升的竞争、教育机会的获取，莫不以公平为最高准则。当下中国正致力于建设社会主义和谐社会，保障广大人民根本利益、促进社会公平正义是建成和谐社会的民心基石，而教育公平则是社会公平的重要基石。对广大百姓而言，公平是衡量几乎所有教育改革成败的核心标准。尽管我国政府对教育公平高度重视、民众对教育公平深切期盼，入学机会的公平更是其"重中之重"。相较而言，普通教育阶段由于义务教育的强迫性、高中教育较高的普及率等因素，虽也有教育质量不均衡的问题，但"上学机会"并不是主要的争议。而高等教育由于是许多人参与较高层次社会竞争的起点，其入学机会直接关乎个体乃至家庭的切身利益，公平与否因此深受关注。高考作为高等教育的"敲门砖"，直接关系到民众能否上大学、去哪所大学、读何种专业，高考公平自然成为教育公平的"重中之重"。不仅如此，高考还是一个政治性议题，事关国家稳定大局。

从比较的角度看，科举与高考都是各自时代人们获取社会资源、追求上进机会的重要手段，也都是典型的"三高"（高利害、高风险、高竞争）考试。高考改革完全可以也必须回眸过往、以史为鉴。1300年间，科举制度围绕"至公"二字不断改革完善，无论就稳固社会秩序或是维护民众利益而言，科举公平改革都产生了实实在在的社会效益，并因此带来了社会上下对其一致的高度认同感——既能得到君王的认可与支持，又能得到民众的接受与赞同。科举"追求至公"的做法理应冲破时代与政治的藩篱为当今中国所继承并发扬光大。高考改革须首重公平便是科举留给高考最重要的启思。

具体到高考改革的实践，有许多方面都可以直接或间接从科举公平改革中获得启示。例如，高校自主招生、综合素质评价中有关录取标准的改革及其争议，与科举改革中关于取士标准的争议如出一辙，了解历史可以使我们少走弯路；高考录

---

①　卷108：选举志[M]//赵尔巽，等.清史稿.北京：中华书局，1976：3158.

取的地域歧视及其相关的"高考移民"等问题与科举录取中考试公平与区域公平以及科举"冒籍"等问题也惊人地相似,科举对"冒籍"的惩处力度之大,可为打击"高考移民"提供参考;在高考录取越来越有利于优势阶层与发达地区的危险趋势下,科举向边远落后地区和贫寒士子倾斜录取的"逆向歧视"做法,值得深思与借鉴;目前争议正盛的"异地高考"问题,其实就是科举时代"寄籍"问题的翻版。此外,科举在程序上有些做法的严谨、规范与科学,甚至至今仍未被超越,例如,明清科举阅卷环节有"搜落卷"之法,如果主考官从房官批抹卷中搜捡出佳文,则"交本房同考详阅。有愿补荐条者听其实。因词句瑕疵,应将不荐之故签出相商。主考官公同研覆仍应取中者,不得授意同考,撤去从前批语补用荐条,但将取中缘由于卷面批名,听磨勘官悉心校勘"①,以防考官"误抹佳文"甚至"挟私妄抹"、遗落佳卷真材;不仅如此,落第士子还可领回落卷,对考官批阅意见享有知情权。此举旨在令士子信服,防止弊窦,以示至公,既可督促考官严谨判卷,又可平反冤案和安抚落第士子、维护科举公平。② 这一环节不仅前无古法,也为当今考试所不及。

二、科举促进社会流动对改善当今社会
结构具有积极示范意义

社会学理论认为,合理的社会流动是社会良性运行的重要协调机制。首先,它促使不同社会地位的群体成员处于不断更替轮换的过程中,从而有助于消除人与人之间的不平等、缩小人与人之间的实际差异、缓解由社会差异而产生的隔阂和冲突;其次,合理的社会流动有助于各阶层彼此相互了解和相互联系、提高社会整合程度;此外,合理流动能有效激发人的积极性与开拓进取精神,给社会系统注入活力。要想实现机会平等的社会流动,必须同时实现普遍性原则和自获性原则:普遍性原则包括流动机会向所有合乎条件的人开放、阶层筛选标准普遍适用于所有参

---

① 钦定科场条例:卷19[M].台北:文海出版社,1989:1326.
② 郑若玲.科举至公之道及其现实启思[J].厦门大学学报(哲学社会科学版),2010(05):58-66.

加竞争的人、流动标准是人人通过努力可望达到等含义；自获性原则意味着排除或缩小个人的社会先赋条件其对社会流动的影响，唯才是用。[①]

那么，科举到底有没有引发社会流动？如果有，又在多大程度上促进了社会流动？学界关于科举对社会流动的影响大体有三派观点：流动派认为科举促进了阶层的上下流动；非流动派则认为科举并未造成多大的社会流动，甚至在某种角度看起着固化阶层的负面效果；中间派在肯定科举改变了社会结构的同时，又认为其对社会流动的作用和影响非常有限。笔者曾通过对《清代朱卷集成》记载的有清一代近八千份朱卷作者之家世统计，对科举造成的社会流动进行估算，认为：第一，科举不问家世阀阅、凭才取人，比起世卿世禄或任人唯亲的用人制度，具有超越中国封建时代之现代性特征；第二，姻亲和母系家族对于举子提升社会阶层几无助力，出身布衣家庭的大部分举子主要还是靠竞争机会的开放和自身努力实现阶层的向上流动；第三，家世比居住地对社会流动的影响更大，只要有读书应举的条件，乡居举子与城市举子有基本相同的上升机会。[②]

对照上述社会流动的理论，科举满足了普遍性原则与自获性原则的所有要求，完全符合实现机会平等的社会流动的特点：实行"投牒自进"的机会开放原则；采用"一切以程文为去留"的筛选标准，"等第面前人人平等"，普遍适用于所有考生；无论家世或地域如何，举子只要静心读书、刻苦钻研，就有望在人生阶梯上步步攀升；给各阶层子弟提供了基本公平的竞争机会，排除了举子的先赋条件对其社会流动的影响。因此，科举可谓是等级森严的帝制中国难得的一项促进社会合理流动的渠道。

那么，被称为"现代科举"的高考，究竟又在多大程度上影响着社会流动？应如何认识高考在二元结构社会解体和社会稳定中的作用？关于高考与社会流动的关系问题，最受关注的莫过于大学中农村生源比例的下降。高考招生制度恢复30多年来，人们发现中国社会整体快速发展，并没有带来社会底层尤其是农村家庭子女

---

① 郑杭生.社会学概论新修[M].北京：中国人民大学出版社，1994：314-320.
② 郑若玲.科举对清代社会流动的影响——基于清代朱卷作者之家世分析[J].厦门大学学报（哲学社会科学版），2007（05）：72-79.

高等教育机会的上升,相反,在许多高校,农村生源比例非升反降,农村孩子上重点大学比例偏低的问题尤其突出,"寒门难出贵子"深深刺痛了人们关于教育与社会公平的脆弱神经。近年来,在带"农"字的专门院校中,农村生源比例在持续下滑。农业类院校尚且如此,其他非农大学的情况也就可想而知。尽管整体而言,农村生源上大学的占比有较大提升,但上 985 和 211 重点大学的比例不升反降。尽管2012 年国家启动了面向贫困地区的定向招生专项计划,重点院校中农村新生比例有所上升,但仍远低于农村人口在全部人口、农村考生在全部考生中所占比例。也有人认为重点大学里农村学生比例下降是由城乡人口结构的变化所导致的,然而,目前农村城市化的进度远远低于农村生源考入重点大学几率下降的速度,又绝非人口结构变化这一简单的理由所能涵盖。

那么,教育扩张后,随着教育机会的增多,教育机会的分配能否变得更加平等呢?李春玲得出了否定的结论,即大学扩招非但没有缩小不同群体的教育机会差距,反而导致城乡之间教育不平等程度的上升,大扩招后,高等教育机会在原有城乡差距的倍数基础上进一步拉大,1975—1979 年出生的人当中,城市人上大学的机会是农村人的 3.4 倍,而 1980—1985 年出生的人当中,城市人上大学的机会是农村人的 5.5 倍。[①] 谢作栩、王伟宜也得出类似结论,他们采用辈出率[②]来分析不同社会阶层子女在高等教育入学机会方面的差异程度,发现在部属重点高校中,以国家与社会管理者、经理人员等为代表的社会较高阶层家庭,与以产业工人、农业劳动者等为代表的社会较低阶层家庭,辈出率的差距约达 18 倍之巨,表明部属重点高校的入学机会明显偏向那些拥有较多组织资源、经济资源和文化资源的社会上层子女,而那些底层社会的子女进重点高校的机会是相当有限的;在不同类别高校中,公办高职院校各阶层辈出率差异最小,说明公办高职院校中各社会阶层子女

---

① 李春玲.高等教育扩张与教育机会不平等——高校扩招的平等化效应考查[J].社会学研究,2010,25(03):82-113,244.

② 辈出率即某阶层在校生比例与该阶层在社会总人口中的比例之比。辈出率为 1,则意味两种比例相等,是公平的状态,辈出率越高,说明占据的机会越多。

入学机会差异最小。[①] 高等教育入学机会的增加从表象上看提升了教育公平，但其实并不必然增加农村生源向上流动的机会。事实上，扩招后普通高校文凭随着数量的增加，其市场竞争力越来越弱，导致大量持有普通院校毕业文凭的贫寒子弟无法与社会资本丰厚的优势阶层子女在职场平等竞争，甚至陷入"毕业即失业""因学致贫"等窘境，成为"蜗居"的"蚁族"。可见，高校扩招并没有真正增加寒门子弟向上流动的机会。相反，改革开放后，由于资源配置机制的变化，我国的阶层差异不断扩大，使得本已与整体社会结构相断裂的底层社会更加不利，社会的"断裂"因此被进一步强化。[②] 这对社会发展而言无疑是十分危险的信号。

近年来，政府在扩大高校尤其是重点大学中弱势阶层子女比例方面可谓不遗余力。2012 年 3 月 19 日教育部、国家发展改革委等五部委联合发布《关于实施面向贫困地区定向招生专项计划的通知》，决定自 2012 年起，组织实施面向贫困地区定向招生专项计划，迄今已实行 7 年，取得了明显成效，保障农村学生上重点院校的长效机制正在逐步形成。促进农村生源社会流动、提升教育公平，扩大招收农村生源比例固然重要，缩小社会阶层差异、促进教育均衡、改革高考内容与形式、改善教育生态整体环境，对于增加农村生源向上流动的机会也同样甚至更加重要。在这方面，科举制度具有很好的示范作用。例如，宋代为了延揽更多的平民精英，对科举制度进行了大刀阔斧的改革：废除了易困于人情的公荐环节；为防范权臣为子弟猎取科名，增设殿试环节、对试卷实行糊名法和誊录法；评卷环节实行双重定等第法；对官员应考实行锁厅试；为安抚贫寒年老举子，设立特奏名进士；等等。这些改革使得宋代科举成为"无情如造化、至公若权衡"的非常公平的取士制度，极大地促进了社会流动，宋代的平民出身进士比例因此成为历代之最。在某些朝代，为保障布衣举子获得公平的竞争环境，甚至出现"裁抑子弟"的做法。例如，唐代科举采取回避的做法，规定负责主考的礼部侍郎之亲故如参加考试，须移试于吏部，谓之别头试；宋代不仅将回避范围由省试扩大到解试，而且考官及有关官员的子弟、亲

① 谢作栩,王伟宜.高等教育大众化视野下我国社会各阶层子女高等教育入学机会差异的研究[J].教育学报,2006(02):65-74,96.
② 孙立平.资源重新积聚背景下的底层社会形成[J].战略与管理,2002(01):18-26.

戚、门客等,均须回避,另派考官设场屋考试;清代对科举回避更是作出细致详明的规定,规定入场官员子弟、亲族皆不得与考,"士子回避,条例极严,竟有士子一连四五科皆以回避不得与试者"①。有时甚至矫枉过正,导致一些当朝重臣及其子弟为避嫌,常常有意不贡进士,如《新唐书》卷167《王播传》载"子荛,力学,有文辞,以铎当国,不贡进士。终右司员外郎"②;《旧唐书》卷20《哀帝纪》亦载"(天祐三年三月)壬戌,全忠奏何中判官刘崇子匡图,今年进士登第,遽列高科,恐涉群议,请礼部落下"③,甚至担任考官这种原本很荣耀的工作,也出现"朝士之被差为大院考官者,恐多妨其亲,亦不愿差"④现象。唐宋以后科举设立覆试环节,清代实行官、民子弟分卷取中且官卷去取甚严等,也都明显具有特为寒峻开路、有意裁抑权贵的特点。观照科举,高校考试招生制度要想更好地发挥公平科学选才、促进社会流动、改善社会结构的功能,显然还有漫长的路要走。

三、科举立法缜密确保考试权威公正亟待
当今考试法治所借鉴

为防范科举中的舞弊现象,保证科举活动的公正性和制度的严肃性,历朝历代都颁行了详略不同的考试规制。如:唐代颁布了"废举者""坐州长"等诸多法令;宋元两代也各有不少科举条规或法令,如《宋大诏令集》便收录了35条科举诏令,《元典章》之《礼部·学校》和《大元通制条格》之《学令·科举》中,也有许多关于科举的法令。⑤ 明代科举在考官选任、考场、阅卷以及取录各环节已形成一套严密的规制。到了清代,出于稳固统治基础的考虑,清代不仅承袭明代的贡院规制,而且频频立法,《钦定科场条例》便是清代考试规制的最集中体现,对科举考试各方面的规制可谓不厌其烦、滴水不漏、密不透风。例如,《钦定科场条例》对考官命制试题的

① 李世愉.清代科举制度考辩(续)[M].沈阳:北方联合出版传媒股份有限公司,2012:76.
② 卷一六七:王播传[M]//欧阳修,宋祁.新唐书第16册.中华书局,1975:5119.
③ 卷二〇:哀帝纪[M]//刘煦,等.旧唐书:第3册.中华书局,1975:806.
④ 卷一五六:选举二[M]//脱脱,等.宋史:第11册.中华书局,1997:3639.
⑤ 刘海峰.科举学导论[M].武汉:华中师范大学出版社,2005:280-282.

题目文字内容均有要求,规定"策问以关切事理明白正大为主,不须搜寻僻事。本朝臣子学问人品,不得以策问士子。每问不得过三百字"①。对考生入场、答卷、外帘进卷(受卷、誊录、对读、收掌)、内帘阅卷等,也各有严格的规制和相应的惩处措施。除了颁行周密的规制,清朝还对科场舞弊严加整治,科场案迭出不穷、惩处之厉令人胆战心惊。规制之严密、法纪之严肃、惩治之严厉,都是为了维护科举制度的公平与权威。

由于采行"一切以程文为去留"的刚性取士标准,科举制和此前其他制度相比,最大的不同在于能从制度上抵御官僚政治入口处的任人唯亲、植党营私等行政腐败现象。尽管科举制度也有这样那样的问题,但总的说来,科举时代的廉政状况比之其他时期还是最好的。② 从另一个视角看,由于科举在帝制中国所发挥的政治功能非常强大,当这部"有效而稳定的文官机器"戛然停止运行时,以往有效的制度化取士途径被切断,对清季政治的冲击也就不难想见了。"官员的培养、选拔和服务过程中的中国传统整合制度,在20世纪头10年遭到了破坏。这无异于废除旧的社会秩序,但使用的手段却引发了其后数十年的腐败和解体过程。"③ 甚至有学者认为,科举制的废除是中国在政治方面的倒退,以往公平有序的干部选任制度为科举以前的诸形态如察举、门荫和纳资买官等所取代,甚至连总统都可以贿选,社会亦由文官治理时期进入群雄割据、军阀混战时期。④ 正反两面观之可见,科举确有积极的得人功效。

与科举法规的密于凝脂、不厌其详相比,当今考试的法制建设显得非常薄弱。尤其是一些具有重要社会功能与重大社会影响的大规模考试制度,由于无法可依,其权威性在实践中常常遭到践踏,公平性因此被大打折扣。我国各界呼吁考试立法已有多年,但国家层面的《考试法》或《教育考试法》迟迟未能出台,仅有个别省市出台一些相关的地方性法规。立法的缺失,使得考试的规范化难以得到实质性提

① 钦定科场条例:卷16[M].台北:文海出版社,1989:1168-1169.
② 屈超立.科举制的廉政效应[J].政法论坛,2001(05):147-154.
③ 吉尔伯特·罗兹曼.中国的现代化[M].国家社会科学基金"比较现代化"课题组,译.南京:江苏人民出版社,2003:224.
④ 蒋德海.科举制在中国近代的遭遇[J].复旦学报(社会科学版),1996(05):50-54.

升、考试法治成为一个无法企及的梦,从而阻碍了考试的科学化进程与公平性提升。现有的"办法""通知""条例""细则"等临时性管理规定,在法律层次与法律内容等方面难以满足解决招考纠纷及高考制度现代化转型的需要。[①]

再具体到考试舞弊问题。科举在一千多年的运行中,舞弊这颗"毒瘤"与之如影随形。高考也一样,几乎每年都会出现舞弊"顽症",而且几乎每一件都涉案人员众多、影响恶劣,如 2015 年的南昌替考案,42 人被查处,其中公职人员 22 人;2014 年的河南高考替考案,查实违规违纪考生 165 人,其中替考 127 人。高考舞弊不法者之所以防不胜防,是因为相比于舞弊行为获得的巨大利益,对舞弊者处罚过轻,舞弊违法成本很低。再者,考试法制建设不健全,教育行政部门"既当裁判员又当运动员",司法机关很少介入,惩处的震慑力严重不足,违法乱纪者因此有恃无恐。

目前我国适用于高考舞弊的立法,依照法律效力,大体上可以分为三类:一类是国家层面的法律和行政法规。全国统一高考试卷在使用完毕前的秘密等级属于国家绝密级,这意味着高考试题是最重要的国家秘密之一,与之相关的刑法规定有泄露国家秘密罪、非法获取国家秘密罪、渎职罪等;第二类是教育部颁布的行政规章,如《普通高等学校招生违规行为处理暂行办法》等;第三类是地方性立法与制度,如《重庆市国家教育考试条例》《江苏省 2012 年普通高校招生录取办法及考试违规处理办法》等。由于目前尚无国家层面的专门的考试法,对考试招生案件纠纷的处理主要依靠行政规章。而对于行政规章的法律地位,如规章是不是法律、行政规章是否可以作为法院审理行政案件的依据等,法律界一直颇有争议,在制定行政诉讼法时也曾产生激烈的争论。行政机关力主将规章列为法源,而审判机关却对泛滥的规章深感头痛,主张将它排斥于法源之外,最后的结果便是行政诉讼法的折中规定:规章只能作为"参照"而不是办案"依据"(《行政诉讼法》第 52 条、53 条)。这就意味着在法院受理招考法律纠纷时,教育部的行政规章只有参考价值。[②] 再者,刑法和保密法等法律只是规定了单一的对泄密行为追究刑事责任问题,很多影

---

① 李木洲.高考管理制度的改革与变迁:成效、难点及趋势[J].教育研究与实验,2014 (03):44-48.

② 覃红霞.高校招生考试法治研究[M].武汉:华中师范大学出版社,2007:209.

响恶劣的作弊行为难以被追究刑事责任，因而难以起到震慑作用，对协助作弊行为的惩处更是存在法律空白。由于司法机关针对高考舞弊行为难以找到执法依据，导致司法介入较为困难，除了一些性质非常严重的舞弊会被移送司法部门，一般而言舞弊惩处主要由教育主管部门执行，而后者同时又负有管理责任，难免有"既当运动员又当裁判员"之嫌，导致其管理行为出现监督漏洞。法律界人士认为缺乏一部系统、统一的国家教育考试法是问题关键所在。只有通过立法，明确不同主体、不同作弊行为的法律责任，同时加大处罚力度，做到有法可依、违法必究，方可对违法行为起到震慑与遏制作用。

在这方面，无论是古代还是当代境外，对考试舞弊都是严肃查处、据法不阿的。科举考试对夹带、枪替、换卷、关节、贿赂作弊、冒籍等，都有相应的处罚措施，对于高级别官员涉案的群体性舞弊事件，则更是施以严刑峻法，轻则罚俸革职、重则流放处斩。例如，清代三大著名科场案中，顺治十四年（1657年）丁酉科的北闱顺天乡试和南闱江南乡试均发生舞弊事件，致龙颜大怒，北闱的同考李振邺等3人、举人田耜等7人，骈首菜市，家产没入，并戍其父母兄弟妻子于边，正副主考各降五级；南闱的正副主考及同考等17人，俱弃市，家子家产没籍，其余株及者更仆难数，以致"朝署半空，囹圄几满"。咸丰八年（1858年）的戊午科顺天乡试案中，主考官大学士柏葰虽身为一品大臣，也难逃弃市极刑。① 之所以如此，乃因"物盈则亏、法久终弊"，科举发展到清代，这一制度机器已弊窦丛生、千疮百孔，防弊与舞弊斗智斗法，可谓"道高一尺魔高一丈"，不得不由最初的"求才为本"变成最终的"防奸为主"，"盖不有此严刑峻法，恐弊端更甚，不克维持至清末"。② 当代境外处理考试舞弊也毫不手软。例如2009年5月，美国执法部门在美国境内逮捕了58名在托福考试中作弊的外国留学生，他们认为作弊是对美国国家安全的威胁。为遏制花样百出的作弊手段，美国考试机构ETS的反弊可谓费尽心机：采取暗访、便衣检查和派出人员假扮考生参加考试进行考试现场监控等手段；拍下考生照片，并在发送给成绩使用单位的打印成绩单中附上考生的数码相片；对比照片、对比两次口语考试

---

① 邓嗣禹.中国考试制度史[M].长春:吉林出版集团有限责任公司,2011:242-249.

② 邓嗣禹.中国考试制度史[M].长春:吉林出版集团有限责任公司,2011:250.

的音色,此举与科举防弊措施中的"审音"有异曲同工之妙,清代童生试为防止考生冒籍跨考,特设审音制度,并由专门的监察御史来负责。① 此外,ETS 还在考后对作弊学生"秋后算账""追杀"到所在大学,使得作弊者不得不接受大学的处分或退学。②

将高考纳入法治的轨道,是治理高考舞弊最有效的措施之一。2015 年 8 月 29 日,第十二届全国人民代表大会常务委员会第十六次会议通过了《中华人民共和国刑法修正案(九)》,"考试作弊"第一次进入到国家刑法涉及的范围中。此次"作弊入刑"可视为《考试法》出台之前的一种司法救济手段。这一司法救济对高考等国家考试舞弊之风将起到整肃与遏制作用,但是,"作弊入刑"在客观上又可能造成对有些行为的量刑过重。只有制定像科举的《钦定科场条例》那样的专门的《考试法》,对作弊的相关法律责任作更明确和细化的规定,才可能使高考等国家考试在法治的进程中不偏离轨道。

科举制度在帝制中国长期存在,对其时的政治、文化、历史、教育、社会心理乃至经济等各领域产生了广泛而深厚的历史影响,对同时代其他世界主要国家也产生过直接或间接影响。因此,科举学是一门博大精深、雅俗共赏、融汇古今、贯穿中外的引人入胜的专学,有着广阔的研究空间,不少人文社会科学都可以从各自的角度、对这一故去已百余年的古老制度进行挖掘与整理,从而蔓衍出许多新的领域。科举考试虽已终结,但其中许多合理因素以及许多超越时空的有价值的观念仍可为今人所用。因此,我们不仅应继续进行具体的科举史实考订,而且应关注科举研究本身价值和意义的阐发,为中国学术繁荣踵事增华,也为中国考试改革出谋划策,求解科举研究的最大值。③ 而且,科举学研究的现实意义不仅仅体现在对当今教育考试制度建设的启发借鉴上,还可延展到教育乃至政治领域的许多方面,例如,科举宾兴作为一种主要由民间捐资设立的教育公益基金,对当今的教育乃至社

---

① 李世愉.清代科举制度考辩[M].沈阳:沈阳出版社,2005:12-28.

② 黄童超.中国式作弊:花样百出,美国人防不胜防[EB/OL].[2015-06-02].http://news.163.com/15/0602/09/AR3ICHC200014NNS.html.

③ 刘海峰."科举学":求解科举研究的最大值[J].河北师范大学学报(教育科学版),2002(03):5-10.

会公益事业管理有诸多启示；[①]科举取士作为古代一种"抡才大典"，对我国当今公务员制度乃至政治体制改革都颇具参考价值。以上从科举的公平性、社会流动、考试立法等角度谈古论今，仅是科举学研究的现实意义之"冰山一角"。

---

① 毛晓阳,金甦.论清代社会公益组织的基层社会监督机制——以科举宾兴为中心[J].东南学术,2014(03):214-220.

大规模高利害考试之负面后效

——以科举、高考为例*

  大规模高利害考试指的是涉及人数众多、影响范围广、依据考试结果做出的决定将影响重大利益分配、对个人与社会都产生重要影响的考试。本文所涉大规模高利害考试主要包括中国古代的科举制度、当今的高考制度等。考试后效指考试对教师、学生及其他相关群体产生的影响,尤指考生在考试的直接或间接影响下所产生的心理、行为的显著变化,考试后效分为正面后效与负面后效。中国自古就十分注重以考试选才,考试在当今中国也被广泛使用,尤其是高考制度,发挥了重要的社会功能,具有广泛的社会影响。古代科举与当今高考的考试后效都十分明显——在做出巨大社会贡献的同时,也产生了一些严重弊端。本文运用历史分析法、问卷调查法、访谈法等研究方法,以古代科举与当今高考为例,尝试对大规模高利害考试的利害分布及其产生的负面后效做初步研究。

一、科举的利害性分布及其负面考试后效

  在数千年来的中国社会,考试一直是人们获取社会资源、追求进身机会的重要手段,科举制度的长期运行,更将考试这一选才手段的功能发挥尽致,并极大地强化了考试选人的观念。历朝历代统治者都意识到科举具有重要的社会功能尤其是有着巨大的政治治理功能,为了使这一考试制度具有长久生命力并使其功能得到有效发挥,围绕"追求至公"这一主旨,不断完善科举制度。① 从个人角度看,"贫者因书富,富者因书贵",无论贫富,帝制时期的民众均倚赖科举"跳龙门"或"保身家",所谓"科第之设,

---

  * 本文与陈为峰合作,原载于《华中师范大学学报(人文社会科学版)》2013 年第 1 期。
  ① 郑若玲.科举至公之道及其现实启思[J].厦门大学学报(哲学社会科学版),2010(05):58-66.

草泽望之起家，簪绂望之继世；孤寒失之，其族馁矣；世禄失之，其族绝矣"①是也。

细数中国古代的选士制度，相对于隋代以后的科举笔试制度，前代不同阶段的考试有一些共同的特点，即注重德能、才干与品行，以推荐和实践考核相结合，采取面试或口试的方式。三皇五帝时的禅让制、西周的乡里选举与诸侯贡士制、汉代的察举制和魏晋南北朝的九品中正制等，荐选士人的标准不外乎德行、道艺与才能，考察品德所依据的是地方的群众舆论与公共意见。及至隋炀帝大业元年（605 年）置进士科，策试诸士，遂开考选之先河，取士标准发生了重大变化，由以往的"以德取人"和"以能取人"变成"以文取人"。然而，处于草创时期的唐代科举，仍存在行卷、通榜、公荐等环节，明显带有"两汉重行、魏晋重名"之前代遗风，文学才能虽然成为取士的主要标准，但如果考生品德败坏、有才无德、社会声誉不佳，也难以得到达官贵人的赏识和推荐，从而影响其中举。因此，其时的科举取士可谓"主要以考试成绩决定取舍"②，取士标准仍有一定的弹性。

弹性主观的取士标准尤其是品行的评判因人而异，"试无定法"，所以，在宋中期以前的科举制度，其利害性可以说仍处于一种分散分布的状态，由德行、道艺、才干、舆论等诸多因素来共同分担。直至宋仁宗庆历元年（1041 年）"一切以程文为去留"③，取士标准才由弹性主观变得刚性客观。此后，基于维护公平的考虑，主观评价方式被弃用，品行的要求也随之取消，人才的选拔唯书面测试是取。对于科举考生来说，选拔过程中涉及的评价标准直接决定着他们能否被取中，这些评价或标准因此具有利害性，相反，选拔过程中没有涉及的评价标准则不具有利害性。科举标准由主观弹性发展到客观刚性的"一切以程文为去留"，固然体现了科举制度公

---

① 卷九：好及第恶登科[M]//王定保，撰.姜汉椿，校注.唐摭言，校注.上海：上海社会科学院出版社，2003：180-181.

② 张希清教授认为，在隋唐五代及宋初，决定科举取舍的因素有"通榜""公荐"等推荐的成分，举人的程文即试卷所起的作用反而甚小。直到宋仁宗庆历元年（1041 年）废公荐，罢公卷，程文始成为评定艺业、决定去取的唯一根据。因此，在庆历元年之前的四百多年间，均非"一切以程文为去留"，而是"主要以考试成绩决定取舍"。详见张希清.科举制度的定义与起源申论[J].河南大学学报（社会科学版），2007（05）：99-106.

③ 陆游.老学庵笔记：卷5[M].上海：上海书店，1990：5.

平性的提升,但与此同时,科举制度的高利害性也由以往的多种因素共同承担,变成如今的由一纸程文单独承担,科举的利害性走向了高度集中的状态。

对于选才制度所依据的评价指标而言,如果其负载的利害过高,很容易导致各种问题,产生负面考试后效。科举考试作为帝制时期具有重要社会功能与重大社会影响的大规模考试制度,由于其功名的获取全凭"程文定去留",具有极高的利害性、风险性与竞争性,被过来人喻为"三场辛苦磨成鬼,九日场期万种愁",造成举子过度应试、片面发展,精神压力过大,易触发作弊行为等负面后效。主要有以下数端:

其一是过度应试、片面发展。由于科举功名与考生本人及其家庭乃至家族名利攸关,所谓"一第知何日,全家待此身","一士登甲科,九族光彩新",加上科举是一种开放性考试,考生不仅可以"怀牒自进"、自由报考,而且没有年龄限制,极高的利诱力往往诱导举子白首场屋、老死不休,造成过度应试,"唯考试书籍是读",视野狭窄,康有为对此批判曰"魏科进士,翰苑清才,而竟不知司马迁、范仲淹为何代人,汉祖、唐宗为何朝帝者,若问以亚非之舆地、欧美之政学,张口瞠目,不知何语矣"。① 过度应试也促使考生过度追求成绩,不惜牺牲其他方面的发展,"手无缚鸡之力"便形象地说明了古代书生因全力备考科举,顾不上体能锻炼与身体素质的提高,形成文弱书生的刻板印象。

其二是压力沉重、精神损毁。宋代以降,获取功名成为古代读书人尤其是贫寒子弟进身的几乎唯一渠道。由于科举是一种多层级的持续性考试,且竞争激烈、难度极大,考试的淘汰率非常高②,能中第的考生一般都有非常突出的才学。但是,

---

① 汤志钧.康有为政论集(上册)[M].北京:中华书局,1981:268-271.
② 本杰明·A.艾尔曼在其《晚清中国文化史》(台北:南天书局有限公司出版,2001 年)一书中的统计显示,明清时期多数时候进士和举人的录取比例都在 10% 以下,且自明至清呈下降态势。其中,举人的竞争激烈程度比之进士又要大得多,到中晚清,举人的录取比例甚至降到了0.5%。然而,和生员相比,进士和举人的考试竞争激烈程度似乎又是微不足道的。据张仲礼著、李荣昌译的《中国绅士——关于其在 19 世纪中国社会中作用的研究》(上海社会科学院出版社,1991 年)一书所载,道光三年(1823 年)在广州举行的一次府试中,所属七县有 2.5 万名考生应试,而其时广东府学的最高学额数仅为杯水车薪的 40 名,录取比例仅为 0.16%! 道光十五年(1835 年)学政在广州主持的一次院试,参加者多达五至六千人,江苏苏州府举行的一次院试竟达约一万名考生,而录取学额均只有几十名而已,可谓"千里挑一"。

有才学的考生却不一定能够考出好成绩,因为考试时的高度焦虑往往不利于才学的正常发挥。高利害高淘汰的科举考试给考生带来了很大的身心压力,使举子们陷入"人累科举"与"科举累人"的旋涡无力自拔。正是由于这种激烈的竞争,科举成了一种越来越"累人"的制度,科举时代亦因此成为一个"累人"的社会。[①]

由于科举的乡试设在省城、会试设在京城,而且三年一考,加之其时信息流通缓慢、地域流动艰难,不少举子只能背井离乡,长年处于赶考、备考、应考状态,穷困潦倒,身心俱乏,且备受骨肉分离、远游失孝的精神折磨。郑谷的《贺进士骆用锡登第》诗曰:"苦辛垂二纪,擢第却霑裳",描述的就是回思20年屡举不第之苦以及一朝及第不禁悲从中来的心境。唐人顾非熊因遭权豪排摈,应举30年未果,后因武宗亲阅其文,方得追榜及第,为此,赋《关试后嘉会里闻蝉感怀呈主司》诗云:"昔闻惊节换,常抱异乡愁。今听当名遂,方欢上国游。吟才依树午,风已报庭秋。并觉声声好,怀恩复泪流。"作者追忆起不堪往事,联想到来日无多的将来,在欢游时亦不免浔浔泪落。因此,纵使举子"自有恩门入",也已"全无帝里欢"。"昔日龌龊不堪夸,今朝放荡思无涯。春风得意马蹄疾,一日看尽长安花。"这是唐代孟郊对自己在50多岁进士及第后轻松喜悦之情所作的生动描绘,但一朝的轻松喜悦背后,却是数十年的万种悲情,如其《再下第》诗中所云:"一夕九起嗟,梦短不到家。两度长安陌,空将泪见花。"举子们在考试不中尤其是久试不第、白首场屋、徒留浩叹后,往往会产生极端的自卑心理,不仅自尊心和自信心遭受沉重打击,而且产生被社会抛弃之感,如赵嘏《下第》诗云:"南溪抱瓮客,失意自怀羞。晚路谁携手? 残春自白头。"当为众人所弃和自我嫌弃的感觉发展到极致时,甚至还可能发生下第举人自戕的惨剧。

正是由于落第给士子们带来巨大的精神压力,才有了"范进们"中举后的喜极

---

① 刘海峰.科举制的终结与科举学的兴起[M].武汉:华中师范大学出版社,2006.

而疯、"公乘亿们"的妻离子散,①以及"杜羔们"的有家不敢回。② 相比于久试未第者,"范进们"无疑是幸运的。然而,相比于仍有机会拼搏的下第者,一些屡举不第终客死他乡的举子的命运,则至今令人心酸与嗟叹。唐代进士廖有方便曾遇一"辛勤数载,未遇知音"的病危寒士,并受其临终之托代办丧事,因而惨然赋诗曰:"嗟君殁世委空囊,几度劳心翰墨场。半面为君申一恸,不知何处是家乡?"③科举负面后效之极端性由此可见一斑。

由于科举考试的竞争空间极其狭小,每一个竞争者都承受极大的心理压力和社会压力,当其对各种压力的承受能力突破到极点时,便会出现一些所谓的"科举综合症",表现为心理反常、行为怪异、人格扭曲、意识偏谬、高度焦虑等,④长此以往就容易产生被称为"思郁"的抑郁症以及其他一些精神或行为失常问题。例如,除了广为人知的范进因中举喜极而疯,《聊斋志异》里对科举导致的举子失常也有非常生动的描写:"秀才入闱,有七似焉:初入时,白足提篮,似丐;唱名时,官呵吏骂,似囚;其归号舍也,孔孔伸头,房房露脚,似秋末之冷蜂;其出场也,神情惝怳,天地异色,似出笼之病鸟;迨望报也,草木皆惊,梦想亦幻,时作一得意想,则顷刻而楼阁俱成;作一失意想,则瞬息而骸骨已朽。此际行坐难安,则似被絷之猱。忽然而飞骑传人,报条无我,此时神情猝变,嗒然若死,则似饵毒之蝇,弄之亦不觉也。初失志,心灰意败,大骂司衡无目,笔墨无灵,势必举案头物而尽炬之;炬之不已,而碎

---

① 据(五代)王定保撰《唐摭言》卷八《忧中有喜》载:"公乘亿久攻举业在外,尝大病,乡人误传已死,其妻自河北来迎丧。会亿送客至坡下,遇其妻。始,夫妻阔别积十余岁,亿时在马上见一妇人,粗缞跨驴,依稀与妻类,因睨之不已;妻亦如是。乃令人诘之,果亿也。亿与之相持而泣,路人皆异之。后旬日,登第矣。"
② 据(宋)钱易撰《南部新书》(丁卷)载:"杜羔妻刘氏善为诗,羔累举不第,将至家,妻先寄诗与之曰:'良人的的有奇才,何事年年被放回? 如今妾面羞君面,君若来时近夜来。'羔见诗,即时回去。寻登第,妻又寄诗云:'长安此去无多地,郁郁葱葱佳气浮。良人得意正年少,今夜醉眠何处楼?'"
③ 本部分诗歌多有参考:王炎平.槐花黄,举子忙——科举与士林风气[M].上海:东方出版社,1998:241-242,244-250.
④ 关于举子的病态,陈飞在《历史的苦涩·举子们的命运》(中州古籍出版社 1994 年版)一书中多有描绘。

踏之；踏之不已，而投之浊流。以此披发入山，面向石壁；再有'且夫''尝谓'之文进我者，定当操戈逐之。无何，日渐远，气渐平，技又渐痒；遂似破卵之鸠，只得衔木营巢，从新另抱矣。"①《儒林外史》也因多有对落第举子的病态描写而被喻为一所"精神病院"，里面收住了许许多多"精神病人"。② 从某种角度来说，因过度应试带来的科举考试负面后效，非但未能实现其"抡才"初衷，反而造就了一些"废人"，成为社会的负担。

三是舞弊盛行、猖獗难禁。与科举1300年如影相随的，是科场的舞弊行为。在历代帝制王朝的中后期，由于吏治腐败、道德沦丧、民不聊生，科场舞弊之风尤甚。因此，严防科举舞弊成为各朝各代科举制度建设的重心，"乡会两闱，乃国家抡才大典，必须防范周密，令肃风清，始足以遴拔真才，摒除弊窦"。③ 到了清代，从规制的颁行到贡院的形制都繁密周详，科举成为一种各环节"滴水不漏"的"至公"制度。由杜受田等修、英会等撰的《钦定科场条例》便是清代考试规制之"集大成者"，内容洋洋大观达60卷之多，对科举各层级、各环节的考试事宜以及违纪惩处都作了非常细腻的规定，可谓密于凝脂、不厌其详。贡院关防之缜密、监视之严厉，也"几有鸟飞不下蝇萤不入之势"④。除了制定严密的规制，清代对科场舞弊行为也不惜刀挥斧砍，使科场如战场，充满着腥风血雨的紧张气氛。然而，即使科场条例异常严密、对弊窦的惩处异常凌厉，科场舞弊案仍屡禁不止且越发猖獗。事实上，科场条例之严密、惩处之严厉，即反衬出科举弊风之严重。这正是由于科举考试是一项决定举子个人乃至整个家族前途命运的高利害考试，获取功名具有极大的利诱力，科场舞弊因此难以禁绝，成为科举主要的负面后效之一。科场的防弊规制固然可以制定得密不透风、滴水不漏，但舞弊行为仍如水银泻地、无孔不入，二者永远在进行着"道高一尺魔高一丈"的"斗智"与"斗勇"。

---

① 蒲松龄.聊斋志异（下）[M].北京：人民文学出版社，1989：1279.
② 陈飞.历史的苦涩·举子们的命运[M].郑州：中州古籍出版社，1994：109.
③ 昆冈等修，刘启端等纂.续修四库全书[M].上海：上海古籍出版社，1995：391-392.
④ 邓嗣禹.中国考试制度史[M].国民政府考选委员会，1936年影印版：332.

二、高考的利害性分布及其负面考试后效

与科举成为古代社会的重心相类似,高考也成为中华人民共和国成立以来最重要的教育制度。在 1977 年恢复高考前,由于社会整体文化程度不高,高等教育毛入学率尚低,处于精英阶段的高等教育让许多人可望而不可即,高等教育意识尚未普及,高考的社会影响较为有限。恢复高考后,"知识改变命运"的观念逐渐深入人心,高等教育规模的扩大,使更多学子受惠于高考,社会对高考的关注也日渐深广。尤其在当今中国,社会竞争异常激烈,竞争重心日益上移,高等教育成为许多人参与社会竞争的起点,民众接受高等教育的意愿日渐强烈,对高考这块接受高等教育的"敲门砖"也就格外关切。从国家的角度看,高考作为我国当今最重要的一项教育考试制度,在担负选拔高校新生任务的同时,还"身兼数职",具有促进教育改革、提升社会文化、稳定政治秩序、促进社会流动等多项社会功能,由此产生重大的社会影响①,具有重要的国家治理功能。从个人的角度看,高考事关考生前途命运之大体,高考的竞争实质上是人们政治和经济地位等社会竞争在教育领域的高度"浓缩"。因此,世界上鲜有像东亚这样如此重视高考的地区,而在东亚诸国中,又鲜有像中国这样重视高考的大国。每年高考期间都会出现诸如交通管制、警车专送、公交挪站、飞机改线等特殊现象,高考也因此被称为"举国大考"。高考改革作为"社会焦点",不仅政治领域对它青睐有加、学界关于它的争论"剑拔弩张",媒体的高考报道也可谓"狂轰滥炸",民众对它的街谈巷议更不辍于耳。②

高考自 1952 年建制以来,统一考试成为高校招考几乎唯一的形式长期不动摇,高考分数成为评价考生、录取新生几乎唯一的依据。由于评价标准单一、录取制度刚性,高考的利害性高度集中于考试分数上,高校基本上没有招生自主权并因此缺乏招生能力,中学教学也陷入"片追"与应试教育的泥潭不能自拔,造成许多教育弊病。为此,20 世纪 80 年代中期至今,我国先后进行了保送生制度、春季高考、

① 郑若玲.高考的社会功能[J].现代大学教育,2007(03):31-34.
② 郑若玲.高考公平的忧思与求索[J].北京大学教育评论,2010,8(02):14-29,187.

广西本专科分开高考、分省自主命题、自主招生、"3＋X"科目、标准化考试、综合素质评价、高考加分等涉及高考形式、内容、录取等方方面面的多样化改革试验。但受传统观念与惯性、诚信水平与机制、招考能力与力量等多种因素的制约,高考的多样化改革推进缓慢,理想与现实仍有相当大的差距:保送生制度与高考加分政策因饱受非议而规模严重"缩水";春季高考几近消亡;本专科分开高考无疾而终;分省命题省份规模多年未变;自主招生在"戴着镣铐跳舞";综合素质评价难以由"软标准"变成"硬条件"……一言以蔽之,高校招考的"分分计较""唯分是取"格局从总体上没有改变,高考的利害性仍高度集中于考试分数,高考的负面后效仍顽固地存在。

为了证实高考的负面后效,笔者于 2012 年 4 月至 5 月期间,在福建、广东、河南、贵州四省市的八所不同层次的高级中学,发送《高考后效问卷》1940 份,前测问卷为 40 份,回收有效问卷 1291 份,有效回收率为 67.9%,答卷的男女生比例为9∶10。问卷设计了 27 个问题,从高中生对课程与教师的看法、家庭成员对考生的影响、考生的高考利害意识以及焦虑情绪、对作弊行为的态度和看法、对多元评价的看法等五个维度进行调查。在问卷调查的同时,对部分教师、学生以及家长进行了访谈。此外,笔者还通过为本科生授课及布置作业等,获取了一些关于高考评价的第一手资料。调查结果表明,正在朝向多样化改革的高考制度之负面后效依然严重,给中小学教育教学活动以及学生的身心健康、价值观念、行为、个人兴趣与人生规划等都产生不同程度的消极影响。主要有以下数端:

其一是片面应试、牺牲兴趣。从笔者所掌握的部分高中的课程表来看,高一课程表中除了有高考所要求的 9 个考试科目,还列有体育与健康、音乐、美术、信息技术、校本选修等与高考关系不密切的科目。但进入高二高三后,有些高中便备有两个版本的课程表:一个是课程齐全、符合素质教育要求的课程表,用以应付上级主管部门的检查;一个是在升学率压力下,高中内部制定且实际施行的课程表。前者中诸如体育与健康、音乐选修、研究性学习、校本科技等富含素质教育气息的课程,在后者中则难觅其踪,排得满满当当的课表被语文、数学、英语等高考科目所充斥。一位大学生在回忆高中生活时说,他的中学第一个特点是应试倾向明显:"只有高一才有美术课、音乐课,而且经常被主科教师挤占或无故停上,存在与否已无甚意义。计算机课只有在会考前一段时间才会突击上课学习,目的仅限于通过会考。高一高二每周会有短暂的一节课时间用来全年级体育活动,不过经常取消。体育课从高一开始就一天比一天少,到了高三甚至完全取消。高三一年下来竟然没有一点课外活动时间。"①

对于这一现象,受访的多数家长表示支持,教师们则有点无奈,认为高考竞争如此激烈,只能全力备考,实在是无暇旁顾。对于综合素质评价这一部分的要求,教师们往往统一给学生评为"合格",让学生们无需将精力花费在与高考没有密切相关的课外活动上。一位同学回忆说:"几乎所有的老师都会说,现在学知识的目的就是为了考大学,'别提什么综合素质,考不上好大学就没有综合素质可谈'。"②

某些省份如人口大省山东和河南,为争取尽可能多的时间备战高考,许多中学都实行封闭式管理,且学习强度达到常人难以想象的程度,每个月只有两天放假时间,每两周学生回家一次:"我们每天大概早上 5 点多起床,学校规定是 5 点 50 分要进入教室开始早自习。学习到 7 点下课,然后我们去吃早餐。7 点 30 分之后进入教室,上一节小辅导课,然后开始上正式的课程。早上四节正式课,下午三节正式课。我是文科班,主课是语文、数学、英语、政治、历史、地理。高一、高二的时候每星期有两节体育课,进入高三之后每星期只有一节体育课,其他时间都是上这些主课。中午吃完午饭,我们大概会有一个小时的午休时间。但是我经常牵挂着学习,很多时候我都睡不着觉。下午再上三节课,吃完晚饭之后上三节晚自习。晚自习的时候会有老师指导,有时候老师会讲一些试卷或者练习。晚自习结束的时间是 10 点 10 分。一般要到 10 点 40 分之后才睡觉。"③对于这样一种生活状态,有的学生在表示理解的同时又很无奈:"其他人都这么学,我们就必须也这么学。很残酷,但是没有办法。"有的学生则说:"现在的家长一半以上都认为高考可以改变命运,考不好就前途一片黑暗,暗淡无光。现在的高中老师纯粹是为了提高升学率而教学,很少有老师是教书育人的。"④

---

① 资料来源于郑若玲为厦门大学 2009、2010、2011 级本科生授课的课程作业。
② 资料来源于郑若玲为厦门大学 2009、2010、2011 级本科生授课的课程作业。
③ 资料来源于高考后效深度访谈记录。
④ 资料来源于高考后效问卷开放题反馈。

由于中国大陆的高中普遍实行应试教育，采取"题海战术"，许多人抱定"成绩要上去，不下题海游上几圈是不可能的"这一看法，因此想方设法让学生从小练就一身畅游"题海"的过硬本领。殊不知，这"日日考，月月考，年年考"的题海战术，却会把学生"烤糊烤焦"，从而产生厌学情绪，高中生很难依据自己的兴趣选择课程、主宰自己的校园生活，处于被迫学习的状态。我们的调查结果显示：大约34.5%的人觉得高中课程枯燥，20.8%的人觉得非常枯燥，只有14.6%的调查对象觉得课程有趣。在学生看来，所谓的个人兴趣、人生规划等都是高考之后再考虑的事情。有位受访高中生希望以后能够成为一名老师，原因是"当老师比较清闲，比较有时间去做一些自己喜欢的事情。比如可以爬爬山，可以开个小店呀。现在高中实在太忙了，没有空闲的时间，这些事情都是奢望了"，"现在我们整天都是做题看资料，都没有空闲的时间。如果我进了大学，我最想做的一件事情就是看一些我感兴趣的书籍，比如历史、文学等等。另外，我也希望当一个志愿者，去帮助那些贫穷的人，特别是那些老人，非常可怜。还有就是做一些兼职，补贴家用，减轻父母的负担"[①]。

其二是精神负重，心理焦虑。对于多数学生尤其是贫寒子弟，高考是改变他们命运的主要乃至唯一渠道，他们的高考行为承载着许多外在压力。当然，这种压力如果处理得当，也会变成动力：在回答奋力备战高考的动机选项上，76.4%的调查对象选择了"不辜负父母的期望"，为最高比例。受访对象表示："我觉得父母对我的期望是我努力学习的最大动力。家人为我付出这么多，我希望用好的成绩让他们开心快乐。另外，他们也希望我有一个好的未来，以后能够过上比较好的生活。我出身农村，对我来说，上大学是最好的出路。如果考不上大学，我就要回家务农，像父母那样生活得很累。所以，高考是非常必要的，给了我们一个改变命运的机会"，"我从小学习就比较好，父母对我的期望非常大，所以我一直努力学习。父母是我学习的最大动力。他们觉得我一定能够考上大学，我也觉得考上大学是我唯一的出路。我们村的人都说我是个大学坯子。我一回去，他们就说：'大学生回来了。'反正，我就是努力学习，其他的我都没有想过。我老爸对我说：'你长大以后就

---

① 资料来源于高考后效深度访谈记录。

在办公室里批改文件。'这就是我们农村里大人们的想法","我的学习动力主要是来自妈妈姐姐的鼓励、大环境下的压力以及对未来生活的憧憬。同时,我希望高考让我有高学历、好工作、高薪,并让家人过上无忧无虑的优质生活。"①

当然,更大的压力和焦虑还是来源于考生的学业成就及其对高考的把握程度。笔者的调查显示:学生的焦虑程度总体偏高,19.8%的人觉得自己非常焦虑,52.1%的人觉得自己焦虑,只有10%的学生觉得没有焦虑。在人口大省如河南、山东等,高强度的备考和较低的大学录取率给学生带来了比其他省份学生更大的心理压力:"我感觉,现在对于我来说最主要的问题就是有时候心理感觉特别累,压力特别大。有时候我就在想,难道除了上大学就没有其他出路了吗?真的好累,有时候我都觉得坚持不下去了。"②133位来自河南的调查对象较为认真地回答了问卷的开放题,许多学生认为较低的录取率给他们造成了非常大的心理压力:"有压力但也有动力,压力有时很烦躁。""决定着人生,考不好不知道是否有勇气往下走。""紧张焦虑,烦躁不安,心里没底,心慌慌。"……③

一些大学生在回忆高中生活时,谈得较多的也是压抑或焦虑。"从自我的感受来看,备考阶段并没有那种紧张的感觉,更多的是压抑,还有不时的焦虑。备考的生活很简单但却很累人,生活的轨迹基本上就是两点一线:学校、家,还有每天来回的公交线","那是一个无法逃脱的枷锁,使你的心一刻也离不开即将到来的两天考试。而这个枷锁的名字变叫作压力。当压力从老师手中抛给家长再抛到你手中时,你所面对的便不只是学力造就的成败,而是对自身价值的认可和对人生的一份自信"。④ 高考季节被喻为"黑色七月"或"黑色六月",正是对高考带来精神压力与心理焦虑的形象诠释。

其三是弊风严重、诚信受损。从古到今,考试舞弊犹如一个难以根治的"毒瘤",始终影响着考试制度的健康发展,当今的公务员考试、大学英语四六级考试、托福以及各种证书考试的舞弊事件层出不穷、舞弊花样翻新迅速,与广大考生乃至

① 资料来源于高考后效深度访谈记录。
② 资料来源于高考后效深度访谈记录。
③ 资料来源于高考后效问卷开放题反馈。
④ 资料来源于郑若玲为厦门大学 2009、2010、2011 级本科生授课的课程作业。

其家庭命运休戚相关的高考制度就更难逃此厄运。

1977 年高考恢复第一年，江苏灌云便出现了大面积改动成绩、打压合格考生的恶劣舞弊事件。[①] 此后，随着考试竞争的加剧，舞弊事件几乎每年都会出现，不仅个体性舞弊事件多发，群体性舞弊也频发不断，湖南嘉禾事件、吉林松原事件、广东电白事件、安徽砀山事件……有的地方的替考传统甚至在 20 年以上。[②] 群体性舞弊事件造成了恶劣的社会影响，使被誉为"教育领域最后一块净土"的高考制度的社会公信力严重下降。迄今的 60 年历程中，高考的舞弊手法与防弊措施始终在"斗智斗勇"中不断高超与严苛。由于高考实行全国统考，随着信息化时代的到来以及高科技手段的推广，考试舞弊的风险倍增，防止作弊成为一个日益突出的问题。一个小的考试舞弊事件甚至触发了高考制度的大改革。2003 年 6 月南充试卷失窃事件便成为次年高考推行大范围分省命题改革的"导火线"。2004 年 5 月 20 日，教育部发布了《国家教育考试违规处理办法》，提高了可操作性，加大了处理力度，将考生可能发生的违规行为具体分成"违纪"9 种和"作弊"14 种，将监考等考试工作人员可能发生的违规行为具体分成"违纪"9 种和"作弊"10 种。2012 年 1 月，根据考试形势的发展，教育部又发布关于修改《国家教育考试违规处理办法》的决定，细化了考试违规行为的划定并加大了处理力度。此外，根据近年来高考考试中出现的新问题，修订后的办法还明确了"'非法获得加分资格'推定为考生实施作弊行为的认定"等条目。与此同时，各地在新办法基础上相继出台了更严厉的规定，如摄像头 360 度监控，手机手表禁入考场，水杯笔袋必须透明……2012 年的高考也因此被戏称为"史上最严高考"。[③]

从笔者的调查看，学生平时考试的作弊现象时有发生，当被问及平时考试舞弊现象发生的频度时，25.8%的人认为经常出现，9.1%的人认为有很多，10.4%的人认为非常多。那么，高考的情况又如何呢？当被问及"同学会不会买答案"这个问

---

① 1977，一桩触目惊心的高考舞弊案[EB/OL].[2012-12-08].http://news.sciencenet.cn/htmlnews/200775141549605183812.html.

② 安徽砀山高考积弊成患：替考传统至少 20 年[EB/OL].[2012-12-08].http://news.sciencenet.cn/htmlnews//200775141548886183816.html.

③ 刘海峰.十年来高校考试招生改革的新进展[J].中国高等教育,2012(19):11-13.

题时,61.1％的人认为肯定会,21％的人认为可能会,由此推知,高考的作弊行为还是比较容易发生的。一位 2008 年参加高考的大学生回忆了他的高考经历:"从来没有想到,我的高考竟然像一场闹剧……更令人无法忍受的是那场恐怖的经历。当时在考数学,离交卷还有 15 分钟的时候。第一组最后一排的那个男生突然站起来,跑向前面倒数第三排的男生(他或许是好学生吧)。不容分说,和那个同学撕扯起卷子来,无奈,好学生只得把卷子让人家拿走。5 米之外的老师目睹了这一切。他只是过去,呵斥着把卷子从那个同学的手中要了回来,没有其他的话。考场里经过死一般的短暂沉寂后,突然骚动了起来,前面的人转到后面,后面的人趴到左边,纸条从这边飞到那边,失控了,而老师始终沉默着。我全无心思做题,只是把自己的卡和卷子牢牢地护到手臂下,我不知道会有什么事情发生。这时后面的人开始骚扰我,不断问我填空的答案,我胡编了个'2,3',那家伙不买账,还要过来翻我的卷子看,我用手压住了卷子,这时,前面的人也转过来问我。我的手始终没有离开我的卷子。最后,收卷子了,更加混乱,过道里人们从这边跑到那边。很郁闷哎!老师呢! 果然,数学很糟糕,唯一庆幸的是大家都很糟糕。"[1]有同学在回忆自己所处地方的高考舞弊时说:"其实我们那一个市不同县区的考试都是这样,大家都是睁一只眼,闭一只眼。相互之间的区县都知道:只要不做得太过分,大家之间也不会有什么极端的举动,因为大家还会相互关照一下彼此的利益,在这一点上大家或多或少存在默契。但我相信,随着使用摄像头等监控手段的普及,这种现象会得到遏制的。"[2]由此可见,人们对高考舞弊有着十分矛盾与复杂的心态,一方面,学生普遍对考试作弊行为非常痛恨,另一方面,相当一部分人认同在可能的情况下会铤而走险地实施舞弊。

舞弊行为既是高考的负面后效之一,又是负面后效的主要强化因素。舞弊成风严重损害了考试的社会公信力与诚信度,而诚信度的缺失,又使高校更加依赖以高考分数为表征的一切刚性标准来决定取舍,从而强化了考试的重要性,考生为获取好的分数不惜铤而走险,使舞弊之风进一步加剧。因此,在过度重视大规模高利

---

[1] 资料来源于郑若玲为厦门大学 2009、2010、2011 级本科生授课的课程作业。
[2] 资料来源于郑若玲为厦门大学 2009、2010、2011 级本科生授课的课程作业。

害考试的社会，考试舞弊这个"顽疾"往往周而复始地"折磨"和"吞噬"着考试制度的"健康因子"，成为永远无法摆脱的"恶魔"。

三、结语

以上对科举与高考的负面考试后效进行了历史分析与实证调查。事实上，这些负面考试后效存在于一切类似的大规模高利害考试中，只是科举与高考作为各自时代影响力最大的考试制度，其负面后效更具典型性。科举与高考之所以具有如此强大的负面后效，根源在于利害与风险的高集中性，或者说承载着过重的责任与重负。二者都是一种典型的"三高"考试，即"高竞争、高利害、高风险"考试。因此，在科举时代，有"贡举者，议论之丛也"①之说，科举的利弊存废之争，往往是历朝历代最高统治者及其核心集团的重要话题。历史总是有着惊人的相似，高考也是当今中国重要的政治话题之一，1966 年"文革"的发起和 1977 年"文革"结束后社会的由乱而治，都是以高考的废与存作为"突破口"，都经由最高领导者发出指示或组织讨论。就民众而言，每年盛夏的高考季节也一定是他们议论高考的"高温期"，各种媒体的介入与关注，更使高考话题的热度一浪高过一浪，就连中央电视台和《人民日报》等举世瞩目的国家级主流媒体，在高考期间也一定不会缺失这一话题，这一现象在教育领域很鲜见。2012 年 7 月 19 日在北京正式诞生了国家教育考试指导委员会，中华人民共和国成立以来首次建立的这一国家级教育考试指导委员会在世界上独一无二，而且直接接受国家教育改革领导小组的领导，可视为高考具有重要政治影响的最新佐证。

时人对科举与高考的负面后效并非没有整治过。在千年科举史上，曾有过数次关于科举利弊存废的高层争议或改制，有的便直接针对科举的负面后效，例如明代洪武年间和清代乾隆年间，当朝皇帝和王公重臣都认为科举过度应试造成文风浮华、空疏无用，难以选拔到有实干才能的人，欲罢科举而"别思所以遴拔真才实学之道"。然而，科举总是旋罢旋复，最终仍回归到考试取士的老路上来，因而一些封

---

① 王夫之.读通鉴论:卷 26:穆宗[M].北京:中华书局,1975:904.

建知识分子认为"终古必无废科目之虞"。① 在 60 年的现代高考史上,也有不少人认为高考是应试教育的"源头"和素质教育的"绊脚石",是"人神共愤的考试",有个别文学工作者甚至以骇人的标题词汇如"地狱""罪恶""自杀""罪魁祸首"等吸人眼球,认为现行的高考制度对学生、教师和家长都是"炼狱",并且"偷"走了国人的创造力,应尽早把高考"请进坟墓"。② 更多的人对高考则抱一种矛盾心态,认为它是一个"迫不得已的荒谬制度","是地狱,又是天堂",是"一头让人哭笑不得、又无可奈何的怪物"。③ 尽管学界不时有人提出要废除统一高考,也尽管高考在朝多样化的方向不断改革,但其统考的性质与刚性的录取制度基本未变。因此可以说,过往种种纠正科举和高考负面后效的努力,基本上以失败告终,当今的高考依然在指挥中小学"扎扎实实地进行着应试教育"。

鉴于大规模高利害考试强大的负面后效根源于利害与风险的高集中性,根治负面后效的最有效措施莫过于分散其利害的高集中性,将其评价功能和利益分配机制予以疏散,对人才实行综合评价。就高考而言,实行综合评价是近年来改革中"一块最难啃的硬骨头",在我国这样一个深受传统文化影响的人情社会,综合评价的行进注定极为艰难,近年来的种种尝试也的确进展缓慢。然而,攻坚的过程必定是阻力重重、迂回曲折的。借鉴以往科举的经验教训,高考改革不能再患得患失,综合评价和新课改理念到了该真正落实的时候了。

除了真正落实综合评价和新课改理念外,降低乃至消除高考的负面后效还需各群体全方位的"集团作战"。首先,教育主管部门加强研究、宣传和更新教学观念,并辅以相关法规进行督导,推动诚信机制的建立;在高考暂不能将品行列入选拔指标的情况下,教育主管部门可直接从课程入手,引导中学重视学生全面发展,与此同时,加大推行综合素质教育的力度,对中学课程实施进行有效监督,由教育主管部门或其他社会公益组织来保障学生的课外活动参与度,力防"高考升学率"

① 详情请参阅:刘海峰.科举制长期存在原因析论[J].厦门大学学报(哲学社会科学版),1997(04):1-6.

② 舒云.高考殇[J].北京文学,2005(10):4-35.

③ 许纪霖.高考制度:迫不得已的荒谬?[J].中国新闻周刊,2005(27):65.

造成的各种弊病。其次,家长的教育观念亟待更新,以便能正确引导子女的学习和生活。再次,各相关群体应充分认识到学生心理问题的严重性,重视学生心理健康教育,并划拨专项资金保障每一所学校中学生心理辅导工作的顺利开展。最后,进行考试制度改革,推动多次高考、提高试卷命制的科学性、制定考试法律法规等都是迫切需要深入研究的重要课题。

美国大学"可免试入学"改革及启思[*]

　　我国统一高考制度 1952 年建制迄今已逾 60 年,其间几经风雨。进入 21 世纪后,高校考试招生制度进入改革的快车道,花样多、力度大,呈现出高考前 50 年所没有的热闹图景,也引发了前所未有的激烈争议。统一高考作为一项极富中国特色的考试招生制度,其改革深受我国政治、经济、社会、教育、文化等各种要素的影响。"就高考论高考"固然重要,但"跳出高考看高考"同样不可或缺,有助于我们理性破除思维定式、清醒认知考试本质及其功能局限,制定出符合国情、科学合理、切实可行的考试招生政策,把好高等教育人才培养的"源头关"。美国大学采行的招生办法是典型的"多样化招生",其大学招生制度具有"标准多元、综合评价、自主招生"等特征。近年来,美国部分高校又开始试行"可免试入学"改革。这些办法或举措颇值得我国高考多样化改革所关注与借鉴。

一、美国大学招生标准的变迁

　　美国高等教育发端于 1636 年创建的哈佛学院,迄今已 300 多年。美国作为世界高等教育最发达的国家,其大学招生制度的发展变革很值得我们了解和研究。殖民地时期,美国本土建立的学院以欧洲的教育模式为参照,深受其母体欧洲大学"办学自主、学术自治"传统的影响,加之其时的公立普通教育至为缺乏,没有相对统一的普通高中教育标准供参考,因此,殖民地学院的入学考试都是自主进行,且没有笔试,一般由校长或教师对学生进行口试。即便是这种口试,也常常由于生源的缺乏而没有得到严格执行。美国建国后,虽然高等教育迅速发展、新建学院数量剧增,但大学招生由各校自定标准、自主录取的做法并没有改变。

---

　　* 原载于《华中师范大学学报(人文社会科学版)》2016 年第 2 期,《新华文摘》2016 年第 11 期论点摘编,人大复印资料《高等教育》2016 年第 5 期转载。

　　内战爆发后，美国大学进入转型期，尤其是《莫里尔法案》颁布后，不仅许多老式学院转变为大学、出现了研究生教育，而且建立了各种新型学院。伴随着高等教育机构数量的增加、类型的多样化以及高中教育规模的急剧扩大，大学入学率也增长迅猛。从19世纪90年代至20世纪50年代，公立大学通常根据获得认证资格的公立高中的毕业文凭来录取学生，但东部的精英大学由于入学竞争激烈，除了高中学业成绩外，还参考其他入学标准，如推荐信、个人信息（含家庭社会地位）、志愿书等。[①]

　　转型期间，私立大学于20世纪初发起成立了大学委员会，开发学术科目通用考试，用以作为入学标准，仅有高中毕业文凭者是无法进入这些竞争激烈的私立精英大学的，只有在学术科目通用考试中取得好成绩的学生才会被录取。彼时，在纽约的犹太人由于重视教育、学业优良，在学术科目通用考试竞争中占据优势，得以大量进入哥伦比亚大学，引起反犹的耶鲁和普林斯顿等精英大学的恐慌。他们希望借助于某种智力测验，用来证明日耳曼血统的青年要比其他劣种人如阿尔卑斯山人、地中海人（包括犹太人）和黑人青年更优秀。[②]在这一背景下，SAT（Scholastic Aptitude Test，即"学术性向测验"，后改为 Scholastic Assessment Test，即"学术评估测验"）于1926年被引入大学招生。可见，SAT 起初的定位是一种测量固有智力天资的智商测验而不是测试学生对学术课程的掌握程度。20世纪50年代，美国中西部的公立大学开发了 ACT（American College Test，即"美国大学入学考试"），作为 SAT 之外的另一种选择。此后，SAT 或 ACT 等标准化考试成绩便取代高中成绩成为打开大学之门的"万能钥匙"。有学者因此认为，公立的大学与高中之间的直接关联，从20世纪中叶起遂被切断。[③]

　　如今，美国4000多所大学类型、层次各异，有各不相同的入学要求与标准，但大致可分为两类：一类是对高中毕业或同等学力者实行开放入学（Open Admission）

　　①　亚瑟·科恩.美国高等教育通史[M].李子江，译.北京：北京大学出版社，2010：110.

　　②　J A Soares.The Power of Privilege：Yale and America's Elite Colleges.Stanford[M].CA：Stanford University Press，2007：25.

　　③　J A Soares.For Tests That Are Predictively Powerful and Without Social Prejudice[J].Research & Practice in Assessment，2012（07）.

的大学(含两年制社区学院),只需申请者提供高中毕业文凭或同等学力证明即可录取;一类是有入学要求的大学,要求申请者提供高中学业表现、SAT 或 ACT 分数、推荐信、课外活动、才艺证明、小作文等一系列材料中的一种或数种,通过对多元指标的综合评价(Holistic Review)来选录学生。[①]

在上述指标中,高中学业表现是美国大学入学最重要的一项考量。对高中学业的考查主要包括三部分:修读课程、中学报告、高中成绩。每所高校对中学课程修习的规定各有不同,有的学校对申请者修读什么课程并不作硬性要求,例如,八所常春藤盟校都未对中学必修课程提出要求,但会提出他们所建议的或认为能够为大学学习做好准备的理想课程结构;多数大学则对此作出硬性规定,要求申请人在中学必须完成年限长短不一的英语、数学、生物、物理、历史、社会科学、外语(同一门)等课程的学习。尽管对必修的课程没有要求,但高竞争性大学一般都很注重学生追求上进、挑战自我的精神,希望学生在可能的情况下多选修一些难度大的高级课程或大学预修课程,如 AP(Advance Placement)、IB(International Baccalaureate)等课程。修习并通过了这些高级或预修课程的考试,无疑可以为大学申请成功增加筹码。

中学报告由申请者所在中学的校长或升学顾问填写,以表格形式呈现,内容涉及学生在中学课内课外的活动及其业绩,既有客观选择项,又有主观报告项,有些大学还要求学生提供高中最后一学年中期报告(Mid-year School Report),以便于追踪入学申请提交后学生的学习情况及学业进展(如果申请者此后的学业表现不佳,则有可能被大学收回录取资格)。中学报告通常要附上填有课程名称和分数的正式成绩单(由升学顾问、校长或其他学校官员填写并寄送)。各大学所要求的中学报告内容繁略不一。有的比较简单,主要是填空,内容包括学生的各科成绩、年级排名或平均成绩,以及所在中学的基本情况,如学校性质(是否公立、有否隶属宗教派别等)、开设课程(有没有开 AP 或 IB 课程)、对学生毕业有何要求、上一年度学生的标准化考试平均成绩、毕业生中准备申请四年制和二年制院校的比例等。有的则不厌其烦,要求提供更为周详的学生信息,例如,普林斯顿大学要求的中学

---

① 郑若玲.美国大学招考制度的启示[N].光明日报,2007-05-09.

报告包括以下三部分：学术表现（Academic Standing），包括候选人的排名、课程平均成绩、年级最高的平均成绩，以及申请人所在中学同届毕业生申请四年制和二年制学院的比例等；综合等级评定（General Ratings），包括学术成就、学习动力、潜力、创造性、批判性思维、思维开放性、情感成熟度、自信心、领导才能、对他人的关心、职业道德、自私性、同学的评价、老师的评价等；总体评价或总结（General Evaluation/Summary Statement），选项涉及学术、课外活动的参与及贡献、个性品质等方面，要求报告完成人从总体上对申请者与其他同学进行对比，分出三六九等。①

高中成绩有两种表达方式，一种是年级排名（Class Rank），一种是平均绩点（GPA）。对高中成绩的考查，大学一般不设僵硬的"底线"。但精英大学在招生简章上都会列出上一届新生的中学成绩排名或 GPA 情况，供报考者参考。为保证中学成绩在大学录取中被充分尊重，有的州还制定出相应法规，例如，得克萨斯州的法律规定，中学排名在前 10％的学生将自动被该州任何一所州立大学录取②；艾奥瓦州也有类似的立法规定③。州立大学如果拒收高中成绩符合条件的申请者，必须有令人信服的理由，否则可能会被上告。尽管中学成绩是美国大学入学最主要的考查标准之一，但大学在评估此项指标时，也并非片面追求高分数，而是将其放置到学生的中学教育条件或家庭背景中综合考量。

标准化考试分数是仅次于高中学业表现的另一条主要入学指标。美国大学入学的标准化考试主要有 SAT 和 ACT。其中，SAT 分为推理测验（Reasoning Test）和学科测验（Subject Tests）两项，前者主要考查学生在大学学习所需的批判性思维（包括分析和解决问题）能力，内容包括阅读、数学、写作等，后者主要考查学生对某一学科知识的掌握程度及其运用能力，与中学所学课程内容关联较密，科目考试包括英语语言及文学、外语、历史与社会、数学、自然科学等 5 个领域的 20门。ACT 是占据美国大学入学测试"半壁江山"的另一项考试，主要考查学生在中

---

① 详情请参阅普林斯顿大学申请材料中的中学报告表格。

② Jerry Needham. North East class ranks draw anger[N]. San Antonio Express-News，2006-11-14.

③ Des Moines Register. End the 50％ admissions rule？[DB/OL].[2006-11-27]. http://desmoinesregister.com/apps/pbcs.dll/section？ category＝OPINION.

学的学习效果,但也有能力考测的成分。标准化考试分数是大学排行榜的影响因子之一,大学排行榜会报告各校招收新生位于中间50％段的标准化考试平均分数。

课外活动也是一些大学尤其是精英大学审查学生入学申请时较重视的内容,它不仅有助于大学了解学生对非学术活动或在学校以外社区活动的参与程度、承担的义务、所做的贡献,而且可以关注到学生的特殊才能或成就。这是由于他们重视校园及其文化的多样化,而新生群体及其课外活动的多样化正是校园文化多样化的基础。但也并非每所学校千篇一律地要求学生个个都有丰富的课外活动履历,而是充分尊重学生的个性。例如,哈佛大学便认为,他们招收的多样化新生群体中,有的是在学习或研究领域有非同寻常的成就者,有的是对所在中学或社区有引人注目的突出贡献者,有的是在某一特殊领域表现出色的偏才怪才,有的则是能给大学带来不同景象的有着特殊成长环境或经历的学生。许多大学都强调,学生参与课外活动不在于所列清单的长短,而在于参与的深度、贡献与影响力,特别是学生在其中所扮演的领导角色。

不少精英大学还要求申请者提供推荐信、才艺证明、小作文等辅助考查材料,并参考后者的面试表现。推荐信一般要求两封,由高中最后两年的主要课程任课教师所写。有的学校还规定,如学生认为有必要,也欢迎提供这两封以外的推荐信作参考,例如由雇主、教练、教区宗教领袖、朋友乃至家人所写的推荐信。由于希望选拔到全面发展的学生,一些大学也鼓励申请者提交各种才艺证明。例如,普林斯顿大学规定,申请者如有特殊才艺,可将音乐表演或美术、文学创作等作品等直接寄送给招生办,由招生办安排相关系科的教师来观看、鉴赏和评估这些幻灯、磁带、唱片或其他发表作品。对于一些有运动特长的申请者,则由学校相关教师或教练与申请者直接联系,安排考核。这些相关教师或教练向录取工作人员提供的关于申请者的才艺信息,在审核申请过程中会被加以考虑。有些大学还要求学生提交一篇短文(essay)或个人自述(personal statement)。一般学校会给学生提供若干参考选题,比如出国旅行经历、个人特殊的生活环境、对自己影响最大的学术经历、最喜欢的书,等等,可选数个话题进行写作,短则两三百字,长则四五百字。选题多从上届申请者征集而来。此外,面试表现也是一些大学录取评价的内容之一。面试并不在校园内由招生人员完成，而是由散布在全美各地（乃至全世界）的校友志愿者们代表学校在当地进行。这些材料可使大学在冰冷的考试分数与学业成绩之外了解学生作为"人"的思想、观念、态度、爱好、兴趣、生活经历等活生生的另一面。

二、"可免试入学"改革缘由与实效

尽管美国的大学享有高度的招生自主权，招生标准、规模及运作完全由各校招生委员会自主制定，且录取评审指标多元，但在招生实践中，标准化考试分数逐渐成为凌驾在大学招生自主权之上的"无冕之王"，自 1926 年尤其是 20 世纪 50 年代后，标准化考试分数便成为美国大学近百年录取新生深为倚重的"黄金罗盘"。截至目前，标准化考试分数仍被美国 2400 多所四年制大学视为录取抉择的最重要依据，并且一直是颇有影响的"美国新闻与世界报道"（U.S News & World Report）大学排行指标体系的"座上客"。

正如统一高考在中国饱受非议一样，标准化考试在美国也是一个备受争议的话题。近 20 年来，不断有学校改革入学政策，逐渐弱化对标准化考试成绩的要求，部分大学甚至完全实行所谓的"可免试入学"（Test-optional）政策，SAT 或 ACT 成绩不再是必须提交的申请材料；有的大学则实行所谓的"不问，不说"（Don't Ask，Don't Tell）政策，要求申请者不要提供标准化考试分数。

实行这一改革主要基于两点理由：

其一，标准化考试成绩对预测大学学业成绩效果甚微。既然标准化考试分数是大学录取新生的主要依据，人们自然期望它能很好地预测学生进入大学后的学业表现、按时毕业率乃至未来职场前景。然而研究者发现，标准化考试分数对大学学业成绩的预测力实际上微不足道，即使根据考试开发者自己提供的数据，标准化考试分数的预测度充其量也只有两成，意味着大学学业表现的绝大部分程度无法通过标准化考试分数有效预测到。如果把这样一种预测度很低的标准化考试分数作为大学录取新生的"黄金罗盘"，则大学招生所倚重的实际上是一个"找不着北"

的无效罗盘。①

相反,人们发现,高中成绩比标准化考试分数能更好地预测大学成绩和毕业率,正如加州大学荣退校长理查德·阿特金森(Richard Atkinson)和伯克利分校统计学家索尔·盖泽(Saul Geiser)所认为的:"高中学科成绩的总平均绩点被证明是大学成绩的最佳综合预测指数,无论高中的品质或类型如何。"②这一点已被许多相关成果所证实,其中,以考试机构自身主持的研究项目的证实最具说服力。主办 SAT 的大学委员会在一些写给统计行家看的专业性文章中,承认高中成绩对大学学业预测最为重要,但在一些面向大众的出版物中,他们对真相却采取了选择性取舍态度,声称标准化考试的预测效果是最好的。③

为了提供更令人信服的证据,美国的统计学家还进一步对标准化考试分数在高中成绩对大学业绩的预测水平基础上的增值情况进行探究。他们采用线性多元回归方法并通过建立模型,来测量 SAT 和高中成绩对大学学业解释功效的贡献度(即模型里所谓的决定系数)。与 SAT 有着密切利益关联的考试业界,声称发现决定系数有 8 个百分点的提升,即从单一高中平均绩点的决定系数 13% 提高到附加SAT 后的 21%;④但独立研究者多认为仅有 2% 的增长,无论是 SAT 或 ACT,都未能在高中平均绩点的决定系数基础上增加几个百分点。相比于考试产业在考试准备和管理费用等方面每年耗费美国人数十亿美元之巨,研究者们认为这点可怜的增加是微不足道和没有价值的。⑤

---

① J A Soares.For Tests That Are Predictively Powerful and Without Social Prejudice [J]. Research & Practice in Assessment,2012(07).

② R Atkinson,S Geiser.Reflections on a Century of College Admissions Tests.Research & Occasional Paper Series:CSHE.4.09,University of California,Berkeley,http://cshe.berkeley. edu/,2009:2.

③ http://thechoice.blogs.nytimes.com/2011/11/09/sat/.

④ 百分比由 Raw R 相应数据的平方所得,详见:J Kobrin,B Patterson,E Shaw,K Mattern,S Barbuti.Validity of SAT for Predicting First Year College Grade Point Average (Report No.2008-5)[R].NY:College Board,2008:5.

⑤ J A Soares.Private Paradigm Constrains Public Response to Twenty-first Century Challenges[J].Wake Forest Law Review,2013,48(02).

其二,标准化考试强化了社会不平等。美国不少学者认为标准化考试带有歧视性质,将社会淘汰"粉饰"为学术淘汰,窄化了被录取者的社会经济地位及种族来源多样性,大学入学越倚重它,对少数族裔、女性及低社经地位青年就越不利。[①]而且,标准化考试分数在性别与种族之间存在的差异,远非考试不公平问题的全部,研究表明,家庭收入与考试分数之间也有很强的线性关系,即学生的家庭收入越高,标准化考试平均分数也越高;那些来自年收入低于 2 万美元的贫寒家庭学生,考试分数比来自 4 万～5 万美元中等年收入家庭的学生低 100 分;来自中等年收入家庭的学生,考试分数又比来自年收入超过 10 万美元家庭的学生低 200分。[②] 加州大学的统计学家索尔·盖泽(Saul Geiser)和玛利亚·森迪莱斯(Maria Santelices)2007 年曾对 SAT 词汇和数学两部分的分数与家庭收入进行相关性研究,也证明了标准化考试分数承载着社会不平等:"SAT 词汇部分与家庭收入在.32 水平上相关,与父母受教育程度在.39 水平上相关;数学部分与家庭收入及父母受教育程度分别在.24 与.32 水平上相关。而高中平均绩点与家庭收入及父母受教育程度却分别只在.04 水平与.06 水平上相关。"[③]

鉴于标准化考试分数与家庭收入及父母受教育程度密切相关,而高中成绩却与后两者几乎无关,标准化考试的反对者们极力推崇以高中学业表现取代标准化考试成绩作为录取学生的依据。得克萨斯大学奥斯汀分校负责招生事务的副教务长布鲁斯·沃克博士(Bruce Walker)曾发布过多份关于"10％解决方案"的研究报告,阐释高中排名是预测大学成绩和毕业率的绝佳且可靠指标:"位列任何高中毕业班前 10％的成绩,可以使年轻人克服来自低收入贫寒家庭、父母无高中文凭以

① J A Soares.The Future of College Admissions:Discussion[J].Educational Psychologist, 2012,47(01).

② J A Soares.For Tests That Are Predictively Powerful and Without Social Prejudice[J]. Research & Practice in Assessment,2012(07).

③ S Geiser,M V Santelices.Validity of High-school Grades in Predicting Student Success beyond the Freshman Year:High-school Record vs.Standardized Tests as Indicator of Four-year College Outcomes(Occasional Paper Series,6.07)[R].Berkeley C A:Center for Studies in Higher Education,2007:2.

及就读低水平高中等劣势。在得克萨斯大学,那些来自年收入在 20000 美元以下的最低收入家庭以及毕业于官方认为是最差高中的成绩排名前 10% 的年轻人,其学术表现要强于那些高中成绩排名在 10% 之后、毕业于模范高中、来自高收入且父母受过高等教育家庭的学生。"①因此,以高中成绩来录取学生,被认为既有助于提升大学校园种族与社会阶层的多样化程度,又有助于低社经阶层学生获得更加公平的教育机会。

基于以上原因,越来越多的学者加入到支持"可免试入学"改革的行列中,主张抛弃标准化考试这一最初由私立大学设计、旨在将高社经地位和高收入家庭子女尽收囊中、带有社会偏见与歧视的旧的"黄金罗盘",创新出适合 21 世纪的招生方法。历史社会学家查尔斯·默里(Charles Murray)是其中最具代表性的学者,曾经坚定信奉并坚决主张运用智力测试来筛选大学新生的默里②,如今转而提倡废除标准化考试:"证据压倒了一切……我坚决主张 SAT 必须终止。不仅仅是弱化其重要性,而是不再实施。……SAT 分数原本应成为底层大学前进的信号灯,结果却成了顶尖大学炫耀的资本。"③

在过去 20 年间,美国越来越多的大学进行了"可免试入学"的改革尝试,截至2014 年,已有 800 多所四年制大学(占该类大学总数 1/3)在招生中部分甚至全面实行了"可免试入学"政策,其中不乏高水平大学或文理学院。④ 因改革效果良好,

---

① B Walker.Overcoming the Effects of Social Structure on College-going Behavior and Academic Performance:Texas and the Top 10% Solution[R].Austion:University of the Texas,2009.

② 1994 年,查尔斯·默里在其与心理学家理查德·赫恩斯坦(Richard Herrnstein)合著的《钟形曲线:美国生活中的智力与阶级结构》(*The Bell Curve:Intelligence and Class Structure in American Life*)一书中宣称,智商是天生的,在不同种族中的分布是固定的,与社会地位、经济条件无关。黑人的智商总体上比白人低,这是他们不如白人成功的根本原因。

③ Charles Murray.Abolishing the SAT.In J.A.Soares(Ed.),SAT wars:The case for test-optional college admissions[M].NY:Teachers College Press,2012:69.

④ The National Center for Fair & Open Testing. Colleges and Universities That Do Not Use SAT/ACT Scores for Admitting Substantial Numbers of Students Into Bachelor Degree Programs[EB/OL].[2014-08-20].http://www.fairtest.org/university/optional/.

"可免试入学"政策受到越来越多的关注与重视。普林斯顿大学人口统计学家托马斯·埃斯彭沙德(Thomas Espenshade)和张杨松(Chang Young-Chung)通过建立统计模型,来预测"可免试入学"政策对新生的社会构成和学术能力产生的影响,以此判断这一新政到底"是不是赢家"。研究结果预言,无论私立或公立大学,在终止使用标准化考试分数、改而采用高中成绩和大学预修课程(AP课程)考试分数作为录取依据后,将会招录到社会构成更多样、学术能力更强的学生。[①] 这一预言正在一些进行改革试验的大学中成为现实。

以维克森林大学(Wake Forest University)为例。2009年,维克成为"美国新闻与世界报道"大学排行榜前30所精英大学中唯一采行"可免试入学"政策的大学。新政策实行前,维克的高年级学生只有6%为有色少数族裔;实行后招收的三届学生中,非洲裔和西班牙裔学生比例增至23%、亚裔学生增至11%、父母双方均未上过大学的所谓"第一代大学生"比例猛增至11%、家庭收入接近贫困线的佩尔奖学金获得者的比例翻番至11%。从入学新生的高中排名看,居前10%的人数比例由2008年的65%上升到2011年的83%。[②] 新政策的实施,不仅没有降低维克的品质与学术声誉,反而因生源成分更加多样而使校园更具活力与吸引力。因此,维克实行的"可免试入学"被认为是一个既利于提高生源品质又利于提升招生公平性的"双赢"政策。

除了依据高中成绩和AP课程成绩来选拔新生,也有一些学校尝试采用其他方式来甄拔生源,取得了良好效果。例如,塔夫斯大学(Tufts University)尝试采用非认知性考试"彩虹项目"(Rainbow Project),来评估申请者的创造力和解决实际问题的能力。他们发现,与SAT相比,这些非认知性考试对学生大学成绩和保留率有更强的预测力,而且更加公平,考试分数也没有性别或种族差距,有助于提

---

① Thomas J Espenshade,Chang Y Chung.The Opportunity Cost of Admission Preferences at Elite Universities[J].Social Science Quarterly,2005,86(02).

② J A Soares.Private Paradigm Constrains Public Response to Twenty-first Century Challenges [J].Wake Forest Law Review,2013,48(02).

高弱势阶层子女的入学率。①

三、"可免试入学"启思

与 SAT 长期是美国大学招生的"黄金罗盘"一样,统一高考也长期在我国大学招生中雄踞"一统天下"的重要地位,对我国教育发展与人才培养发挥了积极作用,在可见的未来,高考仍会是高校选拔新生最重要的依据与途径。然而,最重要不等于唯一。以往教育领域出现的许多负面现象或问题,如片面追求升学率、学业负担过重、智育独秀等,都是缘于我们错误地将高考这一"重要"途径践行成"唯一"途径。固然,将所有教育与社会问题都怪罪于高考有失公允,但我们不得不正视它对中小学教育产生的强大指挥与牵制作用。造成这些负面现象最主要的原因,是高等教育入学渠道与录取依据过于单一,高考背负了太大责任、被寄寓了太多希望,成为许多考生精神世界的"不能承受之重"。②

从测量学上看,人才考核要全方位、多角度进行,才具有高效度。高校选拔新生也同样如此。而统一高考作为一种笔试(除外语科目有少量口试),局限性是显而易见的。高考再改革、再完备,也只是人才考核众多手段之一,无法也不能据此对考生素质进行综合评价与考核。单一的考核手段与录取标准,造成"唯分是重""分分计较",既不科学也不公平、既不综合也不多元,成为高校考试招生制度改革目标实现之瓶颈。

披览近几年发布的重要纲领性文件,无一不对高考改革提出指导意见或明确规定。2010 年出台的《国家中长期教育改革和发展规划纲要(2010—2020 年)》,提纲挈领地提出"分类考试、综合评价、多元录取"的改革目标;2013 年 11 月 12 日,党的十八届三中全会通过《中共中央关于全面深化改革若干重大问题的决定》,提出"探索招生和考试相对分离、学生考试多次选择、学校依法自主招生、专业机构组

---

① Robert J Sternberg:The Rainbow and Kaleidoscope Projects:A New Psychological Approach to Undergraduate Admissions[J].European Psychologist,2009,14(04).

② 郑若玲.将高考分数标准由"硬"调"软"[N].光明日报,2014-05-13.

织实施、政府宏观管理、社会参与监督的运行机制"，并针对学业水平考试和综合素质评价、职业院校分类招考或注册入学、综合评价多元录取机制、高考科目改革及一年多考等方面，提出一系列指导思想；2014年9月出台的《国务院关于深化考试招生制度改革的实施意见》，再次提出"到2020年基本建立中国特色现代教育考试招生制度，形成分类考试、综合评价、多元录取的考试招生模式"；随后，上海、浙江两省市相继公布了高考综合改革试点，都体现了多元考核、多一把"尺子"量学生以及把更多选择权交给学生的思路。从以上指导思想与改革精神，可以归纳出我国高考改革的最主要目标是"公平"与"科学"，其中，科学又包含"分类""多元""综合"等要素。美国大学进行"可免试入学"改革的动机主要也是出于公平与科学的考量，从已有的改革成效看，这两点都在一定程度上得以实现。虽然美国学术界对"可免试入学"政策尚有许多争议，但其关于大规模标准化统考的反思与破除统考迷信的改革尝试，给我们提供了可贵的启思。

近十年来，我国高考制度进行了分省命题、自主招生、新课改高考、高校招生"阳光工程"、平行志愿录取模式、考试安全、高职单招、高考加分范围调整、促进重点大学招生计划区域公平等诸多方面的重要改革，并取得了相当程度的进展。高中阶段也相应进行了学业水平考试、综合评价、创新人才培养等多种改革尝试。但受高校招生体制所囿，这些科学合理的高中教育改革及人才评价手段，往往止步于高考录取分数线"画地为牢"的界外，无法深入到高校招生体系内发挥应有的作用，令人深为叹惋。

1977年恢复高考迄今近40年，高考改革在"怎么考"上取得了巨大进展，世界先进的考试理念与技术被越来越广泛地吸收与借鉴，但在"如何招"的问题上，高考改革却障碍重重、举步维艰。笔者认为，后者是高考改革的关键所在，也是今后很长一段时间高考改革攻坚克难的目标。现阶段，我国绝大多数高校仍需倚重统一高考成绩作为选拔新生的主要手段，但"只有统考才公平"的迷思必须破除，高考分数"独霸招生天下"的状况必须改变。唯其如此，我国高校招生方可逐渐挣脱藩篱、闯出新路；我国教育方可真正选拔英才、功利千秋。如果我们目光短视，仅仅关注考试这一环节，注定要与时代发展对人才培养多元多样的需求相脱节。我国高考制度要发挥良性的教育与社会功能，必须打破"以分数论英雄"的观念桎梏、推动人才评价多元化与招生录取多样化改革。至少,可以先推动少数顶尖大学深化招生改革,在保证公平的前提下,不拘一格、科学选才。俗话说,"秧好谷一半"。选好生源是高等教育品质保障的前提,只有选取综合素质全面、培养潜质优良的"好秧苗",提升高等教育质量、建设世界一流大学才会有良好起点。而这,正是美国大学"可免试入学"改革带给我们的重要启思。

我们能从美国高校招生制度借鉴什么[*]

全国普通高校本专科招生统一考试制度（以下简称"高考"）自 1952 年建立，迄今已历经风云 55 载，1977 年恢复高考至今，也已整整 30 年。与别国招生制度所不同的是，我国的高考自建制伊始便带有鲜明的"统一性"。由于存在重才轻德、缺乏特色与灵活性等统一考试本身所固有的缺陷，建制后尤其是 20 世纪 90 年代末以来，高考不断朝多样化方向改革。在改革进程中，动辄有人提出废除统一高考，像美国高校那样采行多元招生办法。美国的招生制度在中国到底可行不可行？我国高考的多样化改革能从美国高校招生制度中借鉴什么？带着这些问题，笔者利用 2006 年国家公派留美一年的机会，查阅了大量相关文献，并访谈了十余位大学招生办公室主任或相关考试机构负责人，对美国高校招生制度作了较深入的了解。

一、灵活多元的美国高校招生制度

美国是世界上高校数量最多的国家，据美国教育部公布的数据，2004—2005 学年，被纳入联邦政府学生财政援助计划的高校（即 IV 高校）有 4216 所。[①] 这数千所高校类型、层次各异。就招生来看，可将其大致分为有入学要求和开放入学两类，其中，前者要求学生提供从高中成绩到推荐信等一系列材料中的一种或数种，后者则只需提供高中毕业文凭或同等学力证明。以下主要从录取评价指标、招生计划两方面论述有入学要求的美国高校的招生办法。

美国高校的录取评价指标多元，包括中学成绩、标准化考试分数、课外活动、才

---

[*] 原载于《东南学术》2007 年第 3 期。

[①] National Center for Educational Statistics（NCES）.Digest education of 2005，Table243，Degree-granting Institutes，by control and type of institute：1949-50 through 2004-05［EB/OL］.［2007-09-02］.http://nces.ed.gov/programs/digest/d05/ch_3.asp.

艺与能力、个性品质等。其中,中学成绩是美国大学入学最重要的一条标准。但大学在评估此项指标时,并非片面追求高分数,而是将其放置到学生的中学条件或家庭背景中综合评价,注重学生追求上进、挑战自我的精神。此外,很看重学生选择课程的难度,鼓励学生在可能的情况下多选修高级课程或大学预修课程,如 AP (Advance Placement)、IB(International Baccalaureate)课程等,修习并通过了这些高难度课程的统一考试,可以为大学申请成功增加不少筹码。标准化考试(包括 SAT 和 ACT)分数是仅次于中学成绩的另一条主要指标,近年来一些学校开始把它列为可选条件,或者干脆取消这一入学要求,但四年制公立大学和非营利性私立大学极少有放弃这一要求的。课外活动也是一些大学尤其是一流大学较重视的指标,它不仅有助于大学考查学生对非学术活动或在学校以外社区活动的参与程度、承担的义务、所做的贡献,而且可以关注到学生的特殊才能或成就。推荐信在入学申请中亦占有一定分量,一般要求学生提供由高中主要课程任课教师所写的推荐信(有的学校还欢迎提供由雇主、教练、宗教领袖、朋友、家人等写的额外推荐信)。由于希望选拔到全面发展的学生,一些大学还鼓励申请者提交自己在艺术或体育方面的才艺证明。学生的个性品质通常也是招生人员所关注的内容,主要从推荐信、中学报告以及学生所写的短文或个人自述等材料中考察,使学校在冰冷的考试分数与学业成绩之外,了解学生作为“人”的思想、观念、态度、爱好、兴趣、生活经历等活生生的另一面。

此外,面试表现也是一些大学录取评价的内容之一。当然,并非每所大学都具备面试条件,即使是那些条件具备的学校,面试也并非必要条件。尽管没有得到面试机会(入学申请提交得越早,得到面试机会的可能性越大)的申请者并不会在入学竞争中处于劣势,但大学一般都鼓励学生尽可能利用面试机会,以便学校和学生更好地相互了解。面试并不在校园内由招生人员完成,而是由散布在全美各地(乃至全世界)的校友志愿者们代表学校在当地进行。因此,面试与其说是入学条件之一,毋宁说是架构在学生与大学之间的一座桥梁,或者说是大学向学生推介自己的一条渠道。

美国数千所高校由于资质、声誉、办学条件、生源多少各有不同,其招生计划也“因校制宜”。常用的招生计划有提前招生(early admission)、常规招生(regular

admission)、滚动招生(rolling admission)三种。其中,提前招生又分为"提前决
定"(early decision)和"提前行动"(early action)。二者的区别在于,"提前决定"是
捆绑式的,学生申请这一计划,就意味着对大学做了某种承诺,一旦被录取,便有义
务进入该校,且要交纳一定的入学保证金,同时撤销已提交的其他学校的同类申
请,否则便是违规。"提前行动"则是非捆绑的,学生即使被某所大学录取,也可等
到所申请的其他大学录取结果出来比较后,再决定上哪所大学。提前招生一般要
求学生在每年 11 月 1 日前递交申请,12 月中旬出录取结果。全美除数百所大学
采行提前招生计划,更多的大学采行的是常规招生计划(实行提前招生的大学也兼
行常规招生)。常规招生的申请截止日一般为 1 月 1 日,3 月底或 4 月初出录取结
果,被录取的学生要求在 5 月 1 日答复学校,并交纳保证金。竞争性不强的大学则
多实行滚动招生,即早申请早录取,以刺激学生积极申读,滚动招生一般在入学前
6～9 个月开始受理申请材料。由于申请不久便可知晓录取结果,滚动招生对部分
学生的吸引力相当大。① 此外,近年来还有少量学校实行"当场录取"办法,学生带
着申请材料到学校,招生人员审阅后,当场便告知录取结果。

二、高考的多样化改革与国情

高考之所以进行多样化改革,是因为它的"大一统"存在不少弊端。最主要的
弊端,一是考试标准单一,长期实行"千校一卷",使层次、类型各异的高等学校无法
根据自己的需要选拔适合培养的人才,没有真正的招生自主权;二是录取标准单
一,高考分数成为录取的唯一指标,导致智育长期"一枝独秀"(而且仅是考试分数
体现出的智育),忽视了学生的平时成绩、身心素质、品行修养、各种能力及对学校
或社会的贡献等其他因素。针对这些弊端,高考在过去 20 多年先后进行过一些改
革,其中最引人注目的莫过于保送生制度的建立和自主招生的试点。

为克服高考"唯笔试是取"的应试弊端,20 世纪 80 年代中期建立了保送生制

---

① David Reingold.How to Humanize the College Admission Game[J].The Journal of Col-
lege Admission,summer,2004.

度。建立这一制度的目标十分明确,一是通过全面考核保送生的德、智、体情况,导向和鼓励中学生全面发展;二是使高等学校选拔出具有较好专业适应性的优秀人才,扩大招生自主权;三是通过建立以考试为主、以保送为辅的招生制度,把考试与保送两种形式的长处集中起来。但实行不久,保送生制度的目标便屡屡受阻。随着保送规模的扩大,问题越来越严重,权力和金钱逐渐侵蚀到高考这块"净土",起初是"荐良不荐优",推荐材料被大量"灌水",此后又进一步蜕变为"推劣不推良、送官不送民",将不合格的权势子弟保荐给高校。保送生的选拔变得黑幕重重,被人情、关系等因素异化为教育腐败滋生的温床,公平与诚信遭到严重损害。一时间,认为应将其"扫进历史垃圾堆"的观点,①在民众中有相当的代表性。为此,1999 年教育部推出"保送生综合能力测试",规定必须以测试成绩作为保送生录取的重要依据;2001 年,做出"一压二严"的规定("压缩规模,严格标准,严格管理")②;2007 年,又规定重点强化对保送生资格的审查和推荐过程的监督,进一步加强对保送生的文化测试与考核。可见,现行的保送生制度与实行之初已有很大差别,不仅招生规模更小,而且实际上变成了另一种统一考试或以此为主的招生办法。

自主招生试点则始于 2001 年,是为扩大高校办学自主权而探索的以统一考试为主,多元考试评价、多样选拔录取相结合的高校招生制度。实行 6 年来,不仅参加试点的高校数量逐年增多,而且限制条件正逐步放宽,自主招生的生源比例和降分幅度不断加大。自主招生的改革试点,由于是对长期以高考分数为唯一录取依据的录取制度(保送生和特长生招生除外)的挑战,试行后引起社会各方密切关注,"自主招生"成为 2006 年我国教育八大关键词之一。③ 总体而言,自主招生取得了较好的效果,也得到上至教育主管部门下至普通民众的肯定。但在肯定之余也心存顾虑,顾虑之一是公平问题,人们担心如果缺乏强有力的监督,"自主"的环境可能会"滋养"出各种腐败现象;顾虑之二是诚信问题,担心一些责任心不强的中学对推荐材料"注水",以及一些考生"脚踏两只船"。事实证明,这些顾虑并非杞人忧

---

① 陈杰人.保送生制度还要存在多久[N].中国青年报,2000-08-30.

② 郑若玲.保送生制度:异化与革新[J].教育发展研究,2002(06):43-46.

③ 新华网.2006 年我国教育八大关键词[EB/OL].[2006-12-27].http://news.shangdu. com/category/10001/2006/12/27/2006-12-27_513351_10001.shtml.

天,前两年的自主招生中就已出现高分考生"不辞而别""另攀高枝"的诚信危机。①而公平危机却更隐蔽,多是一些私下交易,例如,一些权势子女只要过得了高考统考关,学校自主招考关便不成问题。

客观地说,保送生制度和自主招生改革,与美国高校招生制度的多元、自主等特点有异曲同工之妙,打破了高考长期"大一统"的局面,给高校招考带来了新意与活力,对鼓励中学生德、智、体全面发展和推进素质教育确有一定功效。但在实践中,为什么二者不约而同遭遇公平危机与诚信危机呢? 笔者认为主要原因是受传统文化这只"看不见的手"以及中国的现实国情所牵制。

中国是一个以家族宗法制社会结构为基础的国度,重人情面子与讲裙带关系成为其独特的文化景观,在这种社会文化背景下,若没有可操作的客观标准,"任何立意美妙的选举制度都会被异化为植党营私、任人唯亲的工具"②,这也正是不问家世门阀、凭才取人的科举制度在中国历史上长存1300年之久的主要原因。保送生制度由于缺乏可操作的客观"硬件",成为传统文化消极作用和政治腐败的牺牲品。自主招生有高考这道门槛,尚且出现问题,若取消高考改为"完全自主",其公平与诚信问题就更令人难堪其忧。

目前,中国的高等教育虽已迈入大众化,入学机会的竞争不再像精英阶段那么激烈,但中国的现实国情从总体上说仍是"穷国办大教育",高等教育尤其是优质高等教育资源仍较稀缺。但在中国这样一个讲人情、重关系、看面子的国度,民众素来"不患寡而患不均",在教育资源的竞争过程中,老百姓仍首重公平。为什么高考自建制至今,虽不断遭受各界批评,但仍然为多数人所接受? 别无他因,"公平"而已,它强调"程序正义",即升学机会和考试分数面前人人平等。受中国传统文化和目前诚信制约机制尚不健全等因素影响,在社会资源和教育机会的竞争过程中,如果不以考试成绩这一"后致因素"为竞争资本,金钱、权力等"先赋因素"则将取而代之。这已一再为中国考试历史所证明,也是高考多样化改革所必须警而醒之的。

---

① 高校自主招生面临尴尬:高分考生"另攀高枝"[EB/OL].[2004-02-09]. http://edu.china.com/zh_cn/1055/20040209/11618972.html.

② 刘海峰.科举制长期存在原因析论[J].厦门大学学报(哲学社会科学版),1997(04):1-6.

三、他山之石，可以为鉴

尽管高考存在种种弊端，但它与中国的现实国情及社会文化是相适应的。在没有找到一套行之有效的替代办法前，轻言废止乃至轻率行废，可能造成比现有弊端更严重的问题。但这决不能成为高考裹足不前的借口。高考的"大一统"弊端不仅与教育规律背道而驰，而且对其人才选拔功能的发挥制造了越来越大的障碍。高考欲保持长远的生命力，必须在坚持统一考试的前提下，适时适度进行多样化改革。这既是千年科举告诉我们的深刻道理，也是教育与考试发展的现实要求。

作为多样化招生制度的典型代表，以及高等教育的强国与大国，美国的高校招生制度历经 300 多年，发展已很成熟和完善，可以成为我国高考多样化改革的重要参考。但任何国家招生制度的形成与运作，与本国的历史、文化、经济、政治和教育等因素关联甚密，别国可以受其启发甚至借鉴，生搬硬套却绝不可行。因此，我国高考多样化改革在借鉴美国的做法时切不可忘"橘逾淮而北为枳"的教训，否则便可能南辕北辙，弄巧成拙。笔者认为，中国高考多样化改革可以从美国高校招生制度中得到以下四点启发与借鉴：

第一，注重入学机会公平。美国是个典型的移民国家，由于各族裔各阶层子女的教育条件不同，高等教育阶段的入学机会差异甚大。为缩小差距，美国政府早在 20 世纪 60 年代初就颁布了《平权法案》(*Affirmative Action*)，旨在给予少数民族或女性在就业和教育机会方面优先考虑，政府还设有一些专门针对弱势群体的财政援助项目，一些高校也设立了为少数族裔提供入学信息、咨询与指导的专门机构。我国也是一个地域辽阔、民族众多的国家，民族、阶层、城乡、地域间差异甚大，教育的条件不均衡以及由此带来的机会不公平，在某种程度上与美国相似，特别是城乡、地域间的差别，相比于美国是有过之无不及。高考制度在多样化改革过程中，也必须时刻凸显公平，[①]尤其要防止因客观标准减少导致权力、金钱介入而给弱势群体带来的不公。

---

① 郑若玲.高考改革必须凸显公平[J].教育研究,2005(03):36-37.

第二,适度采用多元录取指标。美国高校录取新生,没有固定的指标体系,而是综合评价:既有智力方面的要求,又有非智力因素的考量;既重视学生的考试成绩,又看重平时的学业成就;既从考试分数或年级排名等相对客观的硬指标来评判学生,又从充满个性与人情味的推荐或自述材料中了解学生。指标多元体现了美国大学既注重学生"德、智、体"全面发展,又不错失"专才""偏才"。这种综合评价方式正是我国高考多样化改革的目标。遗憾的是,这种在美国畅通无阻的方式,在我国却屡行屡败。因此,在目前高等教育资源紧张、诚信制约机制尚未健全的背景下,高考多样化改革仍需以统考为主。但本着从实际出发、循序渐进等原则,可将考试成绩之外的其他因素适度、逐步、切实纳入录取指标体系,并建立和健全相应的监控机制。

第三,扩大高校招生自主权。美国高校向来具有办学自主与学术自治的传统,体现在高校招生上,也具有高度的自主权,招生的标准、规模及运作完全由各校招生委员会自主制定,联邦与州政府不得干预。我国高考虽然从 20 世纪 80 年代便开始了"扩大高校招生自主权"的努力,但进展缓慢,即使是实行自主招生,高校真正享有的自主权仍十分有限。2006 年复旦大学和上海交通大学的"面试招生",可谓是一种有力的尝试。应鼓励这些试点院校稳步加大自主力度。待时机成熟,可将统一考试与招生两相分离,由高校自主决定考试结果的使用比例,或将统一高考变成水平考试,让招生院校在水平测试的"基准"之上最大限度地享有自主权。

第四,建立多渠道、多层次考试"立交桥"。美国高校招生制度一个鲜明的特色是计划与机制灵活多样、招生效率高。对学生而言,既有旨在吸引那些对某校"情有独钟"且愿意及早与之订立"婚约"的"性急子"学生的提前招生计划,也有针对那些深思熟虑、欲精拣细挑的"慢性子"学生的常规招生计划,还有针对快进生或超常生的提前入学计划。从高校来说,既可以让那些生源充足的学校在规定时间内尽快完成招生工作,又可以让那些生源不足的学校在最大的时间跨度内网罗更多生源。我国目前虽然不大可能采取完全个性化和自主性的招生机制,但分层分类进行考试却有其可行性。具体而言,可将高考分为普通大学及独立学院的本科统考和高职高专的专科统考两种类型,或采取全国统一高考和各校单独考试相结合的二次高考模式。这两种办法各具特色,可以从不同角度为推进高考多样化发挥作用。经过一定阶段或范围的试点后,可以进一步将二者结合起来,使高校招生在坚持统一考试的前提下,真正建立起多渠道、多层次的考试立交桥,以便适应高等教育多样化和人才结构立体化的需求。

追求公平：美国高校招生政策的
争议与改革[*]

　　作为世界高等教育强国的美国经过数百年发展，形成了成熟、独特且高度个性化的高校多元招生制度。但美国的高校招生制度非完美无缺，相反，有些问题十分突出，其中最大的问题便是高等教育入学机会不公平。美国是个典型的移民国家，各族裔、各阶层社会资源（包括教育资源）差异甚大。在普通教育阶段，由于实行义务教育，入学机会不成为问题。但到高等教育阶段，不同族裔和阶层子女的入学机会公平问题便凸显出来，尤其是享受优质高等教育资源的机会，在族裔及阶层间分布很不均匀。因此，入学机会公平一直是美国高校招生改革的热点，也是美国政府面临的最头痛的教育问题之一。2006 年笔者在美国访学 1 年，耳闻目睹的美国高等教育乃至政治领域 3 项重要改革均致力于此，以下逐一析论之。

一、取消提前招生

　　美国数千所高校由于资质、声誉及办学条件、生源多少各有不同，其招生计划也是"因校制宜"，常用的主要有提前招生、常规招生和滚动招生三种招生计划。其中，提前招生又分为两种类型：一种叫"early decision"（提前决定），一种叫"early action"（提前行动）。二者的区别在于，"提前决定"是"捆绑"的，学生申请了这一计划，意味着对大学做了某种承诺，一旦被录取，便有义务进入该校，且要交纳一定的入学保证金，同时撤销已提交的其他学校的申请，否则便是违规。"提前行动"则是"非捆绑"的，学生即使被某所大学录取了，也可等到其他大学的录取结果出来后作比较，再决定上哪所大学。提前招生一般要求学生在每年的 11 月 1 日前递交入

---

　　*　原载于《教育发展研究》2008 年第 13-14 期。

学申请材料,12 月中旬出录取结果(包括财政援助的批准情况)。常规招生的申请截止日一般为 1 月 1 日,3 月底或 4 月初出录取结果。滚动招生则是边申请边录取,一般在入学前 6~9 个月开始受理申请材料。[①]

源起于 20 世纪 50 年代的提前招生计划,到 90 年代发展迅速。提前招生因录取率高出常规招生数倍而备受家境好的优秀学生青睐,但也因给弱势群体带来不利而颇受非议。2006 年 9 月 12 日,哈佛大学宣布从 2007 年起取消提前招生计划。此后的两周,普林斯顿大学和弗吉尼亚大学也跟着做出同样的决定。一个月之内,先后三所著名大学宣布取消提前招生计划,迅速在全美掀起了一场关于提前招生的争论热潮。

哈佛大学进行这项改革最主要的目的便是出于公平的考虑。哈佛认为,提前招生使得低收入家庭、工人阶级和少数族裔的子女(亚裔除外)在这些著名大学的入学竞争中明显处于劣势,而对那些本来就处于优势地位的学生则更有利。[②] 一般而言,那些家庭富裕、学业优秀的学生更倾向于申请提前招生项目,因为这一项目要求学生在无法对所获得的助学金结果进行比较的情况下作出入学决定。家境一般而需要奖学金资助的学生则常常没有足够的勇气申请这一计划。

除了财政援助的原因外,赞成者认为取消提前招生主要有两个好处:

其一,有助于减轻中学对大学入学的狂热程度,改善中学的教学氛围。在提前招生计划下,升学的压力已越来越早地进入到中学生的生活中,有些成绩好的学生,其中学生活甚至从初中阶段开始便被报考名牌大学的压力所扭曲,父母们尤其是那些"追求卓越"的父母们(Type-A parents)也跟着陷入一种热衷于升学的疯狂状态。可见,提前招生实际上并没有为学生减轻升学压力,而只是把压力提前。取消提前招生,则可使学生 11 年级(高三)及其以前的学习处于正常状态。

其二,可以缩小大学之间的竞争力差距,各阶层子女入学机会将更加平等。提前招生对精英大学特别有利,可以确保它们提前得到能付得起学费的优质生源,从

---

① David Reingold.The College Admission Game[J].The Journal of College Admission,Summer,2004.

② Alan Finder and Karen W Arenson.Harvard Ends Early Admission[N].The New York Times,2006-09-12.

而提高新生的报到率,而且这些人将来很可能成为重要的捐款校友。再者,"捆绑式"的提前招生也意味着学生失去了通过比较不同学校的财政援助计划而得到更多助学金的机会,从而使这些大学减少助学开支。提前招生还导致社会阶层歧视现象。申请提前招生的学生多数是那些请得起家教或升学顾问,或者就读于教学条件优越、有丰富升学指导经验的中学的优势阶层子女。另一方面,低收入家庭子女由于需要对更多学校的财政援助结果进行比较,很难对"捆绑"的提前招生作出承诺,这使得他们通常不愿也不敢申请这一招生计划。显然,取消提前招生将使优势阶层子女占有的升学申请优势不复存在。[①]

反对取消提前招生的一派则针锋相对地认为：

其一,如果这一改革被广泛采纳,则入学对于许多中学生和大学来说可能变得更糟。对学生而言,提前招生由于可以使许多 12 年级(高四)学生在圣诞节之前解脱升学的重压而很受学生欢迎。再者,申请提前招生的多为那些选修了高难课程(如 AP 课程)、积极参与课外活动的优秀学生,取消了提前招生,意味着对所有资质的学生"一刀切"。如果学生不能尽早确定他们能否获得所申请学校的录取资格,就得同时申请多所学校、付更多的申请费。整个入学系统因此变得十分拥堵,入学竞争更加激烈。而实际上学生申请的一些大学并不一定是他们的真正兴趣之所在,从而使入学过程变得低效,与此同时,申请者被录取的机会并没有增加。对于大学而言,由于提前招生时段分流处理了一部分申请材料,可以减轻常规招生时段的工作量。取消提前招生,无疑将加大常规招生时段的工作压力。

其二,取消提前招生是否真的有利于弱势阶层子女也令人质疑。不少人认为提前招生可以检查中学在升学指导方面工作的好坏(例如在有些中学,一些学生虽资质不错,但由于升学指导的匮乏或不力,他们到了高四仍没有参加 SAT 或 ACT 考试,也没有参观过任何大学校园,甚至没有和升学顾问探讨他们对大学的兴趣与意向)。废除提前招生将使这些相对劣质的中学在指导学生不力方面,丧失来自外

---

① EDITORIAL:End Early Admissions:Colleges should give kids and parents a break[N]. The Philadelphia Inquirer,2006-09-20.

部的监督压力,而这些中学通常为低收入家庭或少数族裔子女就读的学校。①

尽管取消提前招生的改革得到许多大学招办主任和大学升学顾问以及其他相关人士的赞扬,但真正付诸行动的仍只有少数几所大学。毕竟这一计划实行了几十年,取消它是一项很大的改革,绝大多数学校只是静观其变,不敢轻举妄动,唯恐改革带来优质生源的流失。只有像哈佛这种具有高声誉的大学才敢于进行这一改革,因为即使取消了提前招生计划,它们也始终是尖子生的首选。

二、废除《平权法案》

美国的种族不平等根深蒂固。1961 年肯尼迪总统任期颁布了《平权法案》(*Affirmative Action*),规定在就业和入学方面不仅要消除种族和肤色歧视,而且应给黑人等少数民族以优先考虑和优先机会。1964 年又颁布了《公民权利法》(*Civil Right Act*),重申所有公民,不分种族、性别、肤色和民族,均有享受平等的受教育权利和机会。但实际上,种族教育机会不平等至今仍比较突出。

作为一项政治法案,《平权法案》对大学招生的影响,最典型的事例是密西根大学的招生"官司"。密西根大学由于在招生过程中执行《平权法案》力度较大,对少数族裔照顾较多,1997 年被底特律一位白人高中毕业女生在其入学申请被拒后,以遭到该大学招生歧视为由告上法庭,引起轰动。2003 年,美国最高法院最终裁决此案,认为大学在作出录取决定时可以考虑学生的种族,但这样做只能是为了促进高等教育多样化,而且不能在录取比例或降低标准上作硬性规定。2006 年 11月 7 日,密歇根州在中期选举中对废除《平权法案》的所谓"2 号提案"进行表决,结果以 58% 比 42% 获得通过,意味着少数族裔和女性的入学和就业优待不再受法律保护。和 1997 年的诉讼、2003 年的裁决一样,2006 年密歇根州的投票又引起全美新一轮对《平权法案》的讨论。

对《平权法案》进行表决,密歇根州并非先例,加州早在 1996 年、华盛顿州在1998 年即已表决通过了取消《平权法案》的议案。其中,取消《平权法案》的"209 提

---

① Jay Mathews.Is Early Admissions a Good Idea? ［N］.Washington Post,2006-09-21.

案"在加州获得通过后，在非常看重学业成绩和考试分数的加州大学系统，非洲裔、西班牙裔和美洲土著等少数族裔学生的入学比例大为下降，特别是在伯克利和洛杉矶两所分校；相反，亚裔和白人学生比例则大幅上升，其中亚裔学生数量增加最多，超过了他们在本州的人口增长速度。亚裔在加州大学系统九个分校中的七个，都成为最大种族，在个别分校更是成为51%的多数。少数族裔特别是黑人学生比例的下降，引起了加州乃至美国社会关于是否要重新启用《平权法案》的争论。不少人认为，如果继续执行"209提案"，最终将导致黑人被加州这所最好的公立大学拒之门外。同时，黑人学生比例的下降也引发了加州大学系统对其招生政策的反思。他们认为，如果改变过去仅重视学习成绩和标准考试分数的入学标准，兼顾考虑学生的课外活动、学习主动性与学业进步等因素，则有可能使学生种族成分发生变化。①

从密歇根州的情况看，取消《平权法案》提案的支持者认为对个体的评价应当根据其能力而非其他。反对者则认为，提案的通过意味着密歇根州公民思想的严重倒退，使少数民族和妇女的权益受到伤害，并将导致职场和公立大学特别是密西根大学多样化的减弱。依笔者看，此次《平权法案》表决引起的争议只是美国教育机会公平问题的冰山一角。族裔教育机会不公平（包括学校教育资源不均）仍将是美国面临的最头痛的教育问题。

三、财政援助的改革

和入学机会一样，大学学费和财政援助也一直是美国高等教育争议的热点。2006年9月，哥伦比亚大学宣布从2007学年起，对来自年收入低于5万美元的中低收入家庭本科生，将以奖学金取代贷款。② 近几年进行了类似改革的常春藤盟校还有哈佛、普林斯顿和耶鲁三所大学。这一改革的出发点是为了吸引更多优秀

---

① Ralph C Carmona.Beyond 209[N].San Francisco Chronicle，2006-10-26.

② Karen W Arenson.Columbia Alters Financial Aid for Low-Income Students[N].New York Times，2006-09-19.

的低收入家庭子女入学。

随着美国高等教育普及化的到来,弱势阶层子女上大学的机会增加了许多,但由于政府对高等教育的财政支持减少,导致大学学费近年来涨幅迅猛。2006年美国大学委员会(college board)的调查报告显示,四年制公立大学2006年的年均学费为5836美元,加上食宿费,每人每年花费约13000美元,比上一年增长了6.3%。私立大学的年均学费为22218美元,加上食宿费,则每人每年花费约30367美元,比前一年增长了5.9%。① 结果,大学不得不增加奖学金以帮助学生支付不断上涨的求学费用。

而近十年来,美国高校在本科生的奖学金授予上有一个根本性改变,即越来越多奖学金的授予不是基于学生及其家庭的经济需要(need-based grants),而是基于学术成就(merit grants)——前者自1965年高等教育法通过后一直是一条起主导作用的评价标准。在高校、州政府和联邦政府三条主要的奖学金渠道中,前两条途径基于学术成就授予奖学金的趋势已经凸显。美国教育部主持的一项涉及数千所高校的关于美国大学生援助的全国范围的研究项目(National Postsecondary Student Aid Study)调查数据发现,从学校(包括社区学院、四年制公立、四年制私立)这条渠道看,对学生的援助在1995—2004年间增长了105%,其中,基于需要的奖学金的增长仅为47%,而基于学术成就的优秀奖学金却增长了212%。后者在所有奖学金中所占比重也由35%上升到54%。从州政府这条渠道看,优秀奖学金占州政府奖学金支出的比重,也从1981年的9%上升到2004年的26%。②

优秀奖学金比例上升所带来的结果是:家庭富有者、白人或亚裔子女比低收入家庭及少数族裔等弱势群体子女受益更多。弱势群体得到的财政援助越来越少,直接影响到他们参与和完成大学教育的机会。不仅哈佛、斯坦福这些一流大学的学费让低收入家庭和少数族裔学生可望而不可即,就是那些本该在教育机会平等运动中发挥领导作用的公立大学系统,其入学和财政援助政策也越来越向特权或

---

① College Board.Trends in College Pricing 2006(report)[EB/OL].[2008-05-05].http://www.collegeboard.com.

② U S Department of Education.Institute of Education Science,National Center for Educational Statistics(NCES):Issue Brief[R].No 115,2004.

优势阶层子女倾斜。2003 年,这些名列前茅的公立大学给家庭年收入低于 2 万美元的学生提供的奖学金为 1.71 亿,而那些家庭年收入超过 10 万美元的学生却得到了 2.57 亿的援助。[①] 因为这些大学为了保持在各种排行榜上的前列位置,非常看重学生的标准化考试分数,而通常优势阶层子女就读于教育条件优越的学校,而且请得起家教和升学顾问,能参加考前辅导课程等,因而在考试竞争中占据优势。

可见,美国高等教育的学生财政援助存在着两难,一方面,大学和政府希望增加优秀奖学金来吸引优秀生源,另一方面,这样做的后果又直接影响了弱势群体的入学机会,从而影响到美国高等教育一向所标榜的教育机会公平以及高等教育的多样化。少数一流大学已经注意到这一问题,并进行了减免低收入子女财政负担的相应改革,承诺在学生用尽了其他财政来源(如研究经费、家庭支付)的情况下,学校将百分之百满足他们的奖学金要求,学生无需借贷。但由于低收入子女在这些一流大学所占的比例非常小,从总体上看,这些改革对增加弱势群体高等教育机会影响不大。笔者认为,只有当类似的政策在大量公、私立大学广泛推行,才可能对增加弱势阶层子女入学机会产生较大的影响。

追求公平是高校招生的永恒主题,且任重而道远。美国作为高等教育与经济发展均领先于世界的国家,尚且存在诸多的教育机会公平问题,作为人口多、底子薄、"穷国办大教育"的多民族中国,更不能忽视高等教育入学机会的公平问题。美国关于这一问题的诸种改革与争议,无疑值得我们深思与借鉴。

---

① Arthur M Hauptman.College:Still Not for the Needy? [J].The Chronicle Higher Education,2005,52(12).

后 记

在当今中国，高考是几乎每一位高中毕业生都会经历的一次重要的人生大考。作为教育体系中的重要环节，高考上连高等教育、下接基础教育，具有核心枢纽调节作用。一方面，它决定着高等学校的生源质量与人才培养的基础，另一方面，又对基础教育具有超强的导向功能。因此，说它是教育实践中一个具有全局性的重大问题毫不为过，高考改革也历来是整个教育界甚至全社会高度关注的重要而敏感的理论与实践问题。2014 年高考综合改革试验启动迄今，逐渐由试水区进入深水区，一些深层次、高难度问题正渐次显现，成为改革顺利推进的绊脚石甚至"拦路虎"，在一定程度上影响了高考选拔功能与育人功能的发挥，既不利于高校科学选才与人才培养，也不利于素质教育的开展与教育公平的提升。

回顾 1300 年的科举史和民国迄今的百年高考史都不难发现，在中国，像古代科举和当今高考这样具有高竞争、高利害、高风险"三高"特点的大规模选拔性考试，从来就不只是单纯的教育考试和人才选拔制度，而是一项涉及学生、家长、教师、中学、大学、教育管理部门等多方利益，并与政治、经济、人口、法治、科技、文化、教育水平乃至区域发展等因素密切相关的社会制度。因此，高考改革难度大、影响深、牵涉广，不仅是一项"牵一发而动全身"的复杂系统工程，而且与我国教育现代化、科技现代化、和谐社会建构乃至中华民族振兴等重大问题休戚相关。显然，高考制度研究就不能仅仅局限于教育视域而应置于社会大背景下来开展。换言之，高考既是一个深受社会影响的教育问题，又是一个来自教育领域的社会问题，具有教育与社会边界的模糊性，这正是拙著取名《高考：在教育与社会之间》之所依。

统一高考制度在近 70 年的历程中饱经风雨，尤其在过去的 40 年，高考见证了前所未有的社会巨变，并与时俱进尝试了许多颇有意义的改革。随着社会竞争的加剧和竞争起点的上移，高考制度在可见的将来还会继续改革，而且涉入"深水区"后，改革难度将进一步加大，高考研究的需求也将随之增长。加强高考改革的理论与实践研究、清晰教育问题与社会问题的边界，尊重教育自身的发展规律、凸显高考制度的教育功能，是摆在理论工作者面前的紧迫任务。当然，我们也需要清醒地意识到，高考从本质上说只是高校选拔新生的一种手段，其功能是有限的，面对教育乃至社会领域存在的诸多不公平现象，高考其实很无力也很无奈，需要我们给予"同情之理解"并抱以"理解之同情"。唯其如此，我们才能真正以客观、理性的态度去看待它、研究它，而不是以激越、愤懑的情绪去非议它、抨击它。高考作为一项社会影响巨大的教育制度，改革困境永远是它逃不过的"宿命"，而从困境中"突围"则是它的生命力之所在。高考改革，永远在路上。

拙著是近年来笔者围绕高考问题研究所发表的部分论文集结，根据内容大体分为"现状剖析"和"史外借鉴"两大板块。在"现状剖析"板块，涉及高考公平、高考与社会流动、高考形式、高考录取、异地高考、高校招生等焦点问题的学理性探讨。在"史外借鉴"板块，涉及科举学、科举与社会流动、科举公平、科举社会等方面的历史研究和美国高校招生的域外研究。之所以将科举研究成果纳入高考研究范畴，乃因古代科举与当今高考都具有国家考试性质，二者在考试形式、考试程序、作用影响、社会功能等诸多方面具有惊人的相似，在某种程度上可将科举视为高考的前身，尽管科举作为中国古代的公务员考试，与旨在为高校选拔新生的高考的目标有所不同；之所以选取美国高校招生作为域外借鉴的典型，乃因美国作为世界高等教育最强国，其多样化招生运作也最为成熟，很值得我国高考多样化改革有选择地学习与借鉴。

笔者对考试制度的研究兴趣始于 2000 年前后。1998 年，笔者为海峰师的大作《科举考试的教育视角》撰写书评（刊于《教育史研究》1998 年第 4 期），通读该著后，产生了对科举制度的浓厚兴趣，并为历史研究所具有的鲜活的现实意义感到兴奋。2000 年尝试撰文《科举学：考试历史的现实观照》，刊发在 2000 年第 4 期《厦门大学学报（哲社版）》后不久，即被《新华文摘》2001 年第 2 期转载，并很快接到一位素昧平生、在合肥某机关工作的公务员大费周章通过学校总机转到单位办公室找我的电话。该读者在将近一小时的通话中表达了从《新华文摘》读到拙文后激动的心情，并兴奋地谈了许多关于科举制度、公务员制度及高考制度的看法。那位陌生读者的来电给了我很大的鼓励，也让我感悟到历史研究只要选题得当，非但不冷寂，而且对现实大有裨益。所以，2001年攻读博士学位时，我毫不犹豫选择了以科举与高考为切入点对考试与社会的关系进行研究。此后便将主要精力投入该领域，仅偶涉高校学业考试制度论题。已出版的11部著作（含合著）和发表的200余篇各类论文中，绝大多数内容是关于科举与高考的成果。虽谈不上有多少深度与灼识，却可窥见笔者对科举与高考的兴趣与执着。拙著所选论文即是其中较有代表性的成果。当然，文中有些资料数据反映了文章写作、发表时的情况，现在看来有些陈旧，但为了保持当时的研究面貌，并没有进行修改。本次编辑主要是统一文章的体例，对个别错字进行了修正，没有进行较大的表述改动。

但凡参加过高考的人，想必心中都有一份终生难忘的深刻记忆，这份记忆与成长有关、与成败无涉。从2007年至今，笔者每年都给厦大本科生开设通识课程"科举与高考"，期末考试中有一道题就是请学生回忆并陈述自己的高考经历。尽管学生对其他题目的作答水平参差不齐，唯独这道题，不仅作答篇幅总是最长，而且每个学生完成得都很出彩。他们对高考的爱"恨"交加与悲喜交集跃然纸上，一个个鲜活生动的高考故事、一曲曲感人至深的生命乐章，常让我心潮澎湃、潸然泪下！无他，乃因在这份记忆里，既有为高考拼搏洒下的汗水，也有因百折不挠流下的热泪；既有师长亲友的教诲关切，也有年少同窗的嬉戏欢闹；既有探求真知的满腔热情，也有初悟人生的稚嫩心灵；既有你争我赶的相互竞跑，也有守望相助的携手同行……正是这些记忆的碎片，成就了一段段美好的青葱岁月，也给高考研究注入了浓浓的人文情怀。每思及此，感慨系之；亲历亲研，何其幸哉！

思索人的一生，往往前半生朝气蓬勃疾疾不知歇，唯恐行走太慢；后半生暮霭昏沉匆匆恍如梦，只恨流逝太快。俯仰沉浮后，曾经五味杂陈、百感交集的高考体验及其所开启的斑斓教育与多彩人生，会让我们渐慢悟出，童年的稚情、少年的豪情、青年的激情、壮年的热情和暮年的温情，其实就是人生原本的样子。时光荏苒，指尖流沙，韶华瞬逝，已知天命。曾经，热血沸腾、豪情万丈，心浮气躁、轻飘短味；如今，无心功名、不求闻达，只愿力学、唯望致用。如果这本小书多少能起点作用、这些文字多少能引发思考，笔者也就得偿所愿、了无遗憾了。

回首浮生若梦，落子无悔；卸下半生行囊，唯心独醉。"独恨归来已晚，半生孤负渔竿。"还好，现在醒悟，不算太晚。流水无情流年斑驳不留下传说，灯书茶盏布衣清欢愿远离江湖。斜雨披蓑、孤灯夜读也好,伴游江海、仗剑天涯也罢,孤云独月空悬冷,何惧? 一蓑烟雨任平生。寂寞幽黯恣意缠,不畏,也无风雨也无晴。

余生从容,便是安好。简约生活,哪怕篷底睡秋江;怀拥诗书,何不月下钓船雨? 如此恬淡,甚合愚意。

郑若玲
2020 年 4 月 1 日于海豚湾竹雨屋